保育の内容・方法を知る

◆編集委員◆民秋　言・小田　豊・杤尾　勲・無藤　隆・矢藤誠慈郎

新保育ライブラリ

保育の計画と評価

北野幸子　編著

北大路書房

新版に向けて　編集委員のことば

本シリーズは，平成29年３月に幼稚園教育要領，保育所保育指針，幼保連携型認定こども園教育・保育要領，さらに小学校学習指導要領が改訂（改定）されたことを受けて，その趣旨に合うように「新 保育ライブラリ」を書き改めたものです。また，それに伴い，幼稚園教諭，小学校教諭，保育士などの養成課程のカリキュラムも変更されているので，そのテキストとして使えるように各巻の趣旨を改めてあります。もっとも，かなり好評を得て，養成課程のテキストとして使用していただいているので，その講義などに役立っているところはできる限り保持しつつ，新たな時代の動きに合うようにしました。

今，保育・幼児教育を囲む制度は大きく変わりつつあります。すでに子ども・子育て支援制度ができ，そこに一部の私立幼稚園を除き，すべての保育（幼児教育）施設が属するようになりました。保育料の無償化が始まり，子育て支援に役立てるだけではなく，いわば「無償教育」として幼児期の施設での教育（乳幼児期の専門的教育を「幼児教育」と呼ぶことが増えている）を位置づけ，小学校以上の教育の土台として重視するようになりました。それに伴い，要領・指針の改訂（改定）では基本的に幼稚園・保育所・幼保連携型認定こども園で共通の教育を行うこととされています。小学校との接続も強化され，しかし小学校教育の準備ではなく，幼児期に育んだ力を小学校教育に生かすという方向でカリキュラムを進めることとなっています。

保育者の研修の拡充も進んでいます。より多くの保育者が外部での研修を受けられるようにし，さらにそれがそれぞれの保育者のキャリア形成に役立つようにするとともに，園の保育実践の改善へとつながるようにする努力と工夫が進められています。全国の自治体で幼児教育センターといったものを作って，現場の保育者の研修の支援をするやり方も増えています。まさに保育の専門家として保育者を位置づけるのみならず，常に学び，高度化していく存在として捉えるように変わってきたのです。

そのスタートは当然ながら，養成課程にあります。大学・短大・専門学校での養成の工夫もそれぞれの教育だけではなく，組織的に進め，さらに全国団体でもその工夫を広げていこうとしています。

そうすると，そこで使われるテキストも指導のための工夫をすることや授業に使いやすくすること，できる限り最近の制度上，また実践上，さらに研究上の進展を反映させていかねばなりません。

今回の本シリーズの改訂はそれをこそ目指しているのです。初歩的なところを確実に押さえながら，高度な知見へと発展させていくこと，また必ず実践現場で働くということを視野に置いてそこに案内していくことです。そして学生のみならず，現場の保育者などの研修にも使えるようにすることにも努力しています。養成課程でのテキストとして使いやすいという特徴を継承しながら，保育実践の高度化に見合う内容にするよう各巻の編集者・著者は工夫を凝らしました。

本シリーズはそのニーズに応えるために企画され，改訂されています（新カリキュラムに対応させ，新たにシリーズに加えた巻もあります)。中心となる編集委員４名（民秋，小田，矢藤，無藤）が全体の構成や個別の巻の編集に責任を持っています。なお，今回より，矢藤誠慈郎教授（和洋女子大学）に参加していただいています。

改めて本シリーズの特徴を述べると，次の通りです。第一に，実践と理論を結びつけていることです。実践事例を豊富に入れ込んでいます。同時に，理論的な意味づけを明確にするようにしました。第二に，養成校の授業で使いやすくしていることです。授業の補助として，必要な情報を確実に盛り込み，学生にとって学びやすい材料や説明としています。第三に，上記に説明したような国の方針や施策，また社会情勢の変化やさらに研究の新たな知見に対応させ，現場の保育に生かせるよう工夫してあります。

実際にテキストとして授業で使い，また参考書として読まれることを願っています。ご感想・ご意見を頂戴し次の改訂に生かしていきたいと思います。

2019年12月　　編集委員を代表して　無藤　隆

はじめに

保育は，子どものけがやけんかが起こらないように，見守るだけの子守ではない。乳幼児期は，一生のうちできわめて好奇心や探求心，チャレンジ精神が旺盛な時期だとされている。この乳幼児期に，子どもの主体性を尊重し，子どもの心と育ちに適した，教育的配慮に基づく環境構成と，子どもとの教育的な関わりが重要である。

この環境構成と教育的な関わりは，だれもが簡単にできるものではない。子どもの発達とそれに適した教育に関する専門的な知識と技術，そして省察的な経験の蓄積により身についた知識や技術を「活用する力」が，保育実践の質の維持向上には必要である。「省察的な経験の蓄積」には，何よりも記録が重要な鍵を握る。

近年の脳科学や労働経済学，心理学，教育学の研究成果は，質の高い保育の重要性を指摘している。2008年の保育所保育指針の改定と，それを受けてなされた2010年の保育者の養成教育内容の検討においては，保育者の実践が，専門職による重要な実践として位置づけられた。周知のとおり，保育所保育指針は大綱化し，保育所の役割が明確になり，各保育所が「保育課程」を策定し，この内容をふまえ，指導計画や食育計画などを作成することとされた。保育士養成にあたっては「保育課程論」という科目が新設された。

保育実践の特徴は，子どもの主体性を尊重する点にある。子どもの主体的な活動，好奇心や探求心など子どもの心をスタートとし，五感を大いに発揮し，体と心全体で行う活動や遊びが，保育ではたいせつにされる。これは，保育所保育指針が改定され，幼稚園教育要領が改訂されても，変わらず守り続けられている保育の基本であろう。これを実現するためには，保育者には，子どもを洞察して子どもに応答的に関わる力量が求められる。しかも，保育は応答的でありかつ，能動的な実践である。保育には，子どもにこのように育ってほしいという願い，こうあってほしいという意図がある。よって保育者には，子どもの育ちを見通すこと，そして，その実現のために能動的に保育の計画・実践・評価する力量，評価に基づきさらに子どもへの理解を深めさらに実践創りを繰り返していく力量が望まれる。子どもとともに育つ保育者の，実践の質の向上には，限りなく高みがあり，それゆえに，保育は魅力的な仕事でもあると考える。

保育実践の質の向上には，記録が大きな鍵を握る。計画の記録を通じて，保育のねらいや意図が顕在化され，育てたい子どもの姿がより具体的に表わされ，保育者自身にも自覚され，他者にも伝えることができる。実践はライブで展開しており，記録がなければ記憶のなか以外からは，消えてしまう。記憶も薄れていくかもしれない。だからこそ，記録がたいせつである。記録を通じて，環境構成や援助の工夫も，実際の子どもの姿も，より客観的に見直したり，ほかの保育者などと共有したり，議論・吟味したりすることができるようになる。計画の時点での評価の観点があってこそ，実践後の評価がより明確になり，次への課題が抽出され，新たな改善や発展への工夫が構想され得る。専門的な実践を行うためにも，その専門的な実践を説明するためにも，記録は，専門職に不可欠な行為の１つであるといえよう。

これからの保育者には，専門職として，児童の最善の利益を確保するために，広く深い学びと経験に裏づけされた，目の前の子どもたちを理解する力，そして，科学的根拠に基づく保育実践を計画し，実践し，さらには実践をやりっぱなしにするのではなく，ふり返って評価し，それに基づきさらに実践していく力がますます必要になるといえるであろう。

これらをふまえて，本書では，保育専門職の実践力を培うことをめざし，保育現場におけるカリキュラムとはどのようなものか，その計画と評価にはどのような意義があるのか，どのようにして計画と評価を行なうのか，を具体的な事例をあげながら概説する。保育の現場では，残したい子どものユニークな表現，詩のような言葉，やさしい気持ち，多くの科学や自然への発見と畏敬の念，さらにあとにつながる深い学びが数多く埋め込まれている。子どもの育ちの軌跡を残し，育ちの見通しをしたためることは，子ども自身のいまを輝かせ，またのちの育ちの広がりを考える礎ともなる。多くの保育者が，記録に親しみ，みずからの子どもとの関わり方や，環境構成，実践の向上など，保育の専門性の向上を図るうえで，記録を大いに活用できる力量を形成することが望まれる。本書がその一助となることを願う。

最後になったが，本書の出版にあたり北大路書房の北川芳美さんに大変お世話になった。御一緒させて頂いたことを幸せに思い，心から感謝申し上げる。

2011年１月　　北野　幸子

乳幼児教育をめぐる状況は，近年めまぐるしく変化している。子ども・子育て支援制度による，量と質の両面からの乳幼児保育の充実へのチャレンジが現在進行形である。実際，幼保連携型認定こども園が制度化され，2017年には幼稚園教育要領，保育所保育指針，幼保連携型認定こども園教育・保育要領が告示された。2019年からは幼児教育・保育が無償となった。

本著はこれらの動向をふまえ，新しい制度に即して「保育の計画と評価」としてリニューアルしたものである。本著が，最新の動向をふまえつつ，乳幼児保育の実践の質とは何か，その維持や向上を図るための乳幼児保育の計画と評価とは何かを考える１つのきっかけになれば大変うれしく思う。

本著の執筆は，未曽有のパンデミックの渦中で進めてきた。各地で子どもたちの一番近くで，その命と安全を守り，心を支えておられる保育者の先生を思い心から感謝しつつ，自らが保育者養成や乳幼児保育実践研究に携わっていることに誇りを感じつつ本著創りに関わってきた。本著が，社会基盤を支え，子どもの人権に敏感でありながらその育ちと学びを支える，保育者をめざす方々，そして保育者への理解をさらに深めようとする方々の，学びの一助になればと願っている。

2021年２月　　北野　幸子

もくじ

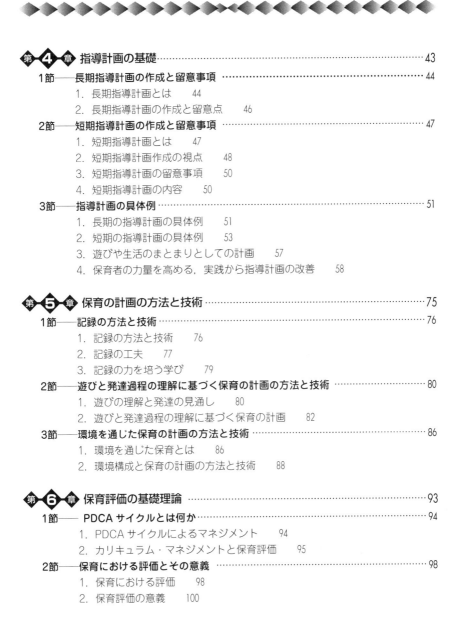

第1章

カリキュラムの基礎理論

教育や保育の現場でカリキュラムが注目されている。とりわけ学校現場では，各学校が独自の特色ある教育活動を展開することを強く求められるようになっており，カリキュラムという考え方にこれまで以上の熱い視線が注がれている。

カリキュラムとは何か。教育と保育の現場でなぜいまこの考え方が求められるようになっているのか。カリキュラムという考え方によって，教育や保育の活動はどのように変わるのか。本章では，カリキュラムの基礎的な理論をもとにしながら，こうした問いについて考えを深めていく。

1節 カリキュラムとは何か

1――「走路（コース）」としてのカリキュラム

カリキュラムとは何か。このことを考えるにあたって，やや月並みではあるけれども，この言葉の語源を取り上げることから始めることにしよう。

英語のカリキュラム（curriculum）の語源は，ラテン語の同じ綴りの単語であるcurriculumである。もともとは学校教育とは無関係の言葉で，戦場で用いる二輪戦車のことを意味した。その後，こうした戦車などが走る走路（コース）のことを意味するようになったという。さらにさかのぼると，curriculumは，ラテン語で「走る」を意味するcurrereという言葉から派生したものである。つまりもともとの言葉の意味では，カリキュラムとは「走る道＝走路」あるいは「走ること」をさすものであった。これらの言葉が近世ヨーロッパの大学で，いまのように学校教育の用語として用いられるようになったという。

陸上競技のトラック種目を想像してみよう。選手たる子どもたちが，「入学」というスタートラインに並べられる。目の前にはすでにつくられた学ぶための走路がある。子どもたちは，スタートピストルの合図とともに，自分たちの決められた走路を，「卒業」というゴールをめざして全力で駆け抜けることを求められる。自分自身の都合で走路からはみ出るとラインオーバーで失格になるし，途中で競走を終えても，やはり失格を宣告される。子どもたちが学習するために学校のなかにしつらえた走路，すなわちそれがカリキュラムである。

2――「走ること」としてのカリキュラム

カリキュラムという言葉は，中世ヨーロッパで学校教育に取り込まれて以後，20世紀に入るまで，基本的に前述のような意味をもつものであった。カリキュラムに対する学校や教師の欲望は，子どもたちが学習という走路を逸脱することなくまっしぐらに走り抜けるように，走路そのもののコンディションを整えること，あわせて子どもたちをコントロールすることに向かっていたのである。

ところが20世紀に入り，アメリカを中心とした国々の学校教育のなかで子ども中心主義という考え方が力をもつようになるにつれて，カリキュラムという言葉の意味が変容する。すなわち，学校教育で一番たいせつなことは，走路そのものではない。たいせつなのは，子どもたちが走路を実際にどのように走るかであり，かつ，そのなかでどのような学習経験を積み重ねるかである。こうした考えに基づいて，カリキュラムという言葉は，「走路」よりも「走ること」のほうに比重を置いたものとして新たに定義されるようになった。

子どもが思い思いのやり方で走路を走る。多少ぎこちない走り方でも，とにかく走る。いままさに走っている経験そのものと，その子どもが走ってきた道筋をあとになってたどったものとをあわせたものが，カリキュラムである。

「走路」と「走ること」。この2つの考え方の交点に現在のカリキュラムの理論と実践がある。現代の教育や保育にたずさわる私たちは，それぞれの現場のなかで，2つの考えに配慮しながらいかに創造的なカリキュラムを組み立てていくのかという課題を負っている。

2節 カリキュラムの理論

1——カリキュラムと教育課程

意外なことかもしれないが，日本の学校教育の関係者の間では，カリキュラムという言葉はあまり頻繁に使われていない。現在でも，国の公式文書ではカリキュラムという言葉ではなく一般的に教育課程という言葉が使われている。そこで，まずこの2つの言葉の使われ方を整理しておこう。学習指導要領や幼稚園教育要領では教育課程という言葉を次のように定義している。

> 学校教育の目的や目標を達成するために，教育の内容を児童の心身の発達に応じ，授業時数との関連において総合的に組織した各学校の教育計画
>
> （『小学校学習指導要領（平成29年告示）解説　総則編』より）
>
> 幼稚園教育の目的，目標に向かってどのような道筋をたどって教育を進めていくかを明らかにするため，幼稚園教育において育みたい資質・能力を踏まえつつ，各幼稚園の特性に応じた教育目標を明確にし，幼児の充実した生活を展開できるような計画
>
> （『幼稚園教育要領解説』より）

学校種の特性によって記述のしかたがややちがっているけれども，次の3点では同じことを述べている。すなわち，①教育の目的・目標をめがけているこ

と，②目的・目標に向かう／達成するためにふさわしい教育活動を選ぶこと，③教育活動を行う手順を示すこと。言い換えれば，①何のために，②何を，③どのように，という観点から組織された「教育の全体計画」と整理できる。

教育課程をこのように意味づけると，１節で取り上げた（「走路」としての）カリキュラムという言葉の意味とかなりの部分で重なり合うことがわかる。そのため，わが国では一般的に，教育課程とカリキュラムとをほぼ同じものとしてとらえる場合が多い。【カリキュラム＝教育課程】

一方で，おもに教育研究にたずさわる人々の間では，カリキュラムは「教育の全体計画」をさすだけではなく，実際に行われた教育活動や実際に子どもが学んだ学習内容を含める場合がある。１節で取り上げた言葉を使えば，「走ること」としてのカリキュラムを含めて考えているということである。この場合，実際に行われた教育活動のことを「実施したカリキュラム」とよび，実際に子どもが学んだ学習内容のことを「達成したカリキュラム」とよぶ。このようなカリキュラムの言葉の指示範囲から考えて，「教育の全体計画」をさす教育課程は，広い意味でのカリキュラムの一部分（＝「意図したカリキュラム」）とみなされるのである。【カリキュラム＞教育課程】

その逆に，学校教育の現場では，教育課程の一部分，すなわち国語科の教育計画や総合的な学習の時間の教育計画などの個別の教育計画をさして「カリキュラム」とよんでいることもある。すなわち，「国語科のカリキュラム」，「総合的な学習の時間のカリキュラム」といったように。この場合カリキュラムは，教育課程よりも狭い範囲をさす。【カリキュラム＜教育課程】

以上のように，カリキュラムという言葉と教育課程という言葉の間の関係が「不安定」なのには事情がある。それは，カリキュラムという言葉自体が，比

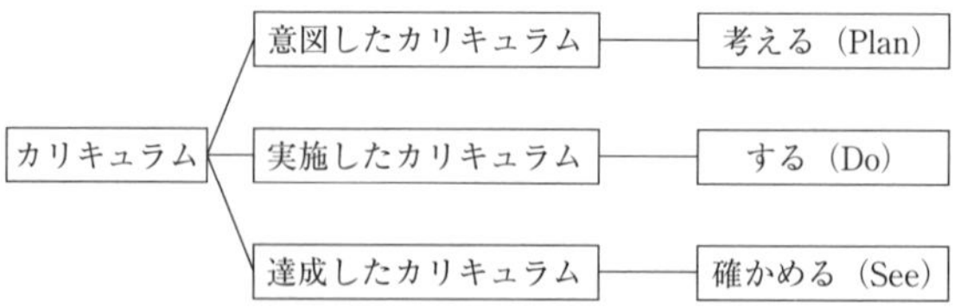

図１-１　カリキュラムの指示内容

較的新しい言葉だということである。研究者の間では一足早く使われていたのだが，とくに学校現場でこの言葉が「解禁」されたのは，ごく最近のことだといわれている。言葉として「若い」だけに，さし示す内容が安定していないのだ。よって，私たちはこうした「不安定さ」を考えに入れて，教育や保育の現場で教育課程やカリキュラムという言葉を使ったり，使い分けたりする必要があるだろう。

2――カリキュラムを編成するパーツ

カリキュラムに話をもどそう。1節でやや比喩的にカリキュラムの全体像を示したが，ここでは学校教育で用いる言葉を使って整理しておこう。

カリキュラムはどういうものからできているか。カリキュラムはそれぞれの教育現場や保育現場で創造的に計画され，実施されるものであるから，それらを個別に見ていけばカリキュラムを編成するためのパーツは数限りなくあるといってもよい。たとえば，施設内にプールがあるところでは，プールがカリキュラムを編成するための重要なパーツになるだろう。しかし施設内にプールがなければ同じようにはいかない。外部のプールを利用する計画をたてるか，またはプールを別の何かで代替する計画をたてなければならない。そのぶんだけ，プールのあるところとはちがうカリキュラムが編成される。

だからといって，現場の特殊性や個別性を超えて，カリキュラムを編成する共通のパーツがないというわけでもない。これまでの研究と実践の積み上げをとおして，カリキュラムの編成には次のような3つのパーツが欠かせないということが明らかにされている。

1つ目のパーツは，「教育目的・目標」である。すなわち保護者から子どもたちを預かるそれぞれの現場が，子どもたちをどのように育て，伸ばしたいのかということを示したものである。

その示し方には大別して2種類ある。1つは，「人格の完成をめざす」，「心身とも

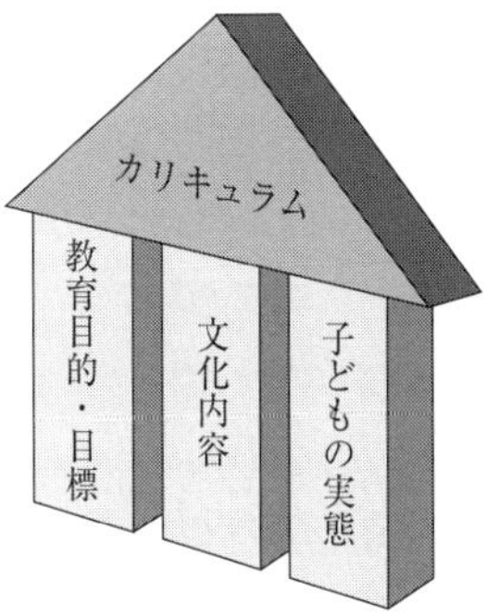

図1-2　カリキュラムを編成するための3つのパーツ

に健康な人を育てる」など，教育活動のめざすべき方向性を大まかに示すやり方である。もう１つは，具体的，個別的，段階的に到着地点を示すやり方である。この示し方は「指導の層」とでもいうべきものをなしており，たとえば「自主，自立の精神を養う」などの学校・施設レベルのものから，「身のまわりのことを１人でできる力をつける」などの学年・学期レベルのもの，そして「脱いだくつは自分のくつばこにちゃんとかたづけるようにする」などの個別の教育活動レベルのものまで，その具体の度合いはさまざまである。

２つ目のパーツは，「子どもの実態」である。「目的・目標」のパーツが，おもにカリキュラムにおける「走路」を示したものであるとすれば，「子どもの実態」は「走ること」そのものに関わるものであるといえる。

ここでいう「実態」には，①たとえば少子化社会やICT機器の普及などといった子どもたちを取り巻く時代や社会の実態と，②子どもたちを取り巻く地域や家庭の実態，そして③子ども自身の発達・成長の実態が含まれる。いわば，走路に並んだ子どもたちが，どのように／どこへ走りたがっているのか，そしてどのように／どこへ走ることができるのかという，必要と欲求を満たす教育計画を考えるということである。たとえ「脱いだくつは自分のくつばこにちゃんとかたづけるようにする」という目標を掲げたとしても，目の前の子どもたちに，「かたづけることはたいせつだ」という前提的な考え方が十分に形成されていなければ，いくら所期の目標に基づいて「かたづけましょう！」と声を荒らげても教育的な効果はほとんどない。そういう教育活動が成り立つ地点まで立ちもどった教育計画をたてるよう，可能な限り教育活動を行なう前に調整を図ることが，カリキュラムとして「子どもの実態」に応じるということである。

３つ目のパーツは，「文化内容」である。１つ目のパーツである「教育目的・目標」と２つ目のパーツである「子どもの実態」の交差する地点に，「文化内容」というパーツが立ち現われる。私たちが行なう教育活動とは，ある側面から見れば，私たちの社会にストックされてきた知識，技術，価値などの文化内容とよばれるものを，大人から子どもへ伝達・継承する営みであるといえる。とはいえ，すべての文化内容をあますところなく扱うことは，もちろんできない。文化内容の量は無限といえるほど膨大であり，逆に教育活動に費やす時間は限られているからである。そこで私たちは，カリキュラム編成という手続きをとおして，数ある文化内容のなかから，「教育目的・目標」により強く結びつき，なおかつ「子どもの実態」にフィットするものを選び取らなければならない。

たとえば現在，教育や保育の現場では，友だちどうしが言葉を介して直接的にコミュニケーションすること（はなす，きく，よむ，かく）のたいせつさと，そのやり方について多くの時間を割いて教えている。その一方で，たとえばSNSや電子メールなどのメディアを介して間接的にコミュニケーションすることの意義と方法については，中学や高等学校にいたっても教えることはあまりない。それを教えるカリキュラムになっていないからである。このように私たちは，カリキュラム編成という手続きをとおして，教育や保育の現場において大人が教え，子どもが学ぶ文化内容を選択（selection）しているのである。

3つ目のパーツについては，もう1つたいせつな手続きがある。それは，選択された文化内容について，ある基準でまとまりをつくり，さらにある基準で順序と系列を設けることである。カリキュラムの考え方では，まとまりのことをスコープ（scope）とよび，順序と系列のことをシークエンス（sequence）とよんでいる。あちこちから集められた文化内容を「糸」とすれば，スコープは「横糸」であり，シークエンスは「縦糸」である。これらによって織り上げられた「織物」を，狭い意味でのカリキュラムとよぶことがある。

「教育目的・目標」と「子どもの実態」の交差点に選ばれる文化内容。まずこの時点で，国や社会のちがいによって多様なものが選ばれる。さらにこれらの文化内容を縦糸と横糸に織り上げる方法にも，さまざまなバリエーションがある。こうしてそれぞれの現場で実際に編成されるカリキュラムは，一定の共通性をもちながらもそれぞれ独自のものになっていくのである。

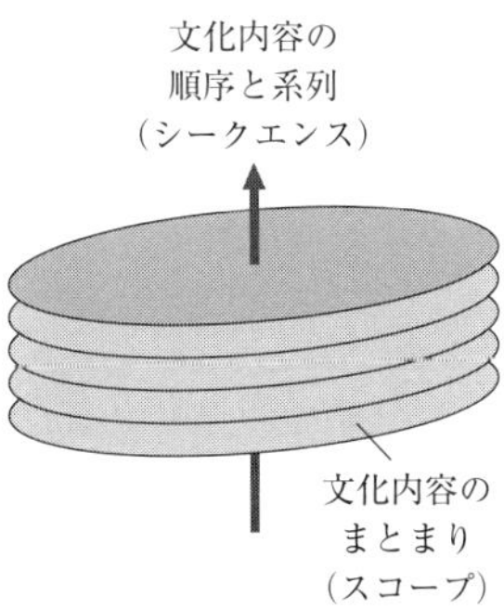

図1-3　スコープとシークエンス

3節　カリキュラムの類型

1――系統主義と経験主義という２つの軸

カリキュラムという「織物」を織るにあたっては，これまで大きく２つの考え方が提案されてきた。それは，それぞれ系統主義と経験主義とよばれている。

系統主義とは，大学などが研究を行なっている諸科学や諸学問の成果を主軸に据えて教育活動を組織する考え方である。カリキュラムに関していうと，スコープとシークエンスの両方で，科学や学問の分類や順序性を重視する。１節の言葉を用いれば，「走路」を強く意識したカリキュラムである。

たとえば，数学という学問体系がある。そのとき，教育現場では数学（または算数）の体系に基づき，さまざまな文化内容が，数，量，図形などのまとまりに整理されて関連づけられる。子どもたちは，数学（または算数）という教科のスコープのなかで，数や量や図形について学ぶ。

同様にシークエンスについても，数学という学問体系に基づいて構成される。たとえば，足し算（加法）は引き算（減法）よりも必ずさきに教えられる。それは子どもたちが足し算を生活でよく用いるからではなく，計算の体系のなかで，足し算のほうが引き算よりも基礎的だと考えられているからである。

一方で経験主義とは，子どもたちの生活現実や経験を主軸に据えて教育活動を組織する考え方である。カリキュラムに関していうと，スコープでは子どもたちの生活における「文化内容のまとまり」を重視し，シークエンスでは「子どもの認識や経験の広がり」を重視する。１節の言葉を用いれば，子どもたちが「走ること」を強く意識したカリキュラムである。

たとえば，センチメートル（cm）という文化内容について考えよう。経験主義の考え方に基づけば，子どもたちがセンチメートルを学ぶのは，算数科というスコープにおいてではない。子どもたちの生活現実に，「算数」という内容のまとまりはふつう存在しないからである。むしろ，「カブトムシを飼う（大きさを測る）」あるいは「身長を測る（高さを測る）」経験そのものが，子どもたちにとってなじみのあるスコープということになるだろう。

同様に，センチメートルという文化内容のシークエンスについても，系統主義の考え方とは異なってくる。数学の世界では，長さの単位として最も基礎的・基本的なものは，センチメートルではなく，メートルである。そのため，もし純粋に系統主義の考え方に基づけば，長さの単位はメートルから教えられることになるだろう。しかし，経験主義の考え方に基づけば，子どもたちの生活現実や経験にとって最もなじみのあるセンチメートルから学習をはじめ，ミリメートル，メートルへと展開していくことになる。

2――カリキュラムの類型

系統主義と経験主義は，これまでのカリキュラムの理論と実践の歴史のなかで，時には激しく対立しながら，さまざまなカリキュラムの形を編み出してきた。以下に，代表的なカリキュラムの類型を示しておくことにしよう。

実際のところ，これらの類型のうちどれか1つが選ばれて，カリキュラムが組み立てられるということは歴史的に見て多くない。わが国では，戦後新教育期とよばれるきわめて実験的性格が強かった時期を除いて，ここにあげた類型がミックスしたようなカリキュラムが展開されてきた。

わが国の小学校のカリキュラム（＝教育課程）をもとに考えよう。2017年に改訂された小学校学習指導要領によると，小学校のカリキュラムは，各教科，特別の教科 道徳，特別活動，総合的な学習の時間，外国語活動という5つの文化内容のまとまり（広い意味でのスコープ）から成り立っている。そのうち，各教科については，基本的には教科分立カリキュラムであるけれども，純粋な学問教科だけではなく，融合的あるいは広領域的な編成をとっているものが相

表1-1　代表的なカリキュラム類型

類型の名称	特徴
教科分立カリキュラム	諸科学や諸学問の体系に基づいて教科・科目のスコープを構成（＝学問教科）し，それぞれ独自に内容の選択と系列化を行ったカリキュラム
関連カリキュラム	教科の独立性を守りながら，2つ以上の教科を関連づけて内容を編成したカリキュラム
融合カリキュラム	関連カリキュラムの考え方をさらに推し進め，ある関連する教科の間の壁を取り払って，1つの教科として再編成したカリキュラム
広領域カリキュラム	融合カリキュラムの考え方をさらに推し進め，すべての文化内容について，いくつかのスコープを立てて再編成したカリキュラム
生活経験カリキュラム	すべての文化内容について，諸科学や諸学問ではなく，子どもの生活現実や経験に基づいたスコープをもとに編成したカリキュラム

当数混じっている。たとえば国語科や社会科は融合カリキュラムの１つであるといえるし，生活科については，低学年の社会科と理科を廃止して新設したという経緯からすれば融合カリキュラムであるが，実際の内容の構成を見ると，広領域カリキュラムとよんでもよい「広さ」をもっている。また，特別活動と総合的な学習の時間については，①学習（活動）主題がひろく学校内外の生活現実一般に及ぶこと，②ある学問教科の知識・方法に依拠した学習を行なわないこと，などの理由で，より生活経験カリキュラムに近い組み立てになっていることもある。

以上のことからすれば，現在のわが国の小学校のカリキュラムは，教科分立的な部分から生活経験的な部分までが並存した，いわば「パッチワーク」の状態であるともいえる。これを「原理の喪失」と見るか「現実的な対応」と見るかは評価の分かれるところだろうが，いずれにしてもこれらは，「教育の目的・目標」と「子どもの実態」とを両睨みしつつ，文化内容をじょうずに分類整理するという，カリキュラム編成という名のきわめて複雑な仕事をわが国の教育にたずさわる人々が行ってきた「結果」であることはまちがいのない事実である。

実質的に，カリキュラムという観点から教育活動が見直されるようになったのは，それほど昔のことではない。私たちは，カリキュラム編成の基礎的な考えをふまえつつ，それぞれの現場において，慎重かつ大胆に，よりよいカリキュラムを創造していくことが求められている。

研究課題

1．「走路」としてのカリキュラムという考え方の問題点を３つ指摘しよう。
2．図1-2に本文で説明されている内容を補足して，図を完成させよう。
3．教育や保育の現場で扱われる文化内容を１つ取り上げ，適切なシークエンスについて考えてみよう。

推薦図書

● **『新しい時代の教育課程　第４版』**　田中耕治・水原克敏・三石初雄・西岡加名恵　有斐閣
● **『よくわかる教育課程　第２版』**　田中耕治（編）　ミネルヴァ書房
● **『新版　カリキュラム研究入門』**　安彦忠彦　勁草書房

Column 1

カリキュラム・マネジメント

学校教育の現場で，カリキュラム・マネジメントという言葉が広く浸透している。もともとアメリカの学校で使われていたこの言葉をいちはやく日本に紹介した中留武昭は，次のように定義している。すなわち，カリキュラム・マネジメントとは，「教育課程行政の裁量拡大を前提に，各学校が教育目標の具現化のために，内容，方法とそれを支える条件整備との対応関係を確保しながら，ポジティブな学校文化を媒介として，カリキュラムを作り，動かし，これを変えていく動態的な営み」（中留，2005）である，と。

本章で紹介したカリキュラムの考え方は，一言でいうならば，教育の目的・目標と内容の設計を行なおうとするものであった。それに対して，カリキュラム・マネジメントという言葉は，それらをカリキュラム編成の営みの中心に据えながらも，それらの実現のために欠かせない学校の施設や文化，そして組織のあり方について広くコミットする。たとえば，「学校が抱える課題をどのようにしたらだれの目にも見えるようになるか？」，「学校の教職員が同じ目標を共有して教育活動を行っていくためにはどうしたらよいか？」，「どういう手続きと方法でカリキュラムの成果を明らかにすれば，次年度につながる資料になるか？」などの，カリキュラムを実際に編成する際に生じる困難や問題点を，とくに学校の組織や文化という観点をもとにして丁寧に解決していくことをめざすのである。

カリキュラムをつくり，動かすことを子どもたちの成長・発達に結びつけていくために，実際にはきわめて「生臭い」仕事をこなさければならない。人を動かし，お金を動かし，情報を動かさないと，カリキュラムは動かないからである。しかし，これまでカリキュラムという考え方は，構成要素論や類型論といったどちらかといえば「美しく清らかな」領域に安住してきたきらいがあった。今後，カリキュラムの理論と研究はより「生臭い」人間の世界に切り込んでいかなければならない。カリキュラム・マネジメントという言葉は，いわばその先発隊であるといえよう。

2017 年 3 月に改訂された『幼稚園教育要領』『幼保連携型認定こども園教育・保育要領』『小学校学習指導要領』では，各学校園におけるカリキュラム・マネジメントの実施が謳われている。日本の学校園は，教育・保育の計画を「管理」する時代から，「マネジメント」する時代に入ったといえる。

第2章 保育カリキュラムの構造

保育所，幼稚園，認定こども園などの保育実践にも，学校教育と同じように，子どもの成長や学びへの願いをこめた「教育の目的（保育の目標）」がある。園内で起こるあらゆるできごとは，ただ漫然と生起しているわけではない。偶然でありながら，なおかつ必然でもあるような保育場面が生成するのは，「保育カリキュラム」によっている。本章では，計画をたて，実際に保育を行ない，実践後に省察し，また次の実践の課題を見いだしていくというカリキュラムについて学ぶ。

カリキュラムを学びながら，保育者が，主体として生きる子どもの声を聴きながらも，大人（社会）の願いを子どもへと伝えていく存在であることについても考えてほしい。保育実践とは，保育者自身のもつ価値観や知識が日常的に問われ続ける営みである。その豊穣さや責任の重さについて考えてみよう。

1節 保育所保育指針，幼稚園教育要領，幼保連携型認定こども園教育・保育要領

1――保育所と幼稚園の二元的保育制度の始まり

第二次世界大戦が終わり，焦土のなかで多くの子どもやその家族が食べものにも困る厳しい生活をしていた1947（昭和22）年，児童福祉法と学校教育法が制定された。保育所は厚生省（現厚生労働省），幼稚園は文部省（現文部科学省）の管轄となり，日本では，就学前の保育や教育を２つの省庁で保障することになった。これが，３歳から５歳の同年齢を対象とし，かつ同じような保育を受ける幼児であるにもかかわらず，２つの管轄省庁にまたがって掌握されるという，世界にもまれな幼保二元制度の始まりであった。

しかしこの時期，1948（昭和23）年に文部省から発行された「保育要領」には，保育所と幼稚園に共通の保育内容が示されている。「保育要領」は現在の幼稚園教育要領と保育所保育指針の前身として位置づけられる「幼児教育の手引」であるが，ここには，たとえ二元行政であっても保育所と幼稚園の保育内容には共通のものがあり，それは家庭の子育てにおいても参照できる指南書（ガイドライン）になると考えた当時の保育関係者の見識を見ることができる。

戦後の日本は，制度としては二元的な保育体制を採用したが，保育内容については幼保の枠に縛られない共通の実践がめざされていたといえる。

2――「保育要領」の成立

「保育要領」を編んだ幼児教育委員会は，保育所保育者，幼稚園保育者，文部省関係者，厚生省関係者，保育研究者などの多様なメンバーから構成されていた。「保育要領」は，１見学，２リズム，３休息，４自由遊び，５音楽，６お話，７絵画，８製作，９自然観察，10ごっこ遊び・劇遊び・人形芝居，11健康保育，12年中行事という保育内容からなっており，「やや複雑で羅列的ではあるが具体的，実際的であったこの12項目が，終戦後のわが国の幼児保育界で盛んに研究，論議，および実行された」（村山，1975）のである。「保育要領」のまえがきの一部を見てみよう。

幼児には幼児特有の世界があり，かけがえのない生活内容がある。成人や年長の子供にとっては適当な教育法であっても，それをそのまま幼児にあてはめることはできない場合が多い。幼児のためには，その特質によくあった適切な教育計画がたてられ，適当な方法をもって注意深く実行されることが必要である。

このように日本の保育界には，幼児の特質をふまえた教育計画を支持する思想がある。子どもの世界を大事にし，保育者が強制的な指導をすることを注意深く避ける姿勢が，戦後すぐに出された「保育要領」からも読み取れるだろう。

ただし「保育要領」に対しては，個性と自由を重視するあまり集団生活の意義や役割が軽んじられているのではないかといった批判が発行当時からあった（小川，1949）。議論の争点には，自由と規律，個と集団という保育カリキュラムを考えるうえで避けて通ることのできない原理的な問いが含まれている。

子どもの主体性を大事にする自由な保育は放任につながらないか。子どもが1人ではできない課題に挑戦できるような仲間が集団的抑圧に転じることはないか。こうした論点が明確にされてきたことによって，保育者による日常の実践の省察が，より注意深いものになってきたのである。これからも，保育をふり返り，評価を共有し，次の保育の計画を立案していく保育デザインの過程において，これらの主題は繰り返し現われてくるだろう。

3——幼稚園教育要領の成立と変遷

1956（昭和31）年，幼稚園の教育課程の基準として，それまでの「保育要領」にかわって幼稚園教育要領が刊行された。「保育要領」は保育者には肯定的に受け入れられたものの，学校関係者には小学校の教科との連続性がわかりにくいということで不評であった。小学校以上の学習指導要領にある教育課程や指導計画が「保育要領」にはないことが問題とされたのである。

こうした事情から，学校教育への接続を意識して編まれた幼稚園教育要領は，「保育要領」の保育内容であった「楽しい幼児の経験」12項目を改め，「望ましい経験」として健康，社会，自然，言語，音楽リズム，絵画製作という6領域を提示した。「領域」としたことで小学校の教科とのちがいを明らかにしつつ，しかし，保育にも系統的なカリキュラム内容があり，それは小学校教育へと接続する大事な経験であることを示そうとした。

一方で，6領域の提示は「保育の計画」をたてやすくもしたが，他方では，学校のような時間割を領域別に組んで保育をしたり，領域横断的な遊びや領域に位置づけにくい生活を軽視しがちになるという実践上の混乱を招いた。そのあと，1964（昭和39）年に幼稚園修了までに達成する「望ましいねらい」を示した改訂，1989（平成元）年に5領域（健康，人間関係，環境，言葉，表現）へ変更した改訂，1998（平成10）年に計画的な環境構成において保育者の果たす役割を明示した改訂などがなされてきた。2009（平成21）年度から施行された幼稚園教育要領の改訂では，子育て支援や教育課程修了後の保育（預かり保育）の内容や意義を明確化することが加えられた。

その後の改訂で文部科学省は，前要領の課題として，幼児の生活体験における変化への対応（基本的な技能が未修得であることへの目配り），幼小連携における教育課程の接続（生涯学習の基盤としての幼児期の重要性への配慮），そして「子ども・子育て支援新制度」というより広範な視点から幼児教育を教育制度や社会保障制度の中に位置づける必要性などをあげた（文部科学省，2016）。

この「子ども･子育て支援制度」は，2012（平成24）年に成立した「子ども･子育て関連3法」（「こども･子育て支援法」「認定こども園法の一部改正法」「子ども・子育て支援法及び認定こども園法の一部改正法の施行に伴う関係法律の整備等に関する法律」）に基づき，2015（平成27）年4月から施行された。「少子化」「子育て家庭の孤立化」「待機児童」などが課題として認識される中，国や地域が子どもや子育て家庭を支援する新しい環境を整えることがめざされ，以下の3点を主軸とする制度が整えられた。

①認定こども園，幼稚園，保育所を通じた共通の給付（「施設型給付」）及び小規模保育等への給付（「地域型保育給付」）の創設

②認定こども園制度の改善（幼保連携型認定こども園の改善等）

③地域の実情に応じた子ども・子育て支援（利用者支援，地域子育て支援拠点，放課後児童クラブなどの「地域子ども・子育て支援事業」）の充実についての重点的整備

こうして前要領の課題克服をめざし，さらに上記のような変容する社会状況下の子育て支援を念頭にして，2017（平成29）年，幼稚園教育要領が，保育所

保育指針，幼保連携型認定こども園教育・保育要領とともに改訂された。この改訂では，これら３つの保育カリキュラムの整合性が図られ，これまで以上に，保護者や地域の実態をふまえたカリキュラムの編成およびその運用がめざされるようになった。

4——保育所保育指針の成立と変遷

戦後の女性解放の進展や高度経済成長は女性の職場進出を拡大し，１日８時間以上，０歳から就学まで年間300日以上通園する「保育所育ち」の子どもたちを世に送り出すようになった。こうした状況に対して，保育所の社会的地位を確立し，「託児」とは異なる保育所保育固有の意味を確認しようとする機運が高まり，1963（昭和38）年，厚生省と文部省による共同通達「幼稚園と保育所の関係について」が出された。「保育所に収容する幼児のうち幼稚園該当年齢の幼児のみを対象」として「保育所のもつ機能のうち，教育に関するものは幼稚園教育要領に準ずる」として，同年齢幼児における質的一元化への模索が両省によって行われたのである。

1964（昭和39）年の幼稚園教育要領改訂のころ，中央児童福祉審議会保育制度特別部会第二研究会が発足し，１年の議論を重ねたあと，1965（昭和40）年，保育所独自の指針である保育所保育指針が通知された。それ以前にも，厚生省児童家庭局は1950（昭和25）年の「保育所運営要領」や1952（昭和27）年の「保育指針」を刊行していたが，それらの保育内容の記述は断片的であった。保育内容を系統的に示したものが，1965年，保育所保育指針としてまとめられたのである。

保育所保育指針の最大の特徴は，「養護と教育が一体」のものであることを明記した点にあるだろう。保育所保育指針は，従来，文部省の管轄用語であった「教育」という言葉を用い，たんに子どもを預かっているだけではない保育所の社会的役割を明確にした（植山ら，1976）。また，乳児から学齢期までを年齢区分に分けて年齢ごとの保育内容を提示し，幼稚園教育要領とは異なる保育所独自の保育内容が盛り込まれた。

その後数回の改訂をへて，2009（平成21）年の改訂から，保育所保育指針も幼稚園教育要領と同様，担当大臣による「告示」としての規範性を備えるようになった。つまり全国の認可保育所は，保育所保育指針をふまえ，保育の質の向上をめざす保育をしなければならないということになったのである。

この2009年改訂の保育所保育指針では，１章「総則」，２章「子どもの発達」，３章「保育の内容」，４章「保育の計画及び評価」，５章「健康及び安全」，６章「保護者に対する支援」，７章「職員の資質向上」から構成されており，保育所保育の役割や社会的責任，目標，方法，環境，配慮事項などについて規定している。現場の保育者にとっては，これまで「保育計画」とされていた保育の全体計画が「保育課程」と改められ，全職員の共通認識としての「保育課程」を各園がそれぞれ独自につくることになったことが，改訂にともなう最も大きな実践に直接関わる変化だった。

こうして保育所保育指針（以下，指針）は，1965年に定められてから1990年と1999年に改訂され，2008年の改定時からは厚生労働大臣による告示になった。その後，10年ぶりの2018（平成29）年，文部科学省による幼稚園教育要領と，内閣府による幼保連携型認定こども園教育・保育要領とともに，指針も改定された。この改定では，実践の実態にあわせ，幼稚園や幼保連携型認定こども園ならび保育所もまた，幼児教育を行う施設であることが明記された。これら３つの施設を規定する法令に共通する改定・改訂の柱としてあげられたことは，幼児教育において育みたい資質・能力が「幼児期の終わりまでに育ってほしい姿」（10の姿）として示されたことであった。この変更は，保育実践における保育計画の作成，実行，評価をそれまで以上に要請し，とりわけ評価を反映した実践の改善を求めたものであった。

指針の改定としては，１～２歳児の保育所利用児童の増加，核家族化や地域のつながりの希薄化による育児不安，児童虐待の相談件数の増加などへの対応から，３歳児未満の保育の重要性に鑑み，いわゆる乳児期の保育内容を整理したことが特徴としてあげられる。０歳から２歳の間は，心身の育ちの基盤を培う大切な時期である。この時期に周囲のものや人に興味をもって関わろうとする姿を学びの出発点ととらえ，保育所を生涯の学びの基礎を育てる幼児教育施設として積極的に位置づけることとした。

また，近年の自然災害時の経験から，発災後の保育所機能の重要性に鑑み，保護者との災害対応の共有や関係機関との連携，非常時における体制づくりが重要点としてあげられた。加えて食物アレルギーなどアレルギー疾患への配慮や，保育所内での事故防止のため関係機関との連携が焦点化された。なお，改定前の「保護者に対する支援」は「子育て支援」に改められ，保護者への支援とは保護者個人への対応だけではなく，周囲の人や環境との相互関係のなかにある子育てという営みへの支援，つまり関係性への支援であることが確認された。それは家庭の事情をふまえプライバシーに配慮して行われること，保護者が保育活動に積極的に参加するように促すこと，特別な対応が必要な家庭への個別支援を行うこと，必要な場合には一時預かりなどを行うこと等が明記された。

もう一点，保育士をはじめとする職員の専門性や研修の実施について明記された点が注目される。上述の通り，保育所は多様な機能や役割を担っており，職員の資質や専門性の向上が常に課題とされる。保育士や職員に対しての研修機会を充実させることは喫緊の課題であり，職位や職務内容に応じたキャリアパスに合わせ，研修計画の作成を行うことが求められるようになった。「保育士等キャリアアップ研修ガイドライン」が示され，その充実が期待されている。

さらに詳しく指針の改定内容についてみれば，新しい章立ては，1章「総則」，2章「保育の内容」，3章「健康及び安全」，4章「子育て支援」，5章「職員の資質向上」となり，先の2章「子どもの発達」，3章「保育に対する支援」，4章「保育の計画及び評価」が，1章の「総則」や2章の「保育の内容」へ反映される構成に変化した。

こうして刷新された総則の3「保育の計画及び評価」における「全体的な計画の作成」と「指導計画の作成」では，保育カリキュラムに関わって，「子どもの発達過程をふまえて，保育の内容が組織的・計画的に構成され，保育所の生活の全体を通して，総合的に展開されるよう，全体的な計画を作成しなければならない」こと，その「具体的な保育が適切に展開されるよう，子どもの生活や発達を見通した長期的な指導計画と，それに関連しながら，より具体的な子どもの日々の生活に即した短期的な指導計画を作成しなければならない」ことが明記された。

「全体的な計画」とは，旧「保育課程」に新しい視点を加えて内容をより充実させたものである。ポイントは，入所から就学までの長期的見通しをもち，計画作成だけでなく，その計画を実際に実行する指導計画をたてることにある。さらに，実際に行った実践を記録し，計画や目標についての評価（アセスメント）をし，改善が必要だと判断されることについては全体的な計画にその改善点を反映させ，よりよい実践にしていくことが明確に求められるようになった。乳児期から入所してくる子どもの増加に対し，子どもの家庭環境や地域の実態，保育時間の長さなどを考慮して，保育の目標を職員どうし，また保護者とも一緒に考え，年間を通じてどのような保育をし，どのように保護者のサポートを求めるか，就学までの全体的な保育カリキュラムを長く，広い視野でとらえることが含意されている。保育者は，保育所全体の事業計画として共通意識を持ち，実行や評価などは個々の判断だけでなく職員全体で取り組んでいくことを自覚することが重要である。

なお総則の 4「幼児教育を行う施設として共有すべき事項」において，「育みたい資質・能力」と「幼児期の終わりまでに育ってほしい姿」が示され，指針，要領，教育・保育要領を参照するすべての保育の場で共有される保育の目標が明らかにされている。

5——幼保連携型認定こども園教育・保育要領の成立と変遷

2006（平成18）年10月から認定こども園が幼保一体型の保育施設としてスタートした。認定こども園は，満 3 ～ 5 歳の子どもが通う幼児教育施設としての幼稚園と，保護者が就労しているなど「保育を必要とする」子どもを保育する保育所（0 ～ 5 歳）の 2 つの機能をあわせもち，保護者の就労状況等によって同年齢の子どもが異なる対応をされることのない保育施設として設立された。2015（平成27）年 4 月からは，子ども・子育て支援新制度のもとで施設型給付施設の一つとして運営されるようになった。

認定こども園には，幼保連携型，幼稚園型，保育所型，地方裁量型の 4 つのタイプがあり，都道府県等が認定を行う。設置基準が厳しいタイプは，認可された幼稚園と認可保育所の基準をクリアすることを求められる幼保連携型である。幼稚園と保育所双方の高い基準，たとえば幼稚園の園庭必置や保育所の自園調理施設必置といった設置条件が課されている。幼稚園型，保育所型はそれぞれ認可された幼稚園，認可保育所が都道府県に申請して認定こども園として認可されており，それぞれ幼稚園教育要領，保育所保育指針に即した運営が行われる。地方裁量型はもともと認可外保育施設であったものが都道府県によって認定された施設であり，基準による規制は最も少ない。

幼稚園と保育所の両方の良さをあわせもつ幼保連携型認定こども園の保育カリキュラムが，「幼保連携型認定こども園教育・保育要領」（以下，教育・保育要領）として定められた。この教育・保育要領では，幼稚園と保育所，双方の良い部分が統合される保育の場を想定しており，保育にあたる実践者もまた，「保育教諭」として幼稚園教諭免許と保育士資格の両方をもつ必要がある。教育と保育を一体的に行う施設として，保護者の就労によらずすべての子どもが利用可能な施設であり，この教育・保育要領の第一章第一節における教育及び保育の基本では，「乳幼児期全体を通して，その特性及び保護者や地域の実態をふまえ，環境を通して行うものであることを基本とし，家庭や地域での生活を含めた園児の生活全体が豊かなものとなるように努めなければならない」とされている。さらに「幼保連携型認定こども園における教育及び保育は，園児が入園してから修了するまでの在園期間全体を通して行われるもの」とされている。

幼保連携型認定こども園教育・保育要領は，子ども・子育て支援新制度のもと，2013（平成25）年に最初の告示がなされた。それから四年後，幼稚園教育要領，保育所保育指針とともに，2017（平成29）年に2回目の改訂が行われ，2018（平成30）年に施行された。

2節 教育課程や全体的な計画の定義と位置づけ

1――保育カリキュラムと幼稚園教育要領，保育所保育指針，認定こども園教育・保育要領

これまではそれぞれの保育の場における保育・教育理念のもと，入園から就学までの子どもの育ちを見通した計画を，保育所では「保育課程」，幼稚園では「教育課程」として作成されていた。しかし，2018年の改定・改訂から，保育所や認定こども園では「全体的な計画」に変更された。幼稚園は先の要領と同様に教育課程とされているが，指針も要領も教育・保育要領も，いずれの保育カリキュラムでも，「幼児期の終わりまでに育って欲しい子どもの姿」が明

確にされた。これを受けて,「教育課程」や「全体的な計画」では，これまでに作成された計画を基盤に計画の見直しや修正が必要となることが考えられる。

保育カリキュラムというと，保育所保育指針や学習指導要領，あるいは保育の計画や教育計画と同じようなものとして理解している人がいるかもしれない。だが，保育研究者の加藤繁美が指摘するように，教育学で「カリキュラム」という言葉は，通常,「計画と実践の総体」をさすものとして使用されている。つまり，計画，準備，実践，子どもの経験，反省，話し合い，次の保育案という一連の保育実践の循環にまつわることのすべてが「カリキュラム」である。

国家が規定した指針，要領，教育・保育要領は「コース・オブ・スタディー（学習指導要領)」であり,カリキュラムではない。それらは学び（スタディー）の過程（コース）を示した仮説的参照枠である。実際の子どもは，指針とは異なるしかたで遊びや学びを深めていくだろうし，指針自体が個々人の幅を認め，実践の柔軟さを提起してもいる。「コース・オブ・スタディー」は，計画をたてる準備段階において参照し，実践をふり返る評価段階において大筋を確認する枠組みであり，指針に書かれているとおりの保育ができたか否かが問題とされるようなものではない。

ひるがえって「カリキュラム」とは，より包括的な概念であり，それは保育者と子どもが創造する保育経験のすべてをさしている。たとえば各クラスで展開される保育実践はカリキュラムであるが，そこには,「コース・オブ・スタディー（指針,要領,教育・保育要領)」とは異なる独自の論理がある。カリキュラムの特徴は，そのときその場で対話的に，生活や遊びをデザインしていく発展性や変容可能性に開かれているということだろう。

加えてカリキュラムという言葉が語源的に,「履歴（人生の来歴)」の意味をもっていることにも注意しておきたい。すなわち，目標に向かってたてられた「保育の計画」とは，実践場面では，適当に軌道修正されながら利用されるものであり，実践後に私たちのなかに見いだされる「履歴」こそがカリキュラムとして把握される大事な部分であるということである。「保育の計画」ではなく，その計画を元手に実践された「経験の足跡」こそが,カリキュラムとしてイメージされるにふさわしい（加藤，2007)。

2――3分の1の確実性と3分の2の不確実性

こうした保育カリキュラムを理解する際に，北イタリアのレッジョ・エミリア市の保育実践が参考になる。世界的に注目を集めるレッジョ・エミリア市の保育実践・理論を支えてきたマラグッチ（Malaguzzi, L.）は，次のように述べている。

> 私たちが，人がうらやむような技術による即興に依存しているというのは事実ではありません。私たちはチャンスに依存しているわけでもありません。なぜなら，わからないことはある程度予測できると，私たちは確信しているからです。子どもと一緒にいるということは，三分の一の確実性と三分の二の不確実性と新しさに働きかけることであることを知っています。三分の一の確実性は私たちを理解させ，理解しようと試みさせます。
> （エドワーズら，2001）

つまり，保育カリキュラムとは「3分の1の確実性と3分の2の不確実性」のバランスで構成されるものであり，不確実なことのほうが相対的に多い構造になっているということである。ただし保育者は，即興に依存したり，チャンスを待つだけではない。未来には何が起こるかわからないという不確実性を前提とし，計画通りにはいかない流動的な新しい展開を常に受け入れながらも，それまでの実践経験から，子どもの育ちや学び，子どもの発想やひらめき，子どもどうしのつながりなど，その場で生成的に起こり得る展開を予測し，子どもが求めることや子どもに必要なことを理解しようと試み続けている。保育者はこうした予測の積み重ねによって，ある程度の確実性を確保し，保育実践を子どもとともに創造することができる，というわけである。

3――保育所保育指針における全体的な計画

以上のように，「コース・オブ・スタディ」としての保育所保育指針と「実践の総体」としての保育カリキュラムの関係をつかんだうえで，国の基準である保育所保育指針の総則3「保育の計画及び評価」をみていこう。それは，次のような文章で始まっている。

> ア　保育所は，1の（2）に示した保育の目標を達成するために，各保育所の保育の方針

や目標に基づき，子どもの発達過程を踏まえて，保育の内容が組織的・計画的に構成され，保育所の生活の全体を通して，総合的に展開されるよう，全体的な計画を作成しなければならない。

イ　全体的な計画は，子どもや家庭の状況，地域の実態，保育時間などを考慮し，子どもの育ちに関する長期的見通しをもって適切に作成されなければならない。

ウ　全体的な計画は，保育所保育の全体像を包括的に示すものとし，これに基づく指導計画，保健計画，食育計画等を通じて，各保育所が創意工夫して保育できるよう，作成されなければならない。

ここで確認したいことは，「全体的な計画」が保育の目標を達成するための保育の基本として位置づけられている点である。現場において流動的に展開する保育カリキュラムの生成にとって，長期的見通しをもった，骨子としての目標をふまえた「全体的な計画」の存在は，実践を駆動する重要な支えになり得るだろう。

では「1の（1）に示した保育の目標」とは何か。第1章（総則）に書かれた目標には，「子どもが現在を最もよく生き，望ましい未来をつくり出す力の基礎を培う」という子どもの最善の利益をめざすことが，また「子どもの保護者に対し，その意向を受けとめ，子どもと保護者の安定した関係に配慮」するという家庭との連携，保護者への支援・指導があげられている。日本では，子どもの最善の利益と家庭への配慮が，保育所保育の目標とされているわけである。「全体的な計画」とは，これらの保育目標を達成するために編まれるものにほかならない。

近年，虐待対応を含む家族支援，若年労働市場の不安定化や貧困問題への対応という福祉的機能が，いままで以上に保育所に期待される事態となっている。加えて，保護者への配慮だけではなく，乳幼児の発達を，子どもの最善の利益から保障する「全体的な計画」が編まれる必要がある。OECD（経済協力開発機構）が2001年に発行した保育制度に関する調査報告書のタイトルは「人生の始まりこそ強く（starting strong)」であるが，こうした保育実践へ向かうデザインが，日本の「全体的な計画」にも求められている。

たとえば，「それはその家庭のやり方だからしょうがないね」という保育者の判断は，保護者の意向を認める寛容さを持ち合わせてはいるが，一歩まちがえば，必要なコミュニケーションの打ち切りにつながってしまう。たいていの場合，一番不利益を被るのは子どもである。子ども自身が選んだわけではない，しかしその子どもの育ちに決定的な影響を及ぼす家庭環境が，経済的文化的格差につながってしまう危険性のある現代社会において，各家庭の多様性を認めつつも，格差を是正していく保育をすべての子どもに保障する必要がある。保育所に通う子どもの家庭環境や生育歴，保育時間や保育期間は実に多様であり，育ちのなかでぶつかる困難も一人ひとり異なっている。そのことを考慮に入れつつ，園の「全体的な計画」を編む必要がある。

また保育所という職場は，正規職の保育士だけではなく，非正規のパートや派遣，アルバイトの保育者，保育士以外のさまざまな職種から構成されている。とくに近年の保育政策においてコスト削減が至上命題とされるなか，保育所における非正規雇用者の割合がふえていることは周知の事実であろう。しかも，子どもの保育時間が長時間化するなかで，担任の正規職保育者の勤務時間よりも子どもの保育時間のほうが長い場合も多い。朝は早番の担当職員，夕方になると遅番の担当職員へと，あちらからこちらへ，保育所のなかで引き渡される子どもの育ちをどのように守っていけばよいか。切り貼りのパッチワークのような保育ではなく，保育所の全職員が一人ひとりの子どもの家庭環境やそれぞれの育ちを理解し，保育所全体で一貫性をもって保育にあたるためには，正規職の担任保育士だけが「保育の計画」を把握しているだけでは不十分である。個別具体的な子どもへの対応は，対話的応答性を高め，子どもの最善の利益を守るためにも，個々の職員がみずからの判断で実践できるしくみをつくったほうがよいだろう。各保育者の実践における裁量権の確保にむけて，全職員によって合意される「全体的な計画」を用意したい。

3節 指導計画の定義と位置づけ

保育所保育指針の総則 3「保育の計画及び評価」の冒頭で述べられている「全体的な計画」について前節で確認した。ここでは，その後に述べられている「指導計画」について見てみよう。

ア　保育所は，全体的な計画に基づき，具体的な保育が適切に展開されるよう，子どもの生活や発達を見通した長期的な指導計画と，それに関連しながら，より具体的な子どもの日々の生活に即した短期的な指導計画を作成しなければならない。

イ　指導計画の作成に当たっては，第２章及びその他の関連する章に示された事項のほか，子ども一人一人の発達過程や状況を十分にふまえるとともに，次の事項に留意しなければならない。

（ア）３歳未満児については，一人一人の子どもの生育歴，心身の発達，活動の実態等に即して，個別的な計画を作成すること。

（イ）３歳以上児については，個の成長と，子ども相互の関係や協同的な活動が促されるよう配慮すること。

（ウ）異年齢で構成される組やグループでの保育においては，一人一人の子どもの生活や経験，発達過程などを把握し，適切な援助や環境構成ができるよう配慮すること。

ウ　指導計画においては，保育所の生活における子どもの発達過程を見通し，生活の連続性，季節の変化などを考慮し，子どもの実態に即した具体的なねらい及び内容を設定すること。また，具体的なねらいが達成されるよう，子どもの生活する姿や発想を大切にして適切な環境を構成し，子どもが主体的に活動できるようにすること。

エ　一日の生活のリズムや在園時間が異なる子どもが共に過ごすことを踏まえ，活動と休息，緊張感と解放感等の調和を図るよう配慮すること。

オ　午睡は生活のリズムを構成する重要な要素であり，安心して眠ることのできる安全な睡眠環境を確保するとともに，在園時間が異なることや，睡眠時間は子どもの発達の状況や個人によって差があることから，一律とならないよう配慮すること。

カ　長時間にわたる保育については，子どもの発達過程，生活のリズム及び心身の状態に十分配慮して，保育の内容や方法，職員の協力体制，家庭との連携などを指導計画に位置付けること。

キ　障害のある子どもの保育については，一人一人の子どもの発達過程や障害の状態を把握し，適切な環境の下で，障害のある子どもが他の子どもとの生活を通して共に成長できるよう，指導計画の中に位置付けること。また，子どもの状況に応じた保育を実施する観点から，家庭や関係機関と連携した支援のための計画を個別に作成するなど適切な対応を図ること。

保育所は，「全体的な計画」と「指導計画」を準備し，柔軟かつ一貫性のある保育を創造するものとされている。

ここにいわれる「指導計画」とは，冒頭で確認されているように，「全体的な計画に基づき，具体的な保育が適切に展開されるよう，子どもの生活や発達を見通した長期的な指導計画と，それに関連しながら，より具体的な子どもの日々の生活に即した短期的な指導計画」をさす。つまり，「全体的な計画」に呼応した長期的な計画と，それを具体化していく短期的な計画を準備する必要があるということである。「全体的な計画」を実際の実践へと具体化していくものが，「指導計画」として位置づけられている。

保育現場における「指導計画」には，長期的なものから短期的なものまで，年間計画，月案，週案，日案のような日常的に準備される「保育の計画」がある。「全体的な計画」が園全体の共通認識として「保育の計画」の上位にあり，各クラス，各年齢のより具体的な見通しのもとにたてられる計画が「指導計画」としてあるということである。

ここで確認すべきことは，「指導計画」通りに実践ができたかどうかは問題ではないという保育カリキュラムの構造である。計画通りに実践できたと思われる場合には，子どもの声やしぐさをいま一度思いだし，保育者が気づいていなかった子どもの願いについて考えてみる必要さえあるだろう。保育者の願いが先行していなかったか，段取りや手際がよすぎて子どもの主体性を奪っていなかったかなど，計画通りにできたと思われる場合にこそ，丁寧な省察を行なったほうがよいというのが，保育カリキュラムの構造が教えてくれる事実である。

つまり，実践のなかで生起する予想もしない展開である不確実性こそが，「子どものため」の保育という押しつけがましい保育の構え（強制や抑圧）を取り除き，「子どもとともに」保育をつくる前提を築く（Clark et al., 2005）ということである。子どもも大人も同じ社会に生きる仲間として，お互いを承認しながら，新しい社会を生みだす保育カリキュラムの創造にともに参加することが重要である。「指導計画」は，実践のなかで捨て去ることができるものとしてのみ活用可能であり，計画や予定にしがみつくことは，その場で刻々と変わっていく子どもの心もちや社会的課題に即した動きを封じてしまう。

計画をたてる際には，一人ひとりの子どもの発達過程，家庭背景，保育時間など，それぞれの子どもの状況を確認しつつ，集団の場で子どもが主体的に活動する姿を大事にすることはいうまでもないが，指導計画には常に柔軟性をもたせておくことが必要である。低年齢児や長時間保育児についてはくつろげる空間を用意すること，また障害をもつ子どもなどには，専門機関との連絡や職員間の連携を密にし，個別な対応が適宜できるようにするなど，幅広い知見と時間的人員的余裕をもたせておくことが肝心であろう。

研究課題

1．保育所保育指針の「全体的な計画」と幼稚園教育要領の「教育課程」を読み比べ，それぞれの特徴をあげてみよう。
2．実際に書かれた「年間計画」，「月案」，「週案」，「日案」などを見させてもらい，自分でも「指導計画」をつくってみよう。
3．保育実践者によって書かれた実践の記録を読み，保育をしながら保育者自身が実際に考えている保育の見通し，子どもの育ち，保育者の役割などについて考えてみよう。

推薦図書

● **『学びの物語の保育実践』** 大宮勇雄　ひとなる書房
● **『保育の中の小さなこと大切なこと』** 守永英子・保育を考える会　フレーベル館
● **『保育者の地平—私的体験から普遍に向けて』** 津守真　ミネルヴァ書房

Column 2

保育カリキュラムに隙間(すきま)を

子どもが社会に出ていけるように，文化や習慣，価値や規範を身につけることを「社会化」という。保育とは，ある意味この社会化を日々行っている営みだが，これまでの社会化を3つの次元に分けて考えてみると，現代が，いかに子どもの社会化（子育て）にとって悩ましい時代であるかがわかる。

社会化には，家庭での養育による「一次的社会化」，近所の人間関係や家の仕事への参加による「二次的社会化」，制度化された保育や教育による「三次的社会化」がある。これについて教育学者の汐見稔幸は，二次的社会化の重要性を次のように述べている。「子どもの頃に親から遊び方を手とり足とり教えてもらった覚えは全くなく，みんな近隣の子ども集団のなかでの遊びで身につけ」，「親など権威ある大人に教えられ評価されながら身につけるものとは違い，自分のペースで，自分で選び，納得して自分を形づくっていくという大切な人間形成的価値─自主性につながる─を併せて身につけることができた」のが二次的社会化であった，と。「通常はあまり重視されないが，じつは二次的社会化の果たす役割が存外に大切」だという指摘である（汐見，1996）。

ところが現在の日本社会は，二次的社会化が著しくそこなわれている状態にある。よくいわれるように「地域社会の喪失」ということかもしれないが，家庭でも保育所（学校／幼稚園）でもない場所には，もはや子どもが「居る」ことさえむずかしい。しかし，自分が育った過程をふり返ってみても，遊びを考えだし，人間関係に参加するかしないかを判断するような，とても重要な人間的資質を身につけてきた場面は，二次的社会化の時空ではなかったか。

いま子どもが育つ「場」を思い浮かべてみて，はたしてそこは大人にみられることのない，自分なりに生きられる「場」だろうか。地域に子どもを放り出すことがむずかしい時代であるならば，この二次的社会化は，一次的社会化や三次的社会化に肩代わりしてもらうしかない。問われているのは，保育所という三次的社会化空間において，いかに子どもみずからが創意工夫をしなければ生きられない時間をつくり出せるかであろう。つまり，保育カリキュラムには，意図的に，目の届かない空間や時間としての「隙間」をつくる必要がある。その隙間が最もドラマティックに子どもを育てるのではないだろうか。

第3章
全体的な計画の基礎

保育実践の“いま”は，“過去”と“未来”の結実で編みだされる。保育者は，子どもの発達と学びの軌跡という“過去”から導かれた姿と，その育ちに願いを込めつつ成長と学びの予測という“未来”から導かれた姿とを重ね合わせ，“いま”に向き合う。そして，それに向き合う状況は，必ずしも直接的に関わる場面だけではない。子どもと離れていても，保育の流れを想像しつつ子どもの学びと育ちを創造することで「向き合う」という状況もある。

保育における計画の考案や作成は，保育者およびその協働により構成される組織が，豊かな子どもの育ちに想いを込めながら創り続けていく営みである。そして，時の流れとともに成長し続ける子どもと同様に，絶えずそのあるべき姿を問い直し続けていくものでもある。

1節　全体的な計画の作成

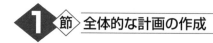

1――保育施設における「全体的な計画」

「全体的な計画」は，保育施設（幼稚園・保育所・幼保連携型認定こども園）に子どもが入園してから修了・就学を迎えるまでの間，充実した園生活を展開できるように，保育の目標に向かってどのような道筋をたどって子どもの育ちを支える営みを進めていくかを明示するトータルデザインである。

保育施設においては，食育や健康・衛生，安全管理，特別保育に関する計画や，在園児のみならず地域の乳幼児をも対象とした子育て支援の計画など，様々な計画を作成する必要がある。全体的な計画は，こうした様々な保育に関する計画をも包含・統合した総合的な基本計画ともいえるものである。

保育に関する計画は，全体的な計画と，それを基にして作成される下位の計画の２つに大別される。

(1) 全体的な計画
①幼稚園
　教育課程を中心に，教育課程にかかわる教育時間の終了後等に行う教育活動の計画，学校保健計画，学校安全計画などとを関連させ，一体的に教育活動が展開されるよう作成されるもの。
②保育所
　保育所保育の全体像を包括的に示すものであり，各保育所の保育の方針や目標に基づき，子どもの発達過程を踏まえて，保育の内容が組織的・計画的に構成され，保育所の生活の全体を通して総合的に展開されるよう作成されるもの（＝旧〈保育課程〉）。
③幼保連携型認定こども園
　教育と保育を一体的に捉え，園児の入園から修了までの在園期間の全体にわたり，幼保連携型認定こども園の目標に向かってどのような過程をたどって教育及び保育を進めていくかを明らかにするものであり，子育ての支援と有機的に連携し，園児の園生活全体を捉え，作成されるもの。

(2) 下位の計画
　○長期的な指導計画
　　年間計画，期間計画，月間計画（月案）　等
　○短期的な指導計画
　　週間指導計画（週案），日案，日課表，活動案　等
　○その他（以下の計画が下位に位置づけられるのは保育所のみ）
　　保健計画，安全計画，食育計画　等

最初に〈幼保連携型認定こども園教育・保育要領〉が（平成26年４月に）告示されるにあたり，「教育課程」，「保育課程」，「全体的な計画」という用語の

使用について検討が行われた。幼稚園が使用している「教育課程」という用語を〈幼保連携型認定こども園教育・保育要領〉が使うとなると，認定こども園の０～２歳が幼稚園と同じ“教育”を受けるということになり，その当時保育所が使用していた「保育課程」という用語を使うとなると，認定こども園法で０～２歳が受ける“保育”を３～５歳児も受けるということになるため，「教育課程」でも「保育課程」でもない「全体的な計画」という用語を〈幼保連携型認定こども園教育・保育要領〉では使うことにしたのである。

そして，平成29年３月の３法令同時改定（改訂）時には，３つの指針・要領のいっそうの整合性を図るために，（〈保育所保育指針〉ではそれまでの「保育課程」という用語にかえて）「全体的な計画」という用語を３つの指針・要領においても統一的に使うこととした（もっとも〈幼稚園教育要領〉では「教育課程」という用語もそれまでと変わらず，現在も使われている）。

そのため，現在は，〈幼稚園教育要領〉においては「全体的な計画」の中に「教育課程」や安全・保健計画などが位置づけられているが，〈保育所保育指針〉においては「全体的な計画」が安全・保健計画や食育計画などの上位に位置づけられているなど，「全体的な計画」の構造は３つの指針・要領のそれぞれで若干異なっている。

２――「全体的な計画」作成の手順

「全体的な計画」作成の手順は，【幼稚園教育要領解説】，【保育所保育指針解説】，【幼保連携型認定こども園教育保育・要領解説】のそれぞれに参考例として記載されている。それらは３つの保育施設それぞれ固有の機能により若干の違いはあるが，主要なポイントはほぼ共通している。

以下，作成の段階ごとに主要なポイントを列記する。

(1) 関係法令や，指針・要領および同解説の内容について共通理解を図る

まずは，園長の責任の下で全教職員が全体的な計画作成の当事者として参画し，協働的に当該保育施設の全体的な計画を創造する作業を遂行していくことを確認する。次に，学校教育法，児童福祉法，児童の権利に関する条約などに謳われている基本理念や関係法令における全体的な計画の位置づけを確認したうえで，指針・要領，同解説の内容を全教職員が理解する。

(2) 乳幼児期の発達と，乳幼児期から児童期への発達について共通理解を図る

続いて，一般的な子どもの発達過程について確認する。たとえば，以前の保育所保育指針において示されている発達過程区分ごとの姿が参考になるであろうが，それらは各区分の平均的な姿であって，けっして目標とすべき姿や達成しなくてはならない姿ではないことに重々留意することが必要である。あくまでも発達過程としてその道筋をふまえるためのものであり，発達にはすべて個人差があることを十分に考慮しなければならない。

(3) 地域の実態，乳幼児の発達の実情などを把握する

そして，当該保育施設がどのような地理的条件を有し，子どもと家庭を取り巻く地域はどのような環境であるかということについて確認が必要である。自然環境，住宅事情，交通事情，文化的環境，地域住民の特性などの側面から地域の実情を把握する。

また，当該保育施設における子どもの発達や生活のありのままの姿をよく見つめ直し，あらためて子どもの実態を把握する。その際，日常の遊びの取り組みや人・環境との関わりなどの視点から，学ぶ・成長する主体としての子どもの興味・関心・育ちについて丁寧に確認し，現実的な理解を深める。

(4) 社会の要請，保護者の意向などを把握する

各保育施設の保育は，当然のことながら家庭の事情により大きく左右される。また，子どもが低年齢であればあるほど家庭と保育施設のギャップは小さいことが望ましい。したがって，まずは家庭の実情を十分に把握することが求められる。

なお，全体的な計画は保護者にとって違和感がないもので，保護者の意向と保育施設側の専門的見地とに齟齬（そご）がなく，両者が合致するようなものが理想である。

(5) 保育理念，保育目標，保育方針について共通理解を図る

ここで，現在の保育が果たさなければならない課題や，期待する園児像などを明確にして，あらためて保育の目標などについての理解を深める。

それまで当該保育施設のなかで大切にしてきたものは何か，今後も大切にするべきものは何かを確認し，当該保育施設のそれまでとこれからの基軸としての保育文化を確認し，保育理念・保育方針・保育目標などを組み立てる。

《保育理念》…保育を実施するうえでの根本的な考え方（コンセプト）
《保育方針》…保育理念を具現化する基本的な取り組み（方法論）
《保育目標》…保育理念・方針により育てたい子どもの姿（方向性）

(6) 子どもの発達過程を長期的に見通す

続いて，園生活の全体を通して，子どもがどのような発達をするのか，どの時期にどのような生活が展開されるのかなどの発達の節目を探り，長期的な発達を見通す。

そして，子どもの発達の過程に応じて保育目標がどのように達成されていくかについて，おおよその予測をする。

(7) 具体的なねらいと内容を，一貫性をもって構成する

以上の段階を経て，設定された保育目標をいかにして達成するか，あるいはその方向に向けて子どもを育てていくために，入園から就学までの育ちを見通してそれぞれの時期にどのように過ごしていくかについてグランドデザインを描いていく。

この際，保育時間・在籍期間の長短，その他子どもの発達や心身の状態及び家庭などの個別の状況に配慮して，それぞれにふさわしい生活が展開されるように適切なねらいと内容を設定する。すなわち，当該保育施設のねらいと内容を発達過程や個々の実情に応じて組織するのである。

この段階での手順的原理は，次のとおりである。

i　指針・要領でのねらいや当該保育施設の保育目標などによる期待する子どもの育ちをおさえる。
ii　次に，それらを達成するうえでの内容として，遊びや生活の領域・範囲を設定する。
iii　そのうえで，内容の系統性や学びの順序性等を考慮して，上記 ii の配列を検討する。

(8) 他の計画との相互調整を図る

「全体的な計画」の作成に際しては，個々の計画をそれぞれの目的に添いながら作成しつつも，中核となる保育・教育の計画（幼稚園であれば教育課程）との関連や，他の計画との関連をも考慮しながら，相互調整を図っていく。

他の計画とは，食育に関する計画，健康・衛生管理に関する計画，安全対策・事故防止に関する計画，研修計画などであるが，それらの計画についての概況と相互の関連性を確認し，全体的な計画に盛り込む。さらに，地域との連携，

小学校との連携，保護者支援，特別保育（一時保育，延長保育，子育て支援事業など）の実施や，その他の特色ある活動などについても盛り込む。

(9)　全体的な計画に基づく結果について評価し，次の作成に生かす

全体的な計画は，園の教職員が保育理念や保育目標などを中軸にしてイメージを共有しながら作成されるが，保育の質を高め続けていくためにその後も常に日常の実践や営みから相互に評価・検証しつつ，あるべき姿を協働的に探り合うことが求められる。

なお，改善に向けた取り組みの方向性と意義を教職員間で共有して不断の改善を図り続けていくために，保育の全体的な計画作成時には，少なからず「いつ」「だれが」「どのように」評価するのかについて具体的に明記しておかれたい。

2節　全体的な計画の展開

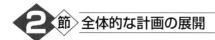

1——保育における計画の意義と目的

(1)　保育における計画の意義

保育という営みには意図や目標がある。また，日々の何気ない営みにも，(時には無意識的ながらも）保育者の願いや想い，言い換えれば目的・価値・企図が反映されている。保育の計画は，たんに計画に沿って保育を展開し，運営しやすくするためにあるのではなく，子どもの健やかで豊かな成長・発達という目標を実践するためにある。また，保育の計画により営まれていく実践の過程では，計画自体も子どもの姿に応じてゆるやかにも変化し得る。そして，その実践の過程は，当初の計画まで含めて省察されることが求められる。

保育において計画を立案し実践するということは，子どもの育ちに丁寧に寄り添いながら保育者が子どもの健やかで豊かな成長と発達という目標に向けて，願いと想いを込めて未来をデザインし続けていく営みをするということである。それはまた，文脈があるしなやかなシナリオにより，応変的にくり広げられる物語ということでもある。

(2)　保育における計画の目的

保育実践における子どもへの関わりは，子どもとの関係性，応答する環境，保育者自身の瞬間的な感知と判断，そしてその時どきの状況などにより常に変化する。しかしながら，それが無意図的でその場限りの場あたり的なものに終わらず，健やかで豊かな子どもの育ちに資する有為なものにするためには，まずは大枠としての保育が構想され（すなわち全体的な計画が作成され），それを基にした長期（年間・期間・月間など）と短期（週間・日・設定保育など）の具体的な保育が設計される必要がある。そして，その設計に基づき実践された保育をふり返って検討するときにも，長期・短期の指導計画に加えて，大局的に照らし合わせる枠組みとしての全体的な計画への省察の視点が必要となる。

2——全体的な計画への評価

(1) 全体的な計画の評価・更新への視点

全体的な計画は，保育に関する各種の計画のなかでも最も大枠かつ基底となるものである。かつては，その類が各園でいったん作成されると積極的に更新されるようなことはあまり見受けられず，何かしらの大きな転機でもなければ，変更・改善され得る機会も少なかった。

指導計画については保育実践の省察とともに不断の評価と改善をし続けるものとされるが，その指導計画自体も全体的な計画との連動性により作成されるものである。そしてなおかつ変化の激しい時代状況における子どもを取り巻く環境の変容をも考慮すれば，全体的な計画が不変というのは理に適わない。

全体的な計画は，長期および短期の指導計画の作成の基には位置づけられるが，それ自体が固定的なものではない。よって，眼前の子ども一人一人の姿をしっかりと受けとめつつ，現実の状況や変化に応じて柔軟に検証し，普遍的な保育・教育の理念や当該保育施設の系統的な保育文化を確かめながら，積極的に評価・更新する視点もこれからは持ち続けられたい。

(2) 今後の課題

全体的な計画の作成時には，各園の保育文化を確認し，保育理念・保育方針・保育目標などを掲げることになるが，今後はこれらについても「絵に描いた餅」にならないようにするために合理的な評価がなされてしかるべきであろう。具体的には，「理念⇔方法」関係の合致性の評価，保育理念・保育目標・保育方針と人的・物的資源との妥当性・整合性の評価，さらにはこれらの内部・外部評価システムの構築などである。

激変し続けている時代状況で保育を柔軟かつ創造的に営み続けるにあたり，応変性のある全体的な計画の作成方法の確立と，合理的な評価システムの構築が求められる。

3節 全体的な計画の具体例

表3-1，表3-2は，同一法人のしかし形態の異なる園の全体的な計画である（前者は縦割り保育の形態）。同一法人であっても，それぞれの育てたい子ども像がちがう。全体的な計画は，園のポートレートのようなものである。それぞれの保育方針の特徴，独自な子どもの保育への思いが詰まっている。全体的な計画は子どもの現状に応じて，園長のリーダーシップのもと，園で子どもと接する専門職である職員全員が協同で検討し，改変を重ねながら，同一の方針を共有しつつ策定する。よって，園に通う個々の子どもがちがうように，全体的な計画は個々の園によって異なり，また年々子どもの状況に応じて改変されるべきものである。この全体的な計画は広く公に示されるべきものである。多くの人々が保育現場の実践がどれほど専門的な知識と倫理的配慮のもと，いまを生きる子どもの幸せと次世代を生きる力の育成にたずさわっているのかを知ってほしいものである。

研究課題

1. 全体的な計画（指導計画とセットで）を5種類以上集めてみよう。
2. 保育所と幼稚園，幼保連携型認定こども園の全体的な計画とのちがいと共通点を見比べて考えてみよう。
3. 全体的な計画作成のプロセスに沿って仮想の全体的な計画を書いてみよう。

推薦図書

- **『幼稚園教育要領解説』**　文部科学省　フレーベル館
- **『保育所保育指針解説』**　厚生労働省　フレーベル館
- **『幼保連携型認定こども園教育・保育要領解説』**　内閣府・文部科学省・厚生労働省　フレーベル館

表3-1　D保育園　全体的な計画

保育目標		1．遊びこめる子 2．思いやりのある子，自分の思いを表現できる子，心と体のたくましい子 3．楽しく食事のできる子		
子どもの保育目標	0歳児	・安心できる保育者との関わりの中で，欲求を満たし，安定した生活を送る。	3歳児	・身の回りの事を自分の力で取り組んでいく。 ・同年齢や異年齢と関わる中で，興味・関心を広げる。
	1歳児	・自分でやろうとする気持ちを育む。 ・気持ちや思いを言葉で表そうとする気持ちを育む。	4歳児	・相手の気持ちにも気づき，受け止める。 ・同年齢や異年齢の集団の中で自信をつけ自分を発揮する。
	2歳児	・基本的な生活習慣を身につける。 ・自分の思いや感情を言葉で表現する。	5歳児	・仲間と力をあわせ，一つの事をやり遂げる力を育む。 ・様々な年齢との繋がりを大切にし，自分の力を発揮する。

保育の内容

年齢		0歳児	1歳児	2歳児	3歳児	4歳児	5歳児
養護	生命の保持	・一人ひとりの生活のリズムを整え，快適に過ごせるようにする。	・一人ひとりの発達状況を適確に把握し，安全に過ごせるようにする。	・子どもの生理的欲求が十分に満たされるようにする。	・基本的生活習慣を確立させ1人ひとりの発達に応じた援助を行う。	・適度な運動と休息をとり，自らの体調の変化に気づくようにする。	・身体づくり等健康について理解し，自ら行動できるようにする。
	情緒の安定	・応答的な触れ合いや，言葉掛けを行い人への信頼感が芽生えるようにする。	・スキンシップを取る事で，人との関わりに心地良さが感じられるよう接する。	・自己主張など，この時期に見られる子どもの気持ちを受け止める。	・自分を受け止めてもらう心地良さと安心感を味わえるようにする。	・集団の中で，自分の力を発揮し，お互いを認め合う。	・周囲から，自分の存在を認めてもらうことの喜びを感じ，自己肯定感の育ちに繋げる。
教育	健康	・遊びや探索活動を通し，体を動かす事を楽しむ。	・簡単な身の回りの事を自分でやろうとする。	・簡単な身の回りの事（食事・睡眠・排泄）を自分でできる様になる。	・規則正しい生活リズムを身につけ，身の回りの事を，自分の力で行う。	・自分の健康に関心を持ち，病気の予防等に必要な活動を進んで行う。（手洗い・うがい・衣服・マラソン）	・日常の中の危険な行動を知り，安全に気をつけて生活する。
	人間関係	・安心できる保育者とのかかわりを深め，愛情や信頼関係を持つ。	・保育者や友だちに関心を持ち，模倣して遊ぶなど親しみを持って関わろうとする。	・保育士や友だちと関わり合いながら，思いを共感し，同年齢の絆を深める。	・同年齢，異年齢の関わりの中で，相手の存在に気づき，親しみや憧れを持つ。	・同年齢・異年齢の関わりの中で，生活や遊びに必要なルールの大切さを知り，守る。	・協調性を持って，一つの事をやり遂げる。
	環境	・安心できる環境の中で，探索活動を楽しむ。	・好きな玩具や遊具に興味を持ち，様々な遊びをじっくりと楽しむ。	・身近な物や遊具に興味をもち，好奇心や探究心を育む。	・日常生活を通し，知的好奇心を育む中で，物や生命の大切さに気付く。（色・数・量・形・自然）	・身近な動植物に親しみを持ち，継続的な世話をする。	・身近な自然と関わる中で，その生態を知り，生命の尊さに気付く。
	言葉	・自分の気持ちを喃語や言葉で表現し，やりとりを楽しむ。	・簡単な言葉の繰り返しや模倣をしながら，思いを言葉にしようとする。	・保育者や友だちと生活や遊びの中で，言葉のやりとりを楽しみ，思いを言葉で伝えようとする。	・自分なりに言葉で表現し，保育者や友だちと会話を楽しむ。	・相手の思いを受け止め，自分の思いを伝える。	・身近にある文字や数字・記号等に興味を持ち，使おうとする。
	表現	・泣く，笑う等の表情の変化や体の動き，喃語等で意志や欲求を表す。	・保育者等と一緒に歌ったり，手遊びをしたり，リズムに合わせて体を動かすことを楽しむ。	・ごっこ遊びを通して，表現したり演じて遊んだりする楽しさを味わう。	・イメージした事を自分なりに表現する。	・保育者や友だちと共通のイメージを持ち，表現する事の楽しさを共有する。	・アイデアを出し合い，各々の知識を活かして，創意・工夫を重ねる。
食育	食を営む力の基礎	・色々な食材を味わう事で食べる事に意欲・関心を持つ。 ・手づかみでしっかりと食べる。	・楽しい雰囲気の中で，自分で食事をし，嫌いなものでも食べようとする。 ・スプーン・フォークをしっかりと握って食べる。	・基本的な食事の仕方を知り，箸の正しい持ち方ができるようにする。	・野菜作りを通して，食べる事の楽しさを味わい，献立や食品に興味や関心を持つ。	・野菜作り・毎日の給食を通して，食べ物の大切さを知る。	・食べ物と身体の関係を理解する。

保育士の配慮	〈乳児保育〉 ・一人ひとりの発育や発達状態，健康状態について適切な判断を行い，保健的対応を行う。また，一人ひとりの生育歴の違いに留意しつつ，欲求を適切に満たし，特定の保育士が応答的に関わる。 ・乳児保育に関わる職員間の連携や嘱託医との連携を図り，適切に対応する。また，栄養士及び看護士が配置されている場合はその専門性を活かした対応を図る。 ・保護者との信頼関係を築きながら保育を進めると共に，保護者からの相談に応じ，保護者への支援に努める。 〈3歳未満児〉 ・簡単な身の回りのことが自ら進んで出来るよう環境を整える。 ・自分の思いを言葉や身体で表現できるよう，保育士が関わったり友だち関係を築く援助を行う。 ・運動能力が発達し，行動範囲が広がるので，安全に十分配慮する。 ・自我の芽生えが見られる時期であるので，受け止めながら自信につなげていく。 ・ごっこ遊びを十分に楽しめるように促し，身の回りの生活の事へ繋げていく。	〈3歳以上児〉 ・健康的に過ごしていけるように，生活に必要な習慣を伝えたり，全身を動かして活動できるような遊びを取り入れる。 ・異年齢・同年齢の友だちと過ごしていく中で，相手の存在，気持ちを理解し関わりを深める援助を行う。 ・一人ひとりが，集団生活の中で自信を持って，自分の言葉や動きで表現するなど力を発揮できるように，子どもの気持ちを十分に受け止め関わっていく。 ・生活や遊びを通し，大切な決まりや約束があることを伝え，自分で判断して行動できるように配慮する。 ・小学校就学に期待が持てるよう活動を取り入れたり，必要な生活習慣や態度を伝える。 〈栄養士の配慮〉 ・一人ひとりの子どもの発育・発達状況，栄養状態，喫食状況，家庭での生活状況などを把握し，これらに基づいて食事を提供し，品質管理を行うよう努める。 ・栄養素や味の損失，また口腔内の発達に合わせて調理形態を配慮する。 ・生涯にわたる食生活を決定づける大切な時期であり，幼児の心身の発達に応じた食物の選択や献立や調理法などを配慮する。
健康支援	・身体測定（月1回）　・歯科検診（年2回）　・ぎょう虫検査　・ボードによる現在の病気状況のお知らせ　・熱中症指数の把握 ・健康診断（年2回）　・尿検査　・健康だよりの発行（園，クラス便りでも知らせる。）	
環境・衛生管理	・布団クリーニング　・ポラリズム，ヒビスコールによる手洗い・消毒　・園内外の清掃　・小動物の飼育（金魚・小鳥・カメ・昆虫） ・職員の検便検査　・強酸性水を使った室内の消毒　・室内の温度・湿度管理	
安全対策・事故防止	・リスクマネジメント会議　・チェックリストの活用　・救命救急講習（職員）　・消防署来園（消火訓練，避難訓練指導） ・避難訓練（火災・地震・水害・不審者）　・園庭・遊具の点検　・警察署非常通報ベル，防犯カメラ設置	
保護者，地域等への支援	・地域支援事業（食育ランチ，除去食ランチ，遊びにおいでよほいくえん，マザーリング）　・ウインターコンサート ・育児，個人面談（随時）　・保育参観，懇談（年2回）	
研修計画	・M保育所連盟研修　・園内研修	
小学校との連携	・小学校訪問　・保育所児童要録を小学校へ送付　・小学校との連絡会	
特色ある保育	・裸足保育（年間）　・野外活動（海，川，王丸チャレンジキャンプ）　・お茶会　・サッカー教室　・A，S保育園交流会 ・総合縦割り保育活動　・食育（地産地消，堅パン，野菜スティック）	

表3-2　2010（平成22）年度　A保育園全体的な計画

基本理念	安心してくつろげる　大きくて温かな家　そこには優しい笑顔があふれ，笑い声が響きます。人と人とが互いに寄り添い，信頼し合えるこの場所		
保育理念	あなたの笑顔が大好きです。あなたの笑顔が見たいのです。人と人がつながりあえる場がここにあります。一つひとつ，確かな絆を育みながら，大		
保育目標	「遊び」を通して，何事にも意欲的に取り組むことができる子を育てる。 「遊び」仲間と元気に，楽しく遊ぶことができる子を育む（遊び重視の保育） 「コミュニケーション」豊かな言語生活のできる子を育む（コミュニケーション重視の保育） 「音楽」豊かな感性を育む（歌重視の保育） 「体験」心と体のたくましい子を育む（生活体験・自然体験重視の保育） 「食育」健全で豊かな食生活を送る力を育む（食体験重視の保育）	行動指針（職員）	＊前向きファイブハート あいさつに込めた心 すべてに感謝する心 通い合う心 日々研鑽する心 一つに結びつく心

☆発達過程とクラスの相関性 0･1歳児（さくらんぼ組），2歳児（もも組），3歳児（ゆき組），4歳児（ほし組），5歳児（つき組），一時保育児（たんぽぽ組）で園生活を送る。またより深い人間関係を深るために，3歳児～5歳児で年間を通して異年齢保育を行う。年少児においては，ひとり一人の成長段階を踏まえ，柔軟な移行保育が展開される。	☆基本的社会的責任 適切な法人施設運営・人権尊重（児童福祉法）・地域交流（地域への参加呼びかけ）・小中学校との連携・保育の説明責任（行事開催掲示）・個人情報保護・苦情処理解決（第三者委員設置）・情報提供（ホームページ）

子どもの保育目標	0歳児	・生活，遊びなどの経験を通して聞く，みる，触れるなどの感覚の働きを豊かにする。 ・安心できる保育者との関わりのなかで，一人ひとりの生活リズムを整え，安定した生活を送る。 ・身近な食材に触れ，食べることへの意欲を持つ。	2歳児	・友だちや保育者と関わる中で，自分の思いを言葉で伝えようとする。 ・音楽を感じながら，リズムに合わせて，楽器を演奏しようとする。 ・基本的生活習慣を身につけ身の回りのことが自分でできる喜びを感じる。 ・様々な体験を通して，イメージを広げ，遊びを展開する。
	1歳児	・様々な遊びや体験に興味を持ち，自分でしてみようとする。 ・保育士や友だち，異年齢児との関わりの中で自分の思いや要求を言葉や身振りで表現する。 ・安定した生活リズムで過ごし，基本的生活習慣を身につけようとする。 ・身近な歌や楽器に興味を持ち，歌ったり，鳴らしたりする	3歳児	・基本的な生活習慣を身につけ，意欲的に活動に取り組む。 ・保育者や友だちとの関わりを広げ，自分の気持ちを素直に言葉や行動で表わしたり，人の話を聞こうとしたりする。 ・遊びや生活の中で，友だちとイメージを共有し，目的を持って行動する。 ・友だちの音やメロディーを聞き，一緒に演奏する喜びを知る。

		保育の内容		
		0歳児	1歳児	2歳児
養護	生命の保持	・一人ひとりのリズムに合わせた生活を進める。 ・保育士との関わりの中で生理的欲求が満たされるようにする。	・安全で安定した生活リズムのなかで十分に体を動かせるようにする。 ・適切な休息や食事がとれるようにする。	・基本的な生活習慣を身につけ，自分で行うことの喜びを感じ，達成感を味わえるようにする。 ・自分から体調の変化に気付けるようにする。
	情緒の安定	・身近な人に愛着を持てるように関わる。 ・生理的，依存的要求を満たしながら生活リズムを整える。	・一人ひとりの思いやこだわりの気持ちを受け止め，安心感が持てるように接する ・周囲の人や物に興味を示し，関われるようにする。	・自己主張が強くなり，自我がはっきりしてくる中で。子どもの思いを受け止め，信頼関係を築く。 ・生活や遊びを通して，友達と遊ぶ楽しさを知る
教育	健康	・清潔になる気持ち良さを感じる。 ・安全で快適に過ごせる環境の中で，のびのびと遊ぶ。	・安定した生活リズムのもと，身のまわりのことを，援助してもらいながら自分でしてみようとする。 ・戸外や室内での遊びを楽しみ，体を動かして健康な体づくりの基礎を培う。	・身の回りのことを自分でしようとし，意欲と自信を持つ。 ・基本的な運動能力が育ち，身体感覚を高めていくための遊びを十分に楽しむ。
	人間関係	・特定の保育者との応答的な関わりにより，信頼関係が生まれ，安定して過ごす。	・友だちや保育者の様子を観察し，模倣したり，一緒に遊ぶ喜びを味わう。 ・友だちや保育者，異年齢児との関わりをに興味を持ち，信頼関係を築く。	・友だちや保育者との関わりのなかで，自分の要求や気持ちを伝え，相手の気持ちに気付く。 ・保育者や友だち，異年齢児との関わりも増えていく中で，交流を深め，共通したイメージを持って遊びを楽しむ。
	環境	・周囲のものと触れ合い，五感を豊かにする。 ・ゆったりとした時間の中で，保育者の温かいまなざしのもと，安心してひとり遊び楽しむ ・いろいろなものに触れ，それぞれの違いに興味を示し，意欲的に関わろうとする。	・聞く，見る，触れるなどの感触の働きを生活・遊びなどの経験を通して豊かにする。 ・保育者と一緒に簡単なごっこ遊びや模倣をする。 ・おもちゃの取り合いなどで自分の回りの子どもの存在に気付き，興味を持つ。	・季節の移り変わりを肌で感じ，四季折々の自然物を取り入れ，遊ぶ。 ・身近な植物・動物などに触れ，興味や好奇心を持つ。 ・様々な人や物への興味を深め，期待を持って意欲的に行動する。
	言葉	・喃語を発し，見たものや話しかけられたことに応えようとする。	・保育者などの話しかけを喜び，自分から話すことを喜ぶ。 ・自分の思いや要求を言葉で伝えようとする。	・保育士や友だちとの会話が広げ，ごっこ遊び等を楽しむ。 ・日常生活での言葉（挨拶）を自ら使おうとする。 ・絵本や，物語などに触れ，繰り返しのある言葉の模倣を楽しむ。
	表現	・色々な素材に触れ，全身で感触を楽しむ。 ・身の回りにある玩具や絵本などに，興味を持つ。	・いろいろな素材(絵の具・クレヨン・ペインティング・のりなど）を使って遊ぶことに興味を持つ。 ・繰り返しのある絵本などに親しみ，関心を持つ。	・色々な素材や用具を使って，表現することを楽しむ。 ・想像力を広げ，絵本などからイメージを膨らませごっこ遊びへと繋げる。
	音楽	・わらべうたや子守唄を聞き，心地よさを感じる。 ・リズム遊びや歌をうたうこと，遊ぶことを模倣しようとする。	・耳で聞いた歌を保育士と共に口ずさむ。 ・保育者や友だちと一緒に歌ったり踊ったり体を動かして遊ぶ。	・わらべうたや童謡をごっこ遊びに取り入れ，歌うことを楽しむ。 ・リズミカルな運動や音に合わせ，体を動かすことを楽しむ。
食育	食を営む力の基礎	・一人ひとりの発達に合わせた離乳の進め方をする。 ・色々な食べ物を見る，触る，味わう経験を通して，食べることへの意欲を持つ。	・食材に興味を持ち，自分で意欲的に食事しようとする。 ・ゆっくりとした雰囲気の中で食事を楽しむ。	・食生活に必要な基本的な習慣や態度に関心を持ち，友達と一緒に食べる楽しさを味わう。

健康管理	・裸足保育（4月～10月末）　・歯磨き指導　・内科，歯科検診（年間2回）　・ぎょう虫検査（年間2回）全園児対象　・尿検査（2歳児～5歳児）年間2回　・身体計測（毎月1回）　・異常が認められた時の対応　・心身状態や家庭生活，養育状況の把握　・伝染病などの情報　・熱中症，紫外線情報　・けんこうだよりの発行
環境・衛生管理	・施設内ワックスかけ（年間4回）　・防虫駆除（年間2回と業者委託2回）　・固定遊具点検（毎日と業者委託年間2回）　・砂場消毒（年間1回）　・職員の検便（毎月と年間2回全職員）　・布団クリーニング（年間5回）個人費用
安全対策 事故防止	・年間目標：非常時でも常に冷静に対応し，子どもの安全を第一に考え，的確に避難する。 ・防犯体制（救急処置）→全職員上級救命講習受講 ・警備体制（24時間警備）警備会社へ通報装置設置 ・警察本署非常通報ベル設置（緊急時ボタンを押すと警察へ通報ができる。）園内3ヶ所設置 ・防犯カメラの設置・モニター設置（カメラ4台を設置し，ビデオ録画を行う。また事務室よりモニターで監視している。） ※災害時の食糧の確保及び断水などの対応準備 ・避難訓練：避難，消火（毎月1回）・不審者（毎月1回）・地震訓練（年5回）・水害訓練（年2回）・緊急時訓練（年6回） ※消防署来園指導（年1回） ・交通安全教室

で，確かな絆，永遠につながる幸せの絆を育みます。

切なあなたの笑顔を守り続けます。

保育時間	平常保育：午前7時～午後6時（月～土） 延長保育：午後6時～午後7時（1時間型）　午後6時～午後8時（1時間型） 一時保育（半日）：午前9時～午後1時または午後1時～午後5時 一時保育（全日）：午前9時～午後5時（全日）	行事	☆主な行事 入園式・誕生会（毎月）・親子バス遠足・保育参観（年間2回）・祖父母招待・童謡祭り・運動会・遊戯会・もちつき大会・クリスマス会・フレンドリーコンサート・節分・作品展・ひな祭り・卒園式 ☆主な保育 お弁当の日，山登り（4・5歳児），親子キャンプ（5歳児），田植え体験（5歳児），生き物調査（4歳児・5歳児），プール遊び，稲かり（5歳児），お茶のおけいこ（5歳児），毛筆・硬筆（5歳児）・毛筆（4歳児），芋植え（4歳児），いも掘り（3・4・5歳児），サッカー教室（4・5歳児），異年齢保育（3・4・5歳児）年間4回 ☆他園との交流会 第二赤間保育園との交流（5歳児）年間4回・真愛保育園との交流会（5歳児）
☆子育て支援事業 ・育児講座（年間6回）毎回講師を招き，子育ての中で出会うさまざまな疑問や悩みにお答えし，子育ての基本的なことを学ぶ講座。おひさまニュース発行（年間2回） ・リフレッシュタイム（年間3回）育児から少し離れ，大人のコンサートや小物つくりに参加し，リフレッシュを目的とする。 ・ママとキッズのなかよしクラブ（毎月1回）親子が一緒に参加し，保育を通して友だちづくりを図る。キッズ通信発行（毎月） ・おひさまルーム（毎月1回）園庭やプレイルームを開放し，参加者同士で情報交換や交流を深めることを目的とする ・おひさまランチ（年間11回）季節を取り入れた献立を考え，保育園の給食を実際に食べていただく。 ※離乳食・除去食対応　おひさまだより発行（年間11回）			

4歳児	・友だちとの関わりのなかで，約束ごとを守ったり，自分の意見を伝えたりして，集団のなかの一員としての行動をとる。 ・様々な遊びや体験に興味を持ち，意欲的に楽しみながら取り組む。 ・健康と食べ物の関係を知り，食習慣，マナーを身につける。 ・歌や合奏を通して，人前で表現する喜びを味わう。	統合保育	・園全体で見守られながらクラスや自分の好きな場所を見つけ，安心して過ごす。 ・保育者や友だちの理解の元，集団での生活に徐々に慣れ，人間関係を深める。	早朝延長保育	（早朝・延長）・落ち着いた雰囲気の中で，異年齢でゆったりと関わり，遊びを楽しむ。 （延長）・家庭的な雰囲気を味わいながら食べる。（夕食・軽食）
5歳児	・友だちと協力して，一つのことに向かい，達成感や充実感を味わう。 ・友達と一緒に思いや考えを出し合いながら，役割や約束事を決め，遊びや生活を進める。 ・様々な音楽活動を通して，ハーモニーの心地よさに気付き，感性や表現力を養う。	異年齢保育	＊異年齢での生活を基盤とした取り組みの中で，優しさや思いやりの気持ちを育む。 （3歳児）異年齢で過ごす中で，年上の子に対する憧れの気持ちを育てる。 （4歳児）異年齢児と積極的に関わり，グループに協力しようという気持ちを育てる。 （5歳児）小さい子をお世話することで，思いやりの気持ちや年長児としてグループをまとめようとする気持ちを育てる。	一時保育	・家庭的な雰囲気と，衛生的で安全な環境のなかで，快適な生活を送る。 ・保育士との信頼関係を築き，情緒の安定を図るとともに，自分の気持ちを表現する。 ・保育士や友だちと，いろいろな活動を体験し，楽しさを共感する。

3歳児	4歳児	5歳児	たんぽぽ（一時保育）
・基本的な生活習慣を確立できるように促す。 ・自分の健康状態を言葉や態度で伝えられるようにする。	・一日の生活の流れを知り，自分でしようとする。 ・自分の健康状態を整えようとする。	・一日の生活の流れを理解し，自分たちで生活の場を整えられるように，集団で意欲的に取り組もうとする。 ・自分の体や病気などに関心を持ち，健康な生活に必要な習慣や態度を身につける。	・一人ひとりの成長を把握し，受容と応答的な関わりを大切にし，家庭的な雰囲気と健康で安全な環境のなかで快適な生活が送れるようにする。
・一人ひとりの思いを十分に受け止めながら心の安定をはかる。 ・新しい経験や活動に興味を持ち，主体的に参加できるようにする。	・自分の思っていることを受け入れられる心地よさを感じると共に他者を受容する感情を育む。 ・友だちと力を合わせて活動に取り組み，最後までやり遂げることができるようにする。	・自分を肯定する気持ちを育て，安心して生活できる場とする。 ・友だちと共通の目的に向かって自分たちで生活や遊びを進めていき，自信を持って行動する。	・家庭との連携を密にし，一人ひとりの気持ちを暖かく受け止め，信頼関係を築く。
・身の回りを清潔にし，生活に必要な活動を自分でしようとする。 ・遊具や用具を使い，体を動かす楽しさを味わう。	・自分の健康や安全に関心を持つ。 ・全身を使った運動や様々な遊具や用具を使った運動を楽しむ。	・自らの健康管理を自主的にしようとする。 ・様々な遊具や用具を使った複雑な運動を通して達成感を味わう。	・保育園生活（集団生活）の仕方を知り，健康で快適に過ごす。
・保育者や友だちと一緒に活動する楽しさを味わい，遊びや生活の中にルールがあることを知り，守ろうとする。 ・異年齢で過ごす中で，年上の子に対する憧れの気持ちを持つ。	・仲間といることの喜びや楽しさを感じると共に主張しあう中で相手の気持ちを受け入れようとする。 ・異年齢児と積極的に関わり，グループに協力しようという気持ちを持つ。	・友だちと力を合わせ，共通の目的に向かって取り組むなかで，お互いの気持ちを理解し，良いところを認め合い励ましあう。 ・異年齢児と関わる中で，思いやりの気持ちやグループをまとめようとする気持ちを持つ。	・安心できる保育士との関係のもと，保育園生活を安定して過ごす。 ・保育士が仲立ちとなり，生活や遊びを通して，友だちとの関わりを広げる。
・身近な動植物に親しみを持ち，関わる中で，いのちがあることを知る。 ・身近なものを大切にしようとする気持ちを持つ。	・身近な動植物の世話をすることで，いたわりの気持ちを持つ。 ・自分たちの生活の場を整える必要性を知り，自主的に行動する。	・身近な動植物の成長を喜び，自ら関わっていく中で，生命の不思議さや尊さに気付く。 ・毎日の生活や遊びの中で，数量，図形，前後，左右，遠近，文字，時刻，曜日への関心を深める。	・家庭的で温かい雰囲気のなかで，ゆっくり関わり安定して過ごす。
・話を聞いたり，質問したりすることで，言葉によるイメージを楽しむ。 ・思ったことや体験したことを自分なりの言葉で伝えようとする。 ・絵本や物語などの内容が分かり，想像する楽しさを味わう。	・自分の思いや考えを相手にわかりやすく伝えようとし，相手の話を注意して聞こうとする。 ・生活や遊びの中で，文字や簡単な記号に興味を持つ。	・自分の考えを伝えたり，相手の気持ちを受け入れたりして，自分たちで解決しようとする。 ・絵本や図鑑などに親しみ，友だちとイメージを共有し合う。 ・様々な標識や文字への関心を深め，書いたり読んだりする。	・保育園生活でのさまざまな活動の体験を通して，言葉を豊かにする。
・身近な体験からイメージを膨らませ，友だちと共有し合い，遊びを広げる。 ・様々な素材を用い，表現する楽しさを味わう。	・自分なりのイメージを，動きや言葉，絵画，造形などを通して自由に表現する。	・共通のイメージを持ち，友達と一つのものを作り上げる喜びを味わう。	・身近な素材や用具を使い，イメージしたものを作る。
・歌に親しみ，友だちと一緒に声を合わせて歌う楽しさを感じる。 ・音色の美しさやリズムの楽しさを感じながら，友だちと楽器遊びを楽しむ。	・歌や遊戯や合奏を通して，人前で表現する喜びを味わう。	・歌の内容を理解し，声に強弱をつけたり，感情を込めて歌おうとする。 ・様々な音楽を通して，文化や内容を理解し，自分なりに工夫して表現する。	・保育士や友だちと一緒に歌ったり，体を動かすことを楽しむ。
・保育者や友だちと一緒に食べることを楽しみながら，食事のマナーを身につける。	・野菜などを栽培するすることで，食材に関わり，調理することに関心を持つ。 ・放送や調理員との関わりを通して，日々の食事が健康や成長に繋がることを意識する。	・自然の恵みと働くことの大切さを知り，感謝の気持ちを持って食事を味わう。	・落ち着いた雰囲気の中で，楽しく食事をする。 ・食事のマナーを身につける。

研修計画	＊コミュニケーション ・園内研修：①同和研修，②上級救命救急（未習得者），③児童要録研修，④コミュニケーション研修，⑤ポラリス研修（リ　ダ　育成） ・園内公開保育（2歳児） ・園外研修への計画的な参加（県内研修，M市主催研修，M地方保育所連盟主催研修など） ＊研修評価表より自己評価・課題へつなげる。
小学校との連携	・各小学校連絡会議参加，小学校運動会旗とり参加（自由），就学前の個別連絡会（小学校の先生来園），保育所児童要録を小学校へ送付（予定），5歳児がA小学校へD保育園児と共に訪問し，学校見学を行う。
地域への行事参加及び交流	・JRA駅七夕飾りつけ（4歳児）・A地区七夕まつり参加（3・4・5歳児）・A地区灯ろう祭まつり作品参加（4・5歳児）・Aコミセン文化祭参加（5歳児）・A病院こうよう祭参加（4歳児）・A病院デイサービス慰問（3歳児）・A宿まつり（つり雛まつり）・緑風園（老人ホーム）との交流・お月見コンサート（地域の方）・童謡まつり
保護者・地域への支援	・中学生の職場体験受け入れ，大学生研究協力，大学生ボランティア協力要請，専門機関との連携（発達支援センター，Aコミュニティセンター，N園，M市青少年民生委員，園医など）

Column 3

【臨床美術】と保育

【臨床美術】という実践がある。【臨床美術】は，アーティスト・カウンセラー・脳外科医などのコラボレーションにより創生された美術表現の技法であり，美術教育・指導法でもある。【臨床美術】は，かつてはおもに認知症をわずらう高齢者を対象として美術による創造的な諸活動を積み重ねてきた。しかしながら，その前史は子どもの造形教育において蓄積されてきたこともあり，これを保育所・幼稚園や小学校などで展開してみたところ，子どものたんなる美術的表現力の向上にとどまらず，日常の生活場面での変化や，いわゆる「気になる子ども」の状態改善など，さまざまな変容が示され始めてきた。

【臨床美術】の展開場面では，子どもの内的世界からの表現を受容し，行為や想い，情動の表出に対しても共感的態度で一人ひとりのありようを認める。また，それは一定の方向目標（到達目標ではない）と枠組みが設定されている。すなわち，豊かな未来への想いと願いを込めたカリキュラムによって計画されているのである。そのカリキュラムに基づく実践は，けっして規定的ではなく，過程においては，子どもの個性･自発性･主体性･創造性を重んじて，個々の表現を受けとめ，引き出し，丁寧に応答する。ここには人と人との相互作用でくり広げられるそれぞれの物語があり，成果物として唯一無二の作品がある。

ところで，“臨床”という言葉は，通常はおもに医療・福祉・教育分野で用いられているが，【臨床美術】における“臨床”は，「人に寄り添う」，「人に向き合う」，そして「人がつながる」という意味で用いられている。【臨床美術】を何度か体験すると，人にやさしくなり，人を受け入れ認められるようになり，ポジティブな面が多々出てくるという。それは，一人ひとりの存在に寄り添い，一人ひとりの表現に向き合い，言葉により意味づけを与えた結実なのであろう。

存在と表現が協働過程で意味づけられていくコミュニケーションのプロセスをたどるとき，埋もれていた価値はみごとなまでに表出し，新たなつながりが広がりをも帯びて生成されてくるのである。

混沌とした時代状況のなかで，どのような子どもに育てたいか。日々の保育の営みにおいて，子どもをどのようにして育てていくか。【臨床美術】の実践は，今日の保育実践に改めて問いを投げかけてくる。

第4章 指導計画の基礎

子どもがいまを幸せに生きること，そして健やかに育つこと。保育者の仕事はこれを支える営みである。指導計画は，いまの子どもの遊びや生活を見取る力を基盤とし，「このように育ってほしい」という願いから，保育者が「考えて」作成する業務計画の記録の１つである。その作成は実践をより構造的に考えることにつながる。①子どもの現在の姿，②こう育ってほしいという願い（子ども像），③両者をつなぐ手だてとしての環境の設定と保育者の援助を考える力を培いたい。指導計画の基礎を身につけよう。さらには，④保育の実際を記録し，③の有効性を，②と④の比較を通じて問うことにより，保育の実践力を培おう。

1節 長期指導計画の作成と留意事項

1——長期指導計画とは

保育の指導計画とは，各園の全体的な計画に基づき，より具体的な保育の内容をしるした実践計画のことをいう。言い換えると，全体的な計画が園全体を示す地図だとするならば，指導計画とは，その年齢ごと・時期区分ごとに焦点化された詳細な見取り図のことである。指導計画には大きく分けて長期指導計画と短期指導計画の２つがある。本節では長期指導計画作成の方法とその留意点について考えていこう。

(1) 年間指導計画と期・月の指導計画

長期指導計画とは年間（時期ごと），月ごとなど，比較的長い見通しをもった保育の計画のことをいう。年間指導計画は年度末か年度初めの４月に作成されることが多い。その年の子どもたちの実態を把握しつつ作成する必要がある一方で，入園式などの年度初めの行事があり，仮の計画のなかで保育をスタートさせる必要がある。その意味で，実際の子どもたちの姿と，年度初めに作成した年間計画がかみ合っていないことがたびたび起こる。このような際は，長期指導計画を，微調整して新しく更新していく必要がある。

たとえば，ある園の３歳児クラスでは，「楽しいことをみんなで共感して遊ぶ喜びを知ろう」という目標をたてていた。しかし，実際の４・５月の子どもたちのようすは落ち着いて生活するどころかトラブル続き。そこで保育目標を「保育者が中心となって楽しい遊びをするなかで，みんなで集まることの心地よさを知る」に読み変えている（上月，2004)。このように年間指導計画は作成したあとも，そのときの子どものたちのようすに応じてより具体的に適宜修正する必要がある。

長期指導計画には，季節・行事，遊びの展開などによって区分された時期や月ごとの詳細な指導計画もある。よく用いられている４区分には，Ⅰ期（４月—６月)，Ⅱ期（７月—９月)，Ⅲ期（10月—12月)，Ⅳ期（１月—３月）がある[1)]。それぞれの時期の目標や保育内容を整理して書き込む。期ごとの指導計画・月案で重要なことは，年間指導計画より具体的に，個々の子どもの発達やクラス集団の発達過程を見通した保育目標と保育内容を構成することである。

以上のように長期の指導計画は，日々の保育実践の方向性をさし示す地図の役割を担っている。日々の保育のなかで，迷ったり悩んだりした際に，長期指導計画のなかでいまどの地点にいるのかを確認し，目の前の具体的な子どもの姿と照らし合わせながら明日の保育を考えるのである。

(2) 行事に追われないための長期指導計画

長期指導計画を作成するうえで，1つの目安となるのが行事である。プール開き，七夕，クリスマス会，もちつき，節分，ひな祭りなど季節に関わる行事がある。また，運動会や生活発表会などのクラス運営のなかでも大きな節目になる行事や，毎月の誕生会や退園していく子どものお別れ会など日常の保育の1コマに溶け込む小さな行事もある。

行事は，子どもたちにとっても保育者にとっても日常の保育とは，ひと味ちがった非日常の保育活動といえるだろう。本来は日常の保育活動をより豊かにするための行事であるはずが，日常の保育をじゃますることもある。たとえば，せっかく数週間にわたって展開しているごっこ遊びを中断させて，生活発表会の準備のために時間を割かねばならないという状況にも陥りかねない。つまり，本来「保育のための行事」であるはずが，行事の準備に追われ「行事のための保育」になってしまうことがある。「運動会が終わったら次は生活発表会の準備で子どもの成長がつながっていかない……」というため息を聞くことがある。

このような状況に陥らないためにも長期指導計画が必要である。長期指導計画を作成し，現在の保育の位置づけを確認することで，長期的な見通しをもって保育することが可能になる。また，行事は固定的なものであるが，同じ活動でも子どもの実態にあわせて何を体験させたいのか，何をねらいとするかは大きく変わってくる。保育は活動そのものが目的ではなく，それをとおして何を経験してほしいのかという点を保育者がきちんと意識して長期計画を作成すれば行事に追われるのではなく行事が楽しみな保育が展開できるはずである。

1）期ごとの区分については，12か月を4等分する形態以外に，年齢や発達段階に応じて6期や7期に分ける区分もある。宍戸と村山（1982）参照。

2――長期指導計画の作成と留意点

(1) 長期指導計画作成の方法

長期指導計画のなかでも年間指導計画を作成する場合は，まず行事を列挙していく場合が多い。また，指導計画には各園で独自のフォーマットがある場合が多いのでそれに準じることがたいせつである。ただし，指導計画のフォーマットは保育所保育指針や幼稚園教育要領の改訂とともに変更し，適宜調整していける柔軟さも必要である。

長期指導計画の作成の4つのポイントをあげておきたい。1つ目は，「子どもの実態の把握」である。これは，子どもの成長発達，興味関心など現在の子ども理解に基づくものである。2つ目は，「活動の目的」を明確化することである。その活動をとおして何を身につけさせたいのかをきちんと言語化する必要がある。3つ目は，「環境構成と関係性」である。「子どもの実態把握」や「活動の目的」に基づき，どのような環境を整えていくのか。また保育者や友だち関係をはじめ人的な環境との関係性も配慮することがたいせつである。4つ目は，「教師の援助」である。具体的にどのような援助が必要なのか仮説に基づき考えるのである。以上，4つのポイントを意識しながら長期指導計画を作成してみるとよいだろう。

年間計画など複数の職員で作成する際には，KJ法を用いたり，ウェブ式の指導計画の作成も参考になる[2)]。これらの方法論はエマージェント・カリキュラムとよばれる，子どもの興味関心に応じて臨機応変に創り変えるカリキュラム論に依拠したものである[3)]。自分たちの考えや理念を可視化しながら，協働して作成する際には効果的である。

---

2) KJ法とは，複数の人間がアイデアを出し合い，それを整理する際に用いられる方法論。詳細については，川喜田（1976）を参照。また，指導案立案方法としてのウェブ式は，アメリカのプロジェクト・アプローチで採用されている（カッツ・チャード，2004）。わが国でウェブ式の指導計画作成の例としては阿部と前原（2009）が詳しい。

3) エマージェント・カリキュラムとは，子どもの興味・関心から，保育の計画を組織化していこうとする考え方である（Stacey，2009）。日本では「創発的カリキュラム」，「生成発展的カリキュラム」と訳され，イタリアのレッジョ・エミリアでの保育実践など，認識が広まりつつある（加藤，2007）。なお，これらについては第10章やコラム10を参照。

(2) 実践記録から保育の計画を見直そう

前述してきたように，長期指導計画は日々の保育全体の見取り図であり，現在の子どもたちの姿から適宜修正する必要がある。その意味で指導計画とは動的な性格をもつものである。必ずしも計画通りに進める必要はないが，たんなる「絵に描いた餅」ではいけない。

そのために日々の子どもの姿と照らし合わせる必要がある。その際重要なことは日々の保育記録から指導計画を見直すことである。保育記録は保育のなかの子どもたちの姿を記録したものである。たとえば，園内研修などで，保育記録を検討し合い，子どもの実態や保育者の子ども理解，保育方法などをふり返る機会をもつ。そこで，語られた保育実践や紡ぎ出された子どものようすから，指導計画を反省し，評価し，修正していくのである。このように，日々の保育を映し出している保育記録をもとに，長期指導計画を見直すとよいだろう。

自分の言葉で作成した長期指導計画は，自分自身の保育にとって見取り図となるものである。「少々保育の方向性に迷っても指導計画をみれば大丈夫」，そんな安心感をいだける長期指導計画を作成してほしい。

2節 短期指導計画の作成と留意事項

1――短期指導計画とは

短期指導計画とは，保育を実施するための最も具体的な指導計画である。具体的には，週案や日案などが短期指導計画にあたる。長期指導計画が，ある時期の子どもたちの発達や生活を見通して長期的な展望から保育を計画するものであるのに対して，短期指導計画は，子どもたちが現在どのように遊んでいるか，どのような点に乗り越えてほしい課題があるのか，などの現在までの子どもたちの生活や課題から，具体的な指導を計画するものである。短期指導計画をたてて保育を具体的に計画することで，指導上の見通しがたち，活動している子どもに対しても計画的な指導が可能になる。短期指導計画には，保育者がどのような保育観をもっているのか，子どもたちをどのようにとらえて課題や援助について考えているのかなどがはっきりと表われる。そのため，短期指導計画を，保育者間の保育観や子ども観，援助の方向性を共有し，一貫性のある援助を行うための基盤とすることもできる。

2——短期指導計画作成の視点

長期指導計画と短期指導計画はどちらも重要なものであるが，それぞれの作成の視点は分けるべきである。短期指導計画は，単純に長期指導計画で定めたねらいを具体化し，個別の活動に落として明確化するような演繹的な性質のものではない。もちろん，長期指導計画に表れる長期的な展望をふまえて必要な活動を展開しようとすることは必要であるが，それ以上に，現在の子どもの具体的な姿と保育者として子どもたちに期待するものとの関連性のなかで，短期指導計画は作成されるものである。

(1) 子ども理解の重要性

子どもたちが園で過ごす生活の基本的な単位はそれぞれの１日である。子どもたちの日々の生活は具体性に満ちている。継続的に行なっている遊びを楽しみにしていたり，いつもの友だちと遊ぶのを楽しみにしていたり，園で飼育している生きものと関わるのを楽しみにしていたり，これまではできなかった活動に関心をもち，チャレンジしようとしていたりする。このような具体的な姿から，短期指導計画はたてられる。保育者は，子どもが興味をもついつもの遊びやいつもの活動に，新しい要素を加えられるようにちょっとした道具を用意したり，いつもの友だちだけでなく，別の子どもの遊びと関連させてみようと考えたりする。飼育動物に興味があるならお手伝いをお願いしてみたり，新しい遊びに挑戦しやすくするために関連しそうな別の遊びに誘ってみたりする。

このように，短期指導計画の基盤となるのは子ども理解である。それぞれの子どもの関心，現在の生活の課題，これまでの経験，などの総合的な理解がなくては，適切に短期指導計画を立案することはできない。子ども理解を基盤として，子どもの生活や遊びをどのようにして充実させるか，どのように方向づけるか，などが計画される。環境構成の計画も，それぞれの子どもの姿や前日までの遊びからの予想がなくては，漠然とした計画しかたてられない。

(2) 保育者の願い

しかし，個々の子どもの姿を具体的に思い浮かべられるだけでは，実際には計画をたてることができない。前日の遊びから子どもの姿だけをもとに保育を計画しているようでいても，それらの状態をどうしていきたいのか，それぞれの子どもにどのように育ってほしいのか，という保育者の願いが計画の方向性を決めているからである。ある遊びを何日も続けている子どもに，そろそろもう少し遊びを発展させてほしい，と考えるのか，まずはこの遊びをじっくりと楽しむことが大事だと考えるかは，子ども理解だけでなく，保育者の願いにも左右される。具体的な子どものようすを保育者がどう考えるかによって，もう少し遊びを発展させてほしいのか，遊びを楽しむ経験を積んでほしいのか，判断は変わってくる。また，子ども理解と自分自身の願いが表裏一体であることを意識することで，自分の計画を冷静にみることができ，別の見方をしてみるなど自分のたてた計画を相対的にみることにもつながるだろう。

(3) 短期の視点・長期の視点

短期指導計画の場合，計画は具体的であり，とりわけ日案では計画の基盤は毎日の活動の流れや生活の基本となる日課と関連が深くなる。そのため，日々の基盤となる１日の流れをふまえて計画を行なうことが欠かせない。また，１週間のなかでも，休み明けと毎日の疲れがたまる週の後半では子どものようすはちがってくるだろう。１日や１週間の生活の流れの見通しをもつことによって，計画はより現実的なものとできる。一方で，短期指導計画は，これまでの保育での経験を考慮したねらいや，より長期的な活動計画とも切り離すことはできない。個々の発達の過程にもよるが，短期指導計画を考える際に，子どもが安心できる環境をつくることや，個々の子どもの遊びを充実させることなどを通じて，最終的に子どもたちが協働していけるように援助していくという方向性を長期的な展望として意識しておくとよいだろう。

(4) ねらい

短期指導計画では，あまりに抽象的で高度なねらいを設定する必要はなく，日々の具体的な計画と，ある程度の見通しをもったごく短期の達成可能なねらいを設定し，子どもたちが主体的にそれを実現できるようにしていく。一方で，ある子どもが○○をできるようになる，といった短期的な目に見える育ちばかりにとらわれず，子どもの社会的，精神的な成長，クラスの集団としての育ちなどの目に見えない育ちもたいせつにしていきたいものである。

3——短期指導計画の留意事項

短期指導計画は，保育の流れや展開を具体的に考えることで，子どもがその日，主体的に，充実感をもって過ごせるような環境構成や援助を行なうためにある。子どもの健康や安全，一人ひとりの発達の過程や心身の状態などに配慮することは，保育を行なう前提となる。また，とりわけ個別の発達の過程に大きな差がある3歳未満児には，個別の指導計画をたてる必要がある。

これらの留意点に加えて，短期指導計画があくまで「計画」であることは，ぜひとも意識しておかなければならないことである。なぜなら，短期指導計画は非常に具体的なので，ともすれば子どもの主体的な活動の展開よりも計画を優先してしまうことになりやすいからである。とりわけ実際の子どもを十分に見ながら反応する余裕がない実習場面などの場合には，その日の子どもたちのようすや保育者のはたらきかけに対する子どもたちの反応に気がつかなかったり，気づいても活動を柔軟に変更することができなかったりして，どうしても計画したとおりに活動を進めてしまいがちになるのである。保育者がどれほど綿密に立案しても，計画はあくまで計画である。子どもたちが思わぬ方向に遊びを発展させていったり，保育者のしかけたことに興味を示さなかったりするなどの予想外の展開は日常的に起こる。計画は予測であって必ずしも実現されなくてもよいのだから，子どもたちの実際の姿を丁寧に見るなかで，子どもたちにあわせて活動の流れを柔軟に変え，当初ねらいとしていた内容を実現していく別の方法を考えて，活動を修正していけばよい。計画の段階で複数の状況を予測して，多様なプランを考えておくことで，計画通りに活動が進まない場合にも柔軟に対応しやすくなる。

4——短期指導計画の内容

短期指導計画は，実際に週案や日案として書かれるもののほかに，月案に週案の内容が書き込まれた月週案，1週間の指導計画と日案が組み合わさった週日案などもあり，書式も多様である。書式やとくに何を重視するかは園によって異なる。ここでは簡単に記載する内容を示すので参考にしてほしい。

基本的な情報としては，短期指導計画の対象クラスや実施者，実施日などがある。また事後に，天気や人数などについても記載するとよい。次に，具体的な子どもの姿と週，あるいはその日のねらいがある。子どもの生活のようすや発達，遊びの流れなど，前週や前日の具体的な子どもの姿は，短期指導計画の前提となり，それと長期指導計画をふまえてねらいや援助は計画される。さらに，活動の時間配分や見通しを書く。時系列的に示すだけではなく，園の環境構成を記載し，それぞれの場所で展開する遊びの空間的な広がりを図示するなどの方法で記述する場合もある。また，これも形式はさまざまだが，1日の予想される子どもの活動や環境構成および援助のポイントなどを簡潔に書く。環境構成はものについてだけ書きがちであるが，人や自然などを総合的に書き，時間や空間の広がりのなかで具体的な保育の計画をたてる必要がある。短期指導計画は限られた紙面に記載するので，網羅的に記述するのではなく，当日の保育のねらいに関連する重要なものを選んで記述し，それと関連させながら，環境構成や援助を構想するのが望ましい。

また，保育の実施後に，保育者は実施した反省を，保育の評価者は保育の評価を指導計画に記載する場合もある。週日案などの場合には，当日の活動をふまえて翌日の計画を書き込んだり，修正したりしながら，短期指導計画を充実させていく。

3節　指導計画の具体例

1――長期の指導計画の具体例

(1) 入園から修了までのねらい一覧

K大学附属幼稚園では，幼児の学びを見取り，育む観点として，研究開発で見出した「資質・能力」(Column 9参照) ごとに，発達の様相を捉えている。各資質・能力の，入園から修了まで3年間のねらいを一覧（表4-1）にして，教育課程を作成している。

(2) 長期の指導計画

各資質・能力によってねらいが変化する時期が異なるため，あえて期を設定せず，長期の指導計画を作成している。詳細に子どもの発達を捉え，発達に応

表4-1 K大学附属幼稚園 入園から修了までのねらい一覧（一部抜粋） 令和2年4月現在

資質・能力のまとまり	資質・能力	3歳児（4 5 6 7 9 10 11 12 1 2 3）	4歳児（4 5 6 7 9 10 11 12 1 2 3）	5歳児（4 5 6 7 9 10 11 12 1 2 3）
自分の生き方	自ら決める・選ぶ	したいと思ったり，好きなことを選んだり，したいと思ったことをしたりする 好きなことやしたいことを意識して，選んだりしたりする	できるようになりたい，上手になりたい，こうしたいなどの具体的な目的をもって考えたり試したりして何度も取り組もうとする	できるようになりたい，上手になりたい，こうしたいなどの具体的な目的をもったり，上達や難しさを感じながら自分の力に見合った目標を決めたり，目的に向けて見通しをもったりして，考え続けたり，何度も試したりし，あきらめずにやり遂げようとする
自分の生き方	自分に満足する	したいことができて嬉しいと思う したいことができたり，できるようになったりして，嬉しいと思う	できるようになったり前よりも上手になったりして，嬉しいと思ったり自信をもったりする 自分のできるようになったことや前よりも上手になっていること，前とは違う自分を自覚して，自信をもったり満足したりする	自分のできるようになったことや前よりも上手になっていること，前とは違う自分を自覚して，自信をもったりやり遂げたことに満足したりする
自分の生き方	気持ちをコントロールする	先生に手伝ってもらって，自分の気持ちを落ち着かせようとする	自分なりの方法で，自分の気持ちを落ち着かせようとする 人の気持ちを聞いたり周りの状況を知らされたりして，自分の気持ちに折り合いをつけようとする	人の気持ちを聞いたり周りの状況を見たり感じたりして，よりよい方向にむけて自分の気持ちに折り合いをつけようとする
自分の生き方	よりよい自分に向かう	自分のしたことのよしあしを感じる	自分のしたことを，自ら振り返ったり，友達や先生の話や行動を見聞きして振り返ったりしながら，そのよしあしを考えようとしたり，自分がよいと思ったことをしようとしたりする	年長である自分を意識して責任をもって役割を果たそうとしたり，した方がよいと思うことをしようとしたり，自分の行動を振り返ってよしあしを考えたりする 年長である自分を意識して責任をもって役割を果たそうとしたり，した方がよいと思うことをしようとしたり，自分の行動を振り返ってよしあしを考え，よいと思うことをしようとしたりする
心身の健康を保つ	心の健康を保つ	初めて出合う環境の中で，気に入った玩具や親しみのある玩具で遊んだり，できないことや分からないことを先生に教えてもらったり手伝ってもらったり，体を動かしたりして，安心したり，解放感を味わったりする できないことを先生に教えてもらったり手伝ってもらったり，好きな友達や先生とくっついたりして，安心する	新しい環境の中で，先生とのかかわり，気持ちが解放される遊びを通して，気持ちを落ち着けたり安心したりする 慣れない場で，先生に声をかけてもらったり，知っている友達がいたり，どうするのかが分かったりして，安心する	（慣れない場で，先生に声をかけてもらったり，知っている友達がいたり，どうするのかが分かったりして，安心する）
心身の健康を保つ	体の健康を保つ	健康に過ごすためにしたほうがいいことがあると知り，仕方を聞いて，しようとする 健康に過ごすためにしたほうがいいことや，なぜしなければならないかを知り，しようとしたり，自分の体に興味をもったりする	体や健康に関心をもったり，健康に過ごすために必要なことや必要な理由を知り，自分からしようとしたりする	体や健康に関心をもったり，体の成長を喜んだり，健康に過ごすために必要なことや必要な理由が分かり，丁寧にしようとしたりする
身を守る	身を守る	初めて出合う環境の中で，どうすると危ない状況になるかを聞き，危なくない方法を知り，その通りにしようとする どうすると危ない状況になるかを聞き，危なくない方法を知り，危なくないようにしようとする どうすると危ない状況になるかを聞いたり，驚いたり痛い思いをしたりして危ないことを感じたりし，危なくない方法を知り，危なくないようにしようとする	新しい遊具や環境の中で，どうすると危ない状況になるかを知ったり，危ない時に身を守る方法を考えたり知ったりして，危なくないようにしようとする どうすると危ない状況になるかを知ったり，痛い思いや怖い思いをして危ないことを感じたり，危ない時に身を守る方法を考えたり知ったりして，周りの人やものに注意を向けて確かめ，危なくないようにしようとする	新しい遊具や環境の中で，具体的な場や状況を見聞きしてどうすると危ないかを考えたりどうすると危ない状況になるかを知ったり，危ない時に身を守る方法を考えたり知ったり，どうして危なくなったのかを振り返って考えたりし，周りの人やものに注意を向けて確かめ，危なくないようにしようとする どうすると危ない状況になるかや危ない時に身を守る方法を考えたり知ったり，どうして危なくなったのかを振り返って考えたりし，周りの人やものに注意を向けて確かめ，危なくないようにしようとする

（吹き出し）新しい環境の中で，先生とのかかわり，気持ちが解放される遊びを通して，気持ちを落ち着けたり安心したりする

（吹き出し）新しい遊具や環境の中で，具体的な場や状況を見聞きしてどうすると危ないかを考えたりどうすると危ない状況になるかを知ったり，危ない時に身を守る方法を考えたり知ったり，どうして危なくなったのかを振り返って考えたりし，周りの人やものに注意を向けて確かめ，危なくないようにしようとする

じて資質・能力の発揮，伸長を支えていくために，教育課程同様，資質・能力毎に長期の指導計画を編成している。例として「身を守る」を，表4-2に示す。また，幼稚園の教育課程のねらい，長期の指導計画のねらいを横軸に併記し，そのつながりと具体化の様を縦軸で把握できるようにしている。このことにより，日常的に教育課程とのつながりを意識することができる。また，教育課程と長期の指導計画を併記していることで，それらを同時に見直し，改善することができるようになっている。一般的に，短期の指導計画においては，ねらいに基づき，具体的にそれぞれの遊びや生活毎に，環境の構成や教師の援助を計画しているため，ねらいや環境の構成，教師の援助と具体的な遊びや生活のつながりが見えやすい。ところが，長期の指導計画になると，具体的な遊びや生活の記述がなく，ねらいと遊びや生活の場面とのつながりが見えにくくなっていることが多い。このことを改善しようと，各ねらいと対応させて遊びや生活の場面を例示し，保育の展開や「資質・能力」の発揮，伸長の見取りにつなげやすくしている。さらに，月を目安にして書き分けて例示することで，その適当な時期についても参考として示すようにしている。

2——短期の指導計画の具体例

(1) 日の指導計画

教育課程（入園から修了までのねらい一覧），長期の指導計画，前日の実践とその評価，一人一人の姿などを基に日の指導計画（表4-3）を作成している。「1．日時」「2．最近の具体的な子どもの姿」「3．本日のねらい」「4．展開」「5．一人一人の子どもへの援助」，さらに「4．展開」は，「時間」「予想される幼児の活動」「環境の構成・教師の援助」「評価の観点」に分けて表わしている。

「2．最近の具体的な子どもの姿」は，遊びや生活の場面毎に子どもの姿を具体的に書いている。そして，どの資質・能力の観点から捉えた子どもの姿であるのかを整理するために，具体的な子どもの姿1つひとつに資質・能力との対応を示している。

「3．本日のねらい」は，教育課程や長期の指導計画で，子どもに期待する学びの過程について長期的な見通しをもちつつ，「2．最近の具体的な子どもの姿」で整理した子どもの姿を基にし，本日の子どもの活動を具体的に思い描

表 4-2 身を守る【身を守る】自分の状態や周囲の状況に気付き，安全について考え行動しようとする

年齢	3 歳児											4 歳児			
初等教育要領	身を守る方法やどうすると危ない状況になるかを知ったり，痛い思いや怖い思いをして危ないことを感じたりし，危なくないようにしようとする														
年齢	3 歳児											4 歳児			
月	4	5	6	7	9	10	11	12	1	2	3	4	5	6	7
教育課程	初めて出合う環境の中で，どうすると危ない状況になるかを聞き，危なくない方法を知りその通りにしようとする					どうすると危ない状況になるかを聞き，危なくない方法を知り危なくないようにしようとする		どうすると危ない状況になるかを聞いたり，驚いたり痛い思いをしたりして危ないことを感じたりし，危なくない方法を知り危なくないようにしようとする				新しい遊具や環境の中で，どうすると危ない状況になるかを知ったり，危ない時に身を守る方法を考えたり知ったりして，危なくないようにしようとする			
年齢	3 歳児											4 歳児			
月	4	5	6	7	9	10	11	12	1	2	3	4	5	6	7
月のねらい	積み木の積み方，砂の扱い方，固定遊具の遊び方，皆で動く時の動き方など，どうすると危ないかを聞き，危なくない方法を知りその通りにしようとする	積み木の積み方，砂や砂場道具，ハサミ，傘の扱い方，乗り物の乗り方，固定遊具の遊び方，皆で動く時の動き方など，どうすると危ないかを聞き，危なくない方法を知りその通りにしようとする		積み木の積み方，砂や砂場道具，ハサミ，傘の扱い方，乗り物の乗り方，固定遊具の遊び方，皆で動く時の動き方，水遊びの仕方など，どうすると危ないかを聞き，危なくない方法を知りその通りにしようとする	年中児・年長児が大芝生を使っている時の過ごし方，皆で動く時の動き方など，どうすると危ないかを聞き，危なくない方法を知り，危なくないようにしようとする		園生活に慣れたことでの不注意から，驚いたり痛い思いをしたりして，危ないことを感じたりし，危なくない方法を知り危なくないようにしようとする 長いものや固いもの，尖ったものの危ない扱い方を聞いたり，驚いたり，痛い思いをしたり，痛がっているのを見たりして，使うものを変えたり，危なくない扱い方をしようとしたりする					積み木の積み方や砂や長いもの，固いもの，尖ったもの，重いものの扱い方，固定遊具での遊び方，皆で動くときの動き方などで，どうすると危ないか考えたり分かったりして，危なくないようにしようとする			
遊びや生活の場面	・積み木に乗る ・高い所に上る ・並ぶ ・律動する ・けんかする ・ブランコに乗る	・積み木に乗る ・高い所に上る ・並ぶ ・律動する ・けんかする ・ブランコに乗る ・ハサミを使う ・傘をもつ，さす ・レーキ，シャベルを使う ・三輪車，四輪車，荷車に乗る ・手をつないで歩く		・積み木に乗る ・高い所に上る ・並ぶ ・律動する ・けんかす　る ・ブランコに乗る ・ハサミを使う ・傘をもつ，さす ・レーキ，シャベルを使う ・三輪車，四輪車，荷車に乗る ・手をつないで歩く ・濡れたまま遊具に近付く ・プールに入る	・リズム表現をする ・年中児，年長児の競技中に園庭で遊ぶ ・手をつないで歩く ・けんかをする		・積み木に乗る ・高い所に上る ・並ぶ ・けんかをする ・ブランコに乗る ・ハサミを使う ・傘をもつ，さす ・レーキ，シャベルを使う ・三輪車，四輪車，荷車に乗る ・手をつないで歩く					・積み木を積む ・物を運ぶ ・写真カードを貼り替える ・走りっこをする ・動いているグローブジャングルやブランコに近づく ・混み合った靴箱で脱ぎ履きする ・砂場で遊ぶ ・固定遊具の上り下りをする ・遊具の下に物を置く			
月のねらい	触ったり刺激したりすると危ない虫を知り，知らない虫には触れず先生を呼ぼうとする											触ったり刺激したりすると危ない虫を知り，知らないぼうとする			
遊びや生活の場面	・戸外で遊ぶ											・戸外で遊ぶ			
月のねらい													園外での車や自転車などに注意した公道の歩き方について考えたり，知らせてもらったりして，自分で確かめながら行動しようとする		プールサイドやプールでの動き方など，どうすると危ないか考えたり分かったりして，危なくないようにしようとする
遊びや生活の場面													・図書館に行く		・プールで泳ぐ
月のねらい		放送がかかると静かに聞くことを知り，黙って先生が言うようにしようとする			放送がかかると静かに聞くことを知り，黙って先生が言うようにしようとする。また，逃げる時は怪我をしないように，押したり走ったりしゃべったりせず，静かに歩いて逃げることを聞き，そうしようとする				放送がかかると静かに聞くことを知り，黙って先生が言うようにしようとする。また，逃げる時は怪我をしないように，押したり走ったりしゃべったりせず，静かに歩いて逃げることを聞き，そうしようとする				怖い人が来た時や火事や地震が起きた時は，先生の所に集まったり，先生の話を聞いて逃げたりすることを知る放送があった時には，大事な話があるので静かに聞くことを教えてもらって，聞こうとする		
遊びや生活の場面		・避難訓練をする			・避難訓練をする				・避難訓練をする				・避難訓練をする		

・積み木に乗る　・高い所に上る　・並ぶ　・律動する　・けんかする　・ブランコに乗る　・ハサミを使う　・傘をもつ，さす　・レーキ，シャベルを使う　・三輪車，四輪車，荷車に乗る　・手をつないで歩く　・濡れたまま遊具に近付く　・プールに入る

放送がかかると静かに聞くことを知り，黙って先生が言うようにしようとする。また，逃げる時は怪我をしないように，押したり走ったりしゃべったりせず，静かに歩いて逃げることを聞き，そうしようとする

放送がかかると静かに聞くことを知り，黙って先生が言うようにしようとする。また，逃げる時は怪我をしないように，押したり走ったりしゃべったりせず，静かに歩いて逃げることを聞き，そうしようとする

園外での車や自転車などに注意した公道の歩き方について考えたり，知らせてもらったりして，自分で確かめながら行動しようとする

怖い人が来た時や火事や地震が起きた時は，先生の所に集まったり，先生の話を聞いて逃げたりすることを知る放送があった時には，大事な話があるので静かに聞くことを教えてもらって，聞こうとする

							5 歳児										
							身を守る方法やどうすると危ない状況になるのかを考えたり，どうして危なくなったのかを振り返って考えたりし，周りの人やものに注意を向けて確かめ，危なくないようにしようとする										
							5 歳児										
9	10	11	12	1	2	3	4	5	6	7	9	10	11	12	1	2	3
	どうすると危ない状況になるかを知ったり，痛い思いや怖い思いをして危ないことを感じたり，危ない時に身を守る方法を考えたり知ったりして，周りの人やものに注意を向けて確かめ，危なくないようにしようとする						新しい遊具や環境の中で，具体的な場や状況を見聞きして，どうすると危ないかを考えたりどうすると危ない状況になるかを知ったり，危ない時に身を守る方法を考えたり知ったり，どうして危なくなったのかを振り返って考えたりし，周りの人やものに注意を向けて確かめ，危なくないようにしようとする			どうすると危ない状況になるかや危ない時に身を守る方法を考えたり知ったり，どうして危なくなったのかを振り返って考えたりし，周りの人やものに注意を向けて確かめ，危なくないようにしようとする							
							5 歳児										
9	10	11	12	1	2	3	4	5	6	7	9	10	11	12	1	2	3
積み木の積み方や砂や長いもの，固いもの，尖ったもの，重いものの扱い方，固定遊具での遊び方，皆で動くときの動き方，見通しの悪い場所での動き方，投げたり振り回したり飛ばしたり揚げたりする遊具の扱い方などで，痛い思いや怖い思いをして危ないことを感じたり，どうすると危ないか考えたり分かったりし，周りの人やものに注意を向けて確かめ，危なくないようにしようとする							固定遊具の遊び方や積み木の積み方，長いものや固いもの，尖ったもの，重いものの扱い方，折りたたみ式テーブルの扱い方，見通しの悪い場所や高さのある場所での動き方などで，具体的な場や状況を見聞きして，どうすると危ないかを考えたり，どうして危なくなったのかを振り返って考えたりし，周りの人やものに注意を向けて確かめ，危なくないようにしようとする			固定遊具の遊び方や積み木の積み方，長いものや固いもの，尖ったもの，重いものの扱い方，折りたたみ式テーブルの扱い方，見通しの悪い場所での動き方などで，どうすると危ない状況になるかを考えたり，どうして危なくなったのかを振り返って考えたりし，周りの人やものに注意を向けて確かめ，危なくないようにしようとする	痛い思いをしたりさせたりしないように，倒れたり怪我をしたりぶつかったりしない場所や向きを考えたり，安定した体勢をとったりするなど，周りの人やものに注意を向けて確かめ，危なくないようにしようとする。また，痛い思いや怖い思いをして，どうして危なくなったのかを振り返って考えたりし，危なくないようにしようとする		長いものや固いもの，尖ったもの，重いもの，熱いものの扱い方，見通しの悪い所での動き方などで，どうすると危ない状況になるかを考えたり，どうして危なくなったのかを振り返って考えたりし，危なくないようにしようとする		長いものや固いもの，尖ったもの，重いもの，投げたり振り回したり飛ばしたりする遊具の扱い方などで，どうすると危ない状況になるかを考えたり，どうして危なくなったのかを振り返って考えたりし，危なくないようにしようとする		
・積み木を積む ・物を運ぶ ・写真カードを貼り替える ・走りっこをする ・動いている遊具に近づく ・混み合った靴箱で脱ぎ履きする ・砂場で遊ぶ ・固定遊具に上り下りをする ・遊具の上下に物を置く ・出入り口や曲がり角を通る ・こまを回す				・積み木を積む ・物を運ぶ ・写真カードを貼り替える ・走りっこをする ・動いている遊具に近づく ・混み合った靴箱で脱ぎ履きする ・砂場で遊ぶ ・固定遊具に上り下りをする ・遊具の上下に物を置く ・出入り口や曲がり角を通る ・こまを回す ・けん玉をする ・だるま落としをする ・たこ揚げをする ・羽根つきをする			・物を運ぶ ・積み木を積む ・出入り口や曲がり角を通る ・折りたたみ式テーブルを開く ・固定遊具の上り下りをする			・物を運ぶ ・積み木を積む ・出入り口や曲がり角を通る ・折りたたみ式テーブルを開く ・固定遊具の上り下りをする	・物を運ぶ ・積み木を積む ・出入り口や曲がり角を通る ・逆立ち，馬跳び，側転をする		・たき火をする ・レンガを運ぶ ・どんぐりごまを作る ・のこぎりを使う		・こまを回す ・だるま落としをする ・凧を作る，揚げる ・けん玉をする ・羽根つきをする ・物を運ぶ		
虫には触れず先生を呼							触ったり刺激したりすると危ない虫を見分けて，知らない虫には触れずに先生や友達に知らせようとする										
							・戸外で遊ぶ										
園外での車や自転車などに注意した公道の歩き方について考えたり，知らせてもらったりして，自分で確かめながら行動しようとする	バスの中でどうすると危ないか考えたり分かったりして，危なくないようにしようとする 園外での車や自転車などに注意した公道の歩き方について考えたり，知らせてもらったりして，自分で確かめながら行動しようとする	園外での車や自転車などに注意した公道の歩き方について考えたり，知らせてもらったりして，自分で確かめながら行動しようとする	園外での車や自転車などに注意した公道の歩き方について考えたり，知らせてもらったりして，自分で確かめながら行動しようとする					園外での車や自転車などに注意した歩き方や海辺での安全な遊び方について考えたり，園外の知らない場所や知らない人から身を守るためにどうすべきか考えて教師の近くで過ごそうとしたり周りの状況を見たりして，自分で確かめながら行動しようとしたりする	園外での車や自転車などに注意した歩き方について考えたり，自分で確かめながら行動したりする	プール遊びでどうすると危ない状況になるかを思い出し，気をつけることを考えてしようとする	園外での車や自転車などに注意した歩き方について考えたり，自分で確かめながら行動したりする		園外での車や自転車などに注意した歩き方，公園での知らない人への対応の仕方につい考えたり，自分で確かめながら行動したりする	園外で，車や自転車，信号など何に気をつけたらいいか考え，身を守るために自分自身で確かめたり，友達と気を付け合ったりしながら，危なくないように行動しようとする			
・図書館へ行く	・園外保育に行く ・図書館へ行く	・園外保育に行く ・図書館へ行く	・図書館へ行く					・園外保育に行く ・図書館に行く	・園外保育に行く ・図書館に行く	・プールで泳ぐ	・園外保育に行く ・図書館に行く	・園外保育に行く ・図書館に行く	・園外保育に行く ・図書館に行く	・お店見学に行く ・図書館に行く	・図書館に行く	・図書館に行く	・図書館に行く
安全に避難するためには，押さない，走らない，喋らない，戻らないことを教えてもらってしようとする				安全に避難するためには，押さない，走らない，喋らない，戻らないことや，早く避難する方法を教えてもらってしようとする				安全に早く避難する方法を思い出してしようとする			避難した後に危なそうだと思ったことを思い出し，危なくない方法を考えようとする				避難した後に危なそうだと思ったことを思い出し，危なくない方法を考えようとする 家庭や通園中の，災害から身を守る方法について考える		
・避難訓練をする				・避難訓練をする				・避難訓練をする			・避難訓練をする				・避難訓練をする		

新しい遊具や環境の中で，具体的な場や状況を見聞きしてどうすると危ないかを考えたりどうすると危ない状況になるかを知ったり，危ない時に身を守る方法を考えたり知ったり，どうして危なくなったのかを振り返って考えたりし，周りの人やものに注意を向けて確かめ，危なくないようにしようとする

固定遊具の遊び方や積み木の積み方，長いものや固いもの，尖ったもの，重いものの扱い方，折りたたみ式テーブルの扱い方，見通しの悪い場所での動き方などで，どうすると危ない状況になるかを考えたり，どうして危なくなったのかを振り返って考えたりし，周りの人やものに注意を向けて確かめ，危なくないようにしようとする

園外での車や自転車などに注意した歩き方や海辺での安全な遊び方について考えたり，園外の知らない場所や知らない人から身を守るためにどうすべきか考えて教師の近くで過ごそうとしたり周りの状況を見たりして，自分で確かめながら行動しようとしたりする

バスの中でどうすると危ないか考えたり分かったりして，危なくないようにしようとする
園外での車や自転車などに注意した公道の歩き方について考えたり，知らせてもらったりして，自分で確かめながら行動しようとする

き，本日子どもに期待する学びをねらいとして掲げている。ねらいを掲げる際にも，どの資質・能力の観点に向けて子どもに学びを期待しているのかが明らかになるように，ねらい1つひとつに資質・能力との対応を示している。この時，本日予想される子どもの活動に照らして重点的なねらいを「3．本日のねらい」に掲げているため，毎日全ての資質・能力のねらいを掲げて保育を構想しているのではない。また，思考力にあたる資質･能力については，他の資質・能力と同時に姿として表れるため，ねらいの中の，思考力にあたる資質・能力が表れている箇所に下線を引き，対応を示している。そのことは，子どもの思考の過程を顕在化し支えることにつながっている。

「4．展開」の「時間」では，子どもの集中できる持続時間や健康状態や，天候などを配慮した時間配分を計画している。「予想される幼児の行動」では，期待する子どもの姿を遊びや生活の場面ごとに分けて具体的に書いている。

教師は自分自身の保育を評価する際に，具体的な子どもの事実を基に，環境の構成や教師の援助，さらには「3．本日のねらい」が適当であったのかどうかを評価している。子どもの事実を基に保育を評価しようとすると，教師は保育中にどのような子どもの行動を見ておかなければならないのかを自覚しておかなければならない。教師が見逃してはならない子どもの行動を自覚し，見逃さないようにするためには，子どもの行動を予め思い描いておく必要がある。そこで，保育の評価に向けて，教師が子どもの行動を見取れるように，予め思い描いておくべき子どもの行動を「3．本日のねらい」の方向に照らして，具体的に「評価の観点」として記述している。「3．本日のねらい」は，どの資質・能力の観点から掲げているのかを明らかにしているため，「評価の観点」についても資質・能力から記述していることになる。また，「3．本日のねらい」と「評価の観点」との対応を見て取りやすくするため，「評価の観点」1つひとつに，それと対応する「3．本日のねらい」の番号を記している。

「評価の観点」に記述した具体的な子どもの行動が必然的に引き出されるようにするために，「環境の構成」や「教師の援助」も具体的に計画している。「環境の構成」や「教師の援助」を計画するときにも，どの資質・能力の方向に向けているのか，教師の意図を明確にしている。そして，その意図をもって何をどのようにするのかを具体的に記述することにしている。「日の指導計画（表

4-3）組保育指導案」の「4．展開」に見られるように,「環境の構成」や「教師の援助」の「～ように,」や「～よう,」という表現で教師の意図を記述し,どの「資質・能力」の方向に向けているのかを示している。

(2) 一人一人の子どもへの援助

日の指導計画（表4-3）は，学級全体の遊びや生活の流れを，一応の目途として作成するが，子ども一人一人の姿を浮かべながらきめ細かく計画することが大切である。そのため，本園では前項の日の指導計画で示したように「5．一人一人の子どもへの援助」（表4-4）として，丁寧に扱っている。「a．名前」「b．性別」「c．誕生日」「d．最近の子どもの姿」「e．一人一人への援助」に分けて書いている。c．は，生活年齢による違いが大きいことから，常に生まれ月を意識するために大切に考えている。d．では，具体的な事実とそれを基にした保育者のとらえとしての解釈を書く。その事実と解釈が「資質・能力」の方向性に照らし，どういう経験でどんな意味をもつのかを考えながら，客観（事実）と主観（解釈）を分けて書くことが大切である。そのとき忘れてはならないのが，子ども自身がどうなりたいと願っているのか何を望んでいるのかを見取ることである。e．では，d．を受けて，いつ，どの場面で，どのように指導するのかを具体的に簡潔に書く。

3――遊びや生活のまとまりとしての計画

協同的な学びを保障すべく，友達と共通の目的に向かって挑戦を繰り返したり友達と創り上げたりする遊びや生活を1つのまとまりとしていくつか取り出し，遊びや生活のまとまりとしての計画を作成している。例として「令和元年度5歳児『発表会』の計画」を表4-5に示す。

(1) 遊びや生活のまとまりとしての計画の構成

遊びや生活のまとまりとしての計画は,「1．期間」「2．設定の理由」「3．ねらい」「4．展開」の大きな4つの項目からなる。

「2．設定の理由」は,該当する遊びや生活を1つのまとまりとして取り出し,遊びや生活のまとまりとして設定する理由をいくつかの観点から整理しようとしている。まず，幼稚園生活3年目までの中で，その遊びや生活に関してこれまでどのような経験を積み重ねてきたのか整理している。次に，該当学年の中で「1．期間」に示した時期に至るまでにどのような経験を積み重ねてきたのかを整理している。さらに，積み重ねてきた経験を踏まえて，遊びや生活として取り上げる意味を，その遊びや生活を通して経験させたいことと関連付けて説明している。

「3．ねらい」は，「2．設定の理由」で明らかにした，遊びや生活を通して経験させたいことを把握しつつ，子どもの活動を具体的に思い描き，子どもに期待する学びをねらいとして掲げている。ねらいを掲げる際には，どの資質・能力の観点に向けて子どもに学びを期待するのかが明らかになるよう，ねらい1つひとつに資質・能力を併記している。

「4．展開」は，計画全体の構造を把握するためのものである。まずは取り出した遊びや生活を1つのまとまりとして大きな見通しをもつ。ある遊びや生活を1つのまとまりとして取り出したとしても，その活動が展開される過程を思い描くと，いくつかの大きな活動のまとまりに分けることができる。それら大きな活動のまとまりがどのように展開されていくのかを予想し，その活動の流れを図で示して構造的に捉える。そして，大きな活動のまとまりの中の具体的な子どもの活動を予想し，図中に書き入れる。このように，遊びや生活のまとまりとしての計画として取り出した遊びや生活をいくつかの大きさの活動レベルで捉え，それらの活動の流れを予想して整理しておくことで，教師は保育展開中に，計画全体を見渡した上での今を，常に自覚することができる。さらに，展開の図中に示した大きな活動のまとまり毎に，より具体的なねらいを設定し，環境の構成，教師の援助を計画している。これら，具体的なねらいや環境の構成，教師の援助は，展開を図で示した頁の次頁以降に示し，大きな活動のまとまりの先頭に記したアルファベットによって対応を示している。

4——保育者の力量を高める，実践から指導計画の改善

指導計画は，実践・評価をくり返し，改善し続けるものである。その過程で，重要になるのが，事実に基づき子どもの内面を理解する力，事実に基づき指導計画を改善する力である。

子どもの内面を理解するとは，目の前にいる子ども一人一人の興味・関心，さらに，一人一人の子どもがどうありたいのか，どうなりたいのか，何を学び

たいと思っているのかなどをとらえることである。これら子どもの内面理解が指導計画改善の出発点である。このとき，保育者は自分自身の勝手な思い込みや印象によるとらえに陥りやすい。思い込みにとらわれず，本当の子どもの内面に近づくためには，事実を詳細にとらえることが必要である。事実とは，行動，言葉，表情，しぐさ，視線など，思い込みや印象を含まないものである。事実をとらえたうえで，その事実から子どもの内面を保育者が解釈し，子どもの内面理解に役立てる。事実と解釈を分けて記録するなどの工夫をすることが必要である。

K大学附属幼稚園では，幼児の学びの記録に「実践記録」(Column 4参照)と「ドキュメンテーション」を使っている。指導計画の改善に向けたヒントは，子どもの学びにある。「なぜその学びが起こったのか」その要因を詳細に分析することで，学びを支える環境の構成や保育者の援助が明らかになる。「実践記録」には，学びにつながった要因を記述し，全教職員で事例の検討を行なっている。このような記録とその検討を積み重ねることが，事実に基づき指導計画を改善する力量を高めることにつながるのである。

表 4-3 日の指導計画（一部抜粋）

背番号 黄 21～40

3歳児（男 9 女11 計20名）保育指導案 指導者 ○○ ○○

1．日 時 令和○年○月○日（○） 9:00～11:30

2．最近の具体的な子どもの姿（抜粋）

登園する，持ち物の始末をする	○先生や友達を見て自分から挨拶をしたり，「今日一緒○○して遊ぼう」と誘ったり，挨拶されて笑顔になったりしている。	他者といる喜びを感じる
	○登園途中にあった出来事や見つけた葉っぱや木，家での楽しかったことを先生に話したり見せたりしている。	自分のことを伝える
	○鞄や帽子を自分のロッカーに納めたり，水筒の紐を巻き付けて棚に置いたりして身支度を進める子どもや，ロッカーから荷物がはみ出たまま外に出ていこうとする子どもがいる。	住空間を整える
ステージ遊び	○友達のしている踊りを見て同じ動きをしたり，友達と手を繋ぎながらジャンプをしたりくっついたり離れたりすることを楽しんでいる。	他者といる喜びを感じる
	○曲が終わった時に次に自分が歌ったり踊ったりしたい曲を友達や先生に伝えている。	自分のことを伝える
	○曲のリズムやメロディーを感じながら，体を動かしたり歌ったりすることを楽しんでいる。	音楽に表す
ピタゴラスイッチ	○どんぐりが転がっていく様子に面白さを感じて目で追ったりどんぐりをたくさん転がしたりしている。	現象を科学的にとらえる
	○どんぐりが転がってこなくなったことを不思議に思い，筒の中を覗いたり動かしたり，かごやバランスストーンをもってきて高さを変えたりしている。	現象を科学的にとらえる
	○様々などんぐりの形や大きさをみて比べたり，違いに気付いたことを言ったりしている。	数・量を数理的にとらえる
降園する	○友達の水筒やタオル等，忘れているものがあれば，「忘れていたよ」と友達に届けている。	他者のことを考えて行動する
	○友達と一緒に手を繋いで帰ることを喜び，靴を履き終えるまで待っていたり，「一緒に手を繋ごう」と声を掛け合ったりしている。	他者といる喜びを感じる

3．本日のねらい

① 昨日した遊びを今日もしたい，三輪車やスケーターを繋げて進みたい，どんぐりや葉っぱをのせてケーキを作りたい，ブロックで家を作りたいと自分のしたいことをやったり，先生や友達がやっているのを見て，自分もやってみようと思ったりする。	自ら決める・選ぶ
② 木の高いところまで一人で登れたり，ファイヤーマンポールから一人で降りられたり，ボールが的に当たったりするなど，前はできなかったことが出来るようになって嬉しいと思う。	自分に満足する 自分を客観的に把握する
⑧ 手足の位置を確認しながら木を登り降りしたり，繋げた乗り物を進めるために力強くこいだりボールを蹴ったり投げたりしていろいろに体を動かす楽しさを感じる。	身体を操作する
⑨ 前より大きくなった野菜の葉っぱに気付いて喜んだりこれからの生長を楽しみにしたり，水の量を意識して水やりをしようとする。	生き物・いのちをみつめる 比較する
⑩ 転がっていくどんぐりや流れる水の様子に面白さを感じたり，どんぐりが転がってこなくなったことを不思議に思って樋や筒のつなぎ目を変えたり高さを加えたりして何度もやってみる。	現象を科学的にとらえる 問題を認識する 豊かに発想し，追求の手立てを構想する
⑪ どんぐりの転がる音に耳を傾けて面白さを感じたり，曲のリズムやメロディーを感じながら歌ったり踊ったりすることを楽しんだりする。	音楽に表す
⑫ どんぐりや落ち葉，砂を使ってケーキや団子等作りたいものを作る楽しさを感じる。	造形に表す
⑰ CDデッキの使い方を教えてもらったり友達がしているのを見たりして自分や友達のしたい曲を鳴らすために操作しようとする。	道具をあやつる
⑱ ロッカーに自分の荷物を納めたり，床に置いたまま忘れていた着替え袋や水筒等を片付けたりする。	住空間を整える

4．展開

時刻	予想される子どもの活動	＊環境の構成及び再構成 ◎教師の援助	◇評価の観点
9:15	登園する ・挨拶する ・荷物の始末をする ・帽子を被る ・靴を履き替える ・野菜の世話をする	＊持ち物の始末を自分で思い出して出来るように，保育室に入ってすぐの目の付くところに通園ノートを出す台や水筒を入れるワゴン，タオルかけを置いておく。	◇自分で通園ノートを出したりタオルや帽子を掛けたりしているか①
		◎朝の挨拶が気持ちよくできるように，視線を合わせて名前を呼び，笑顔で挨拶をする。 ◎登園時にあったことや家での出来事を先生や友達に伝えたいという思いが満足できるように，気持ちを受け止めて聞いたり，聞いて思ったことを尋ねたりする。	◇教師に挨拶をされ，笑顔で挨拶をしているか④ ◇先生や友達に話すことを喜んでいるか⑤
		◎水筒や着替え袋など，床に出したまま遊びに向かおうとしている子どもには，気づいて片付けられるように，忘れているものはないか尋ねたり知らせたりする。	◇忘れているものに気付き，直しているか⑱
		＊水やりがしやすいようにプランターの近くにジョウロを置いておく。	◇野菜や花に水をあげているか⑨
		◎野菜の葉っぱが大きくなってきたことに気付いて生長を楽しみにしたり，水の量を意識して世話をしようと思ったりするように，教師も一緒に観察をして野菜の生長を声に出したり土の湿り具合や水の量を尋ねたりする。	◇野菜をじっと見たり，葉っぱの大きさや水の量について言葉にしたりしているか⑨
9:30	好きな遊びをする	＊昨日した遊びの続きやしたい遊びをすぐに見つけられるように遊具や玩具を同じ場所や目の付きやすいところに置いておく。	◇したい遊びに向かっているか①
		◎貸してほしい玩具がある時，気持ちを言葉で伝えたり，まだ使いたくて貸してあげられない時には，今は貸せないことやいつなら貸してあげられるのか等，自分の思いや提案を伝えたりするよう傍で見守ったり，言葉を付け加えたりする。	◇貸してほしい気持ちや提案を言葉で伝えようとしているか⑤
	○ステージ遊び	◎友達と一緒に踊ったり歌ったりすることを楽しめるように，観ていて楽しそうであることを伝えたり，友達の踊りを見て，同じ踊りをしている姿を声に	◇友達を真似たり一緒に踊ったりして笑顔になっている

	・鳴らしたい曲を鳴らす ・歌ったり踊ったりする	出したりする。 ◎曲のリズムやメロディーを感じながら歌ったり踊ったりすることを楽しめるように，観客席でリズムに合わせて手や体を動かしたり，雰囲気を盛り上げたりする。	か④ ◇曲に合わせて体を動かしたり歌ったりしているか⑪
		◎自分のしたい曲を自分で鳴らせるように，ラジカセの使い方を伝えたり，やり方を知って操作している子どもの動きとそれによって変わったラジカセの数字を言葉にして他児に知らせる。	◇使い方を知り，操作しているか⑰
	○ピタゴラスイッチ ・樋や筒をつなげてコースをつくる ・どんぐりを転がす	◎どんぐりの転がっていく音に興味をもち，耳を傾けたり何度も繰り返し転がしてみたりするように，教師も一緒に大小，数の異なるどんぐりを転がしたり音に違いがあることを知らせたりする。 ◎どんぐりが転がってこないことに不思議に思い，どのようにしたら転がるのかを考えたり試したりできるように，教師も一緒に考えたり，いろいろな方法を試している姿を褒めたりする。	◇どんぐりの音に気付いたり耳を傾けたりしているか⑪ ◇筒を揺らしたり高さを変えたり中を覗いたりしているか⑩
	降園準備をする ・用便をする ・タオルをカバンに入れる ・水筒と帽子を身に着ける	＊自分の通園ノートを探せるように，前に並べておく。 ◎自分で思い出しながら帰りの始末が出来るように見守ったり忘れ物があれば残っていることを知らせたりする。 ◎今日遊んで楽しかったことや見つけたものを皆に紹介したいという思いが満足できるように，きっかけをつくったり言葉を足したりする。	◇通園ノートを見つけているか① ◇自ら始末しているか① ◇自分の思ったことや見つけたことを皆に伝えているか⑤
11:30	降園する ・挨拶をする ・靴を履き替える	◎帰りの挨拶を気持ちよくできるように，皆で挨拶をするタイミングを分かりやすく知らせたり笑顔で一緒に挨拶をしたりする。 ◎手を繋ぎたい友達が他の友達と手を繋いでいる時には，繋ぎたかった気持ちを切り替えて他の友達を探せるように，気持ちを受け止めたり，他に手を繋げていなくて困っている友達の姿を知らせたりする。	◇皆で挨拶をすることを喜んでいるか④ ◇他の友達を探して手を繋ぎにいっているか③

表 4-4　一人一人の子どもへの援助（一部抜粋）

5．一人一人の子どもへの援助

番号	性別	幼児名	誕生日	最近の姿	援助
51	女	明石　花子	11/4	○サーカスごっこで出来なかった技を何度も練習したり，色々に身体を動かして試しながら新しい技を考えたりしている。 ○友達との間で嫌なことがあると，黙ってその場を離れて一人でいることがある。	◎何度も頑張ったり試したりしてできるようになった自分を自覚して満足できるように，頑張りを言葉にして褒めたり，一緒に喜んだりする。 ◎自分の嫌だった気持ちも相手に伝えようとするように，急にいなくなるとみんなが心配していることを他児と一緒に伝えたり，思いを聞き出し，話したことですっきりした気持ちを共感したりする。
52	女	兵庫　夏子	7/19	○サーカスごっこでどんな技を入れるのか友達と意見を出し合ったりやってみたりすることを楽しんでいる。 ○出来ないと思ったことを何度も挑戦することもあれば，自分には無理だと諦めてしまうことがある。	◎お客さんがいることを意識して見せ方を考えていけるように，教師がお客さんとなって気持ちを伝えたり，他児の意見を聞いたりする。 ◎あきらめずに挑戦できるように出来るまで傍で見守ったり，励ましたり，出来た時にはこれまで頑張ってきたことを言葉にして褒めたりする。
53	男	神戸　太郎	6/3	○振り返りの場面では，友達の遊びを聞いて，こうすればもっとよくなる，楽しくなりそうと思うことを言葉にして伝えている。	◎引き続き自分の思いを発信するように，友達の遊びを理解して，どのようにすればもっと楽しくなるか考えている姿が素敵であることを伝えたり，本児のアイデアを認めたりする。
54	女	明石　春子	12/20	○仲の良い友達と一緒に人形劇の話の流れやセリフを作ることを楽しんでいる。 ○自分の思いが叶わなかった時や，友達に言われて嫌な気持ちになった時には，何を尋ねても黙り込んでしまうことがある。	◎見ている人がいることを意識して声の大きさや見せかたを考えられるように，ビデオで撮って見せたり，教師が見ていて思ったことを伝えたりする。 ◎自分で思いを伝えられるように，気持ちが収まるまで待ったり，伝えた気持ちよさを共感したりする。

表 4-5　令和元年度　5歳児　「発表会」
（令和元年度実践前修正箇所を*斜体*，実践後修正箇所を囲み文字にて示す。）

1．期間　　1月～2月

2．設定の理由

一つのお話をテーマにし，様々な登場人物になって*学年で取り組むリズム表現*や学級集団で取り組む発表会を，3歳と4歳で*計5回*経験してきている。また，自分たちの発表会に取り組みながら，5歳児の発表会の取組を見る機会もあり，学級集団ではなく，自分たちのしたい発表をグループに分かれて発表する姿を目にしてきている。

これまで，好きな遊びの中では，気の合う友達や同じ遊びをしたいと思う友達同士で集まり，一緒に遊びながら，互いの考えをぶつけ合うことを通して，自分たちの必要から，遊び方や役割，ルールなどを話し合ったり，相談したりして遊びを進める姿が見られるようになってきている。ただし，その個人差は大きく，リーダー的に動く子どもから，グループという小さな集団すら意識しにくい子どもまで，一人一人の子どもを見るとその状況は様々である。

このように様々な状況にある子どもたちが，小学校以降の学習においても学びを積み重ねていけるように，幼稚園教育から小学校教育への接続を意識し，どの子どもにも必要な学びを保障する必要がある。そこで，11月から12月にかけて，5歳児のクラスの枠をはずし，子ども達が自分たちでしたいお店によってグループを作り，そのグループの共通の目的に向かって活動を展開してきた。このお店屋さんごっこでは，年少児や年中児を招待する日を設定し，その日に向けてグループで計画し，活動を進めるということを経験している。

このような保育の形態をとることによって，グループの友達と意見を調整しながら協力して活動を進める必然性が生まれてくる。するとリーダー的な動きをする子どもを中心とした話し合いが行われるようになる。そして，グループの友達みんなが納得して遊びが進められるためにどうすればいいのか，試行錯誤を繰り返しながら，先の見通しをもちつつ，自分たちの願いを実現するために，互いの意志の衝突や一つ一つの問題を解決していくことを期待することができ，自分たちでやり遂げた充実感を味わわせることができると考える。

そこで，今回の発表会においても同様の保育形態をとり，年長の1年間のまとめとして，それぞれの子どもたちが自己発揮しつつ，一緒のグループの友達と共通の課題を自分たちで設定し，相談したり，話し合ったりし，試行錯誤しながら自分たちで解決して乗り越え，自分たちの発表を作り上げていく充実感を味わえるようにしたい。

3．ねらい

① 自分の発表したいことを決め，同じ発表に取り組みたいと思った友達と一緒に，自分たちの実現したいことに近付けよう，お家の人に頑張りを見てもらおうなどと目標をもち，そのためにどうすればよいか考え続け，自分たちの発表を作っていくことをあきらめずにやり遂げようとする。	自ら決める・選ぶ 問題を認識する 豊かに発想し，追求の手立てを構想する
② 自分たちが発表したいことを創り出しながら，*実現したいことに近付いたと感じて喜んだり*，自分たちでやり遂げたりしたことに満足したり，*自分の成長を感じたり*する。	自分に満足する 自分を客観的に把握する
③ グループの友達の気持ちを聞いたり周りの状況を見たり感じたりして，自分も友達も納得できるよりよい方向に向けて自分の気持ちに折り合いを付けようとする。	気持ちをコントロールする
④ 自分の担っている役割を果たそうとしたり，した方がよいと思うことを自分で判断してしようとしたり，*自分のしたことを振り返り*，どうすればよいのかを考えてしようとしたりする。	よりよい自分に向かう 総合する *自分を客観的に把握する*
⑤ グループの友達と一緒にしたり助けてもらったりする嬉しさや，やり遂げた喜びをともに感じ，そうして一緒に発表を作りやり遂げる仲間がいることを	他者といる喜びを感じる

嬉しく思う。	
⑥ グループの友達と一緒に発表を作り出す中で，友達の話を聞き，友達の気持ちや考えを知ったり，今まで知らなかった友達の個性に気付いたりする。	他者のことを知る
⑦ グループの友達と一緒に発表を作り出すために，自分の気持ちや考えを相手にきちんと伝えたいと思って，伝え方を工夫したり，適当な伝え方を選んだりして，分かってもらったり受け入れてもらったりするまで伝えようとする。	自分のことを伝える 問題を認識する 豊かに発想し，追求の手立てを構想する 実行し，結果をもとに判断を下す
⑧ 友達の置かれている状況を考えたり気遣ったりしながら，友達にとってどうすればよいか考えてしようとする。	他者のことを考えて行動する 総合する
⑨ 友達の考え，頑張ってできるようになったこと，作ったものの工夫などを素敵だと思ったり褒めたりする。	他者を賞賛する
⑩ グループの友達と自分たちのしたい発表ができるように，何が必要か，内容や役割，約束をどうすればよいか考えてしようとする。	人と協力・共同する 問題を認識する 豊かに発想し，追求の手立てを構想する
⑪ 自分たちのしたい発表ができるように，グループの友達と一緒に，納得するまで考えたり，話し合ったり，試したり，振り返って決めたりしようとする。	人とものごとをすすめる 問題を認識する 豊かに発想し，追求の手立てを構想する 実行し，結果をもとに判断を下す
⑫ グループの友達や周りの状況を考えて，一緒に活動をすすめるために必要な役割や約束を友達と一緒に決め，責任をもって約束を守ったり，自分の責任を果たそうとしたりする。	人とものごとをすすめる
⑬ 自分たちの発表に必要な物を思い浮かべて，大きさや形，色，組み合わせ方などを考えたり，素材の特徴をいかしたり，友達がすることを真似たり，友達の考えを取り入れたりしながら，描いたり作ったり作り変えたりする楽しさを感じる。	造形に表す 関連付ける
⑭ 歌詞の意味を自分の状況や心情と重ね合わせて歌ったり，友達と気持ちを合わせて歌ったりする充実感を味わう。	音楽に表す 関連付ける 自分を客観的に把握する
⑮ お話のそれぞれの場面の様々な登場人物の気持ちを感じたり考えたり，イメージを膨らませて話の展開を考えたりしながら，登場人物の気持ちに近付こうとしたり，友達と一緒にお話を作る楽しさを感じたりする。	文芸に表す
⑯ 登場人物の気持ちや性格，生態から，表情や言葉，話し方，動き方などを考えたり，場面設定に合わせた動き方や話し方などを考えたり，友達の考えをとり入れたりして，表現する楽しさを感じる。	身体の動きに表す
⑰ 自分のなりたいものをよりそれらしく表現するために，また，見ている人がどう感じているかを考えて，感じてほしいことをより効果的に表現するために，小道具や大道具，衣装，場のとり方，飾り方，音楽，隊形，プログラムの内容や順番，司会等の役割などを考えたり試したりして振り返り，よりよい方法を選んで，表現しようとする。	~~身体の動き~~演出に表す 問題を認識する 豊かに発想し，追求の手立てを構想する 実行し，結果をもとに判断を下す
⑱ 自分の思いや考えを，順序立てたり理由を添えたりして，伝えようとする。	文章の構成を整える 問題を認識する 豊かに発想し，追求の手立てを構想する
⑲ 自分たちの発表の紹介や挨拶に，発表会にふさわしい丁寧な言葉を考えて使おうとする。	言葉を適切に使い分ける 関連付ける
⑳ 自分たちの発表の内容やグループの人数に応じて，発表に使える広さ，友達や使うものとの距離や位置を感覚でとらえ，物の置き方や場のとり方，動く方向や身体の向きを考えようとする。	空間を数理的にとらえる 問題を認識する 豊かに発想し，追求の手立てを構想する
㉑ 自分たちの発表に必要な物を用途に応じて選んで使ったり，道具を適切に用いたり工夫して使ったり丁寧に扱ったりしようとする。	道具をあやつる 問題を認識する 豊かに発想し，追求の手立てを構想する

4．展開

発表会の取組に対する期待を高める

A【発表会について話し合う】
- 3学期に楽しみにしていることを話題にし，発表会をすることを楽しみにする思いを共有する
- もも組の時の発表会やこれまでに見てきたさくら組の発表会など，知っている発表会の経験を出し合う
- どんな発表会にしたいか，何を大切にしたいか出し合い，共有する
- 発表会の日や場所を聞く
- 発表したいことを考えて決め，一人一人のしたいことを出し合う
- 条件に合うか，発表会としてふさわしいかなどの意見を出し合う
- 発表したい内容によって学年合同でグループを作る

⇩

自分たちの発表に必要なものやする必要があることを考えて取り組んだり，発表会の取組に向けて自分たちの生活のリズムを作ったり約束を決めたりする

⇩

人に見てもらうことを意識して発表を工夫する

B【グループで発表会の準備や練習をする】
- みんなで集まる時刻，活動場所，練習の仕方，必要なもの，役割分担など，自分たちで練習するためにグループの中で必要なこと，約束を話し合って決める
- 自分たちの発表に必要なものを考えて準備したり，作ったり描いたりする
- 自分たちの発表したいことができるように友達と一緒に練習する
- 自分の考えをグループの友達に話したり，友達の考えを受け入れたりしながら，発表しようとしているものがよりよくなるために，グループのみんなで話し合って決めていく
- 他のグループとの関係で場の取り方を考えたり，安全に気を付けて準備したり，活動を進めたりする
- 発表会の練習をしながら,グループの課題を見付け，よりよいものになるように考えたり工夫したり話し合ったり相談したり振り返って決めたりする
- 発表会の日までの見通しをもって，話し合ったり相談したりして計画や自分たちの課題を修正しながら活動に取り組む
- 自分たちの取組がよく分かるような発表会の名前やグループの名前を決める

C【グループの取組を見せ合う】
- 発表することを学年のみんなで見合う
- 見る人の立場から，より素敵な発表にするための方法を考える
- 「面白い」「素敵」「もっとこうしたほうがいい」と思うところを出し合う

D【みんなで歌を歌う】
- 歌詞の意味を考えながら歌詞を聞く
- 歌詞の意味を感じながら歌う
- どう感じてほしいかや見る人がどう感じるかを考えて，歌い方や並び方，入退場の仕方，曲紹介や終わりの言葉を決める

⇩

自分たちの取り組んできた成果を発表する

E【発表する】
- うめ組やもも組を招待して子どもだけの発表会をする
- お家の人を招待して発表会をする

A【発表会について話し合う】		
予想される 子どもの活動	ねらい	＊環境の構成　◎教師の援助
・もも組の時の発表会や去年見たさくら組の発表会など，知っている発表会の経験を出し合う ・発表会の日や場所を聞く ・大切にしたいことを共有し，発表したいことを考える ・何を発表したいか決め，一人一人のしたいことを出し合う ・条件に合うか，発表会としてふさわしいかなどの意見を出し合う ・発表したい内容によって学年合同でグループを作る	○自分の発表したいことを決め，発表したいことが近く一緒に取り組めそうだと思った友達と一緒に，自分たちの発表を作っていくことを楽しみにする①	＊話し合いをするときに，どんなことを大切にしながら発表したいことに向かっていきたいか共有できるように，大切にしたいことを尋ねたり提案したりしながら*これまでの経験からよさを感じてきている*「ともだち(*5にんよりおおい*)とちからをあわせて」「(グループや学年の友達，先では見る人のことも考えられるように) みんながうれしい」「うみだす」「ゆうぎしつ」を文字にして書く。 ◎自分達の発表会がしたいという気持ちがもてるように，*これまで友達と創り出してきたリズム表現*や発表会のことを話し，5歳の発表会で*はどうするか尋ね，共有*していく。そして，自分が発表したいことを考える時間を十分にとる。 ◎発表する内容を考える手がかりとなるように，「ともだちとちからをあわせて」「うみだす」「ゆうぎしつ」という大切にしたいことを意識して声をかける。 ＊子どもたちが実現したいことに存分に取り組むことができるように，それを支えられる教師の人数から総グループ数は6つまでとする。 ＊全グループの発表を見てもらえるように，1グループの持ち時間は用意と片付けを含めて15分程度とする。 ◎全体の見通しをもって発表を考えられるように，持ち時間を知らせておく。 ◎自分が本当に取り組みたいことを決めて取り組めるように，全員でグループを決める日までに取り組みたいことを考えておくよう伝えたり，一人一人の取り組みたいことを個別に聞き取り，全員分を聞き取った後に表示したりする。 ＊友達の考えている発表やしたいことがよく分かるように，子どもが考えた発表の内容を表示していく。
	○一緒に発表を作っていく仲間ができることを喜ぶ⑤	◎仲間ができた嬉しさを感じられるように，グループで集まる場を直後に設けたり，仲間が決まったことを教師も一緒に喜んだりこれからが楽しみな思いを言葉にしたりする。

B【グループで発表会の準備や練習をする】		
予想される子どもの活動	ねらい	＊環境の構成　◎教師の援助
・みんなで集まる時刻，活動場所，練習の仕方，必要なもの，役割分担など，自分たちで練習するためにグループの中で必要なこと，約束を話し合って決める ・自分たちの発表に必要なものを考えて準備したり，作ったり描いたりする ・自分たちの発表したいことができるように友達と一緒に練習する ・自分の考えをグループの友達に話したり，友達の考えを受け入れたりしながら，発表しようとしているものがよりよくなるためのことを，グループのみんなで話し合って決めていく ・他のグループとの関係で場の取り方を考えたり，安全に気をつけて準備したり，活動を進めたりする ・発表会の練習をしながら，グループの課題を見つけ，よりよいものになるように考えたり工夫したり話し合ったり相談したり振り返って決めたりする ・発表会の日までの見通しをもって，話し合ったり相談したりして計画や自分たちの課題を修正しながら活動に取り組む ・自分たちの取り組みがよく分かるような発表会の名前やグループの名前を決める	○同じ発表に取り組みたいと思った友達と一緒に，自分たちの実現したいことに近付けよう，お家の人に頑張りを見てもらおうなどと目標をもち，そのためにどうすればよいか考え続け，自分たちの発表を作っていくことをあきらめずにやり遂げようとする① ○自分たちが発表したいことを作り出しながら，実現したいことに近付いたと感じて喜んだり，自分の成長を感じたりする② ○グループの友達の気持ちを聞いたり周りの状況を見たり感じたりして，自分も友達も納得できるよりよい方向に向けて自分の気持ちに折り合いを付けようとする③	＊発表会の日までの見通しがもてるようにカレンダーを掲示し，今日と発表会の日，準備ができる日数を明示しておく。 ＊グループで相談したことを書きとめられるように，紙と付箋，画板を用意しておく。 ＊子ども達が相談したことをすぐに始められるように，いろいろな遊具や用具，材料をすぐに取り出せる所に用意しておいたり，子どもから要求があればすぐに用意したりする。（画用紙，折り紙，新聞紙，ボール紙，段ボール，箱，カラービニール袋，布テープ，ビニールテープ，セロテープ，油性ペン，色鉛筆，ひも類など） ＊発表する内容を考える手がかりとなるように*関連する*本や掲示，*音源等を用意する*。 ＊自分たちの発表に必要な物をまとめておいておけるように，それぞれのグループの置き場所を子どもと一緒に作っていく。 ◎それぞれのグループの進行状況を見て，目標に向かってあきらめずに取り組んだり考え続けたりできるように，励ましたり，少しの進歩や実現したいことに近付いていることを見付けて褒めたり，一緒に考えたり，ヒントを与えたり，子どもだけでは難しいところを手伝ったりする。 ◎*自分達が実現したいことに近付いていることを感じられるように，以前と比較してその変化を言葉にしたり，尋ねたりする。* ◎一人一人の子どもが自分の成長を感じられるように，一人一人の子どもが考えられていることやみんなで作っていること，みんなで考えて発表を作れるようになったこと，上手くなっていると思っていることを褒める。 ◎みんなと発表を作り上げるために，我慢をせずに納得して進められるように，互いの気持ちを伝え合う機会を作り，十分に時間をとって，納得するまで話し合う場を設ける。一方的に我慢してしまうことがないよう，それぞれの子どもの表情をよく見ておいたり，気持ちに折り合いをつけているのか，言えなくなって我慢してしまっているだけなのかを聞いて確かめたりする。

	○自分の担っている役割を果たそうとしたり，した方がよいと思うことを自分で判断してしようとしたり，*自分のしたことを振り返り*，どうすればよいのかを考えてしようとしたりする④	◎自分のするべきことを考えたり，するべきことをしようとしたりするように，自ら取り組んでいる様子を見守ったり褒めたりし，進んでしようとする姿が見られない時には，周りの子どもに働きかけて，一緒に取り組んでいる周りの友達の気持ちを聞く状況を作ったり，取り組もうとしなかった理由を尋ねたり教師が例をあげて聞き出したりして自分の気持ちに向き合う状況を作ったりする。
	○グループの友達と一緒にしたり助けてもらったりする嬉しさや，やり遂げた喜びをともに感じ，そうして一緒に発表を作っていく仲間がいることを嬉しく思う⑤	◎助けてもらったり，褒めてもらったり，作りあげていくことを一緒に喜んだりできるように，友達を助けたり褒めたりしている姿を褒め，仲間がいてよかった，よい仲間が集まっているなどの気持ちを教師が言葉に出してつぶやき，*共感*していく。
	○グループの友達と一緒に発表を作り出す中で，友達の話を聞き，友達の気持ちや考えを知ったり，今まで知らなかった友達の個性に気付いたりする⑥	◎一人一人の子どもの考えが生かされ，互いの考えていることを分かり合って発表を作り上げられるように，一人一人の子どもの考えを聞き合える機会や考えている動きを見せ合える機会を作ったり，子ども達が自分達で相談している様子を見守ったりする。
	○グループの友達と一緒に発表を作り出すために，自分の気持ちや考えを相手にきちんと伝えたいと思って，伝え方を工夫したり，適当な伝え方を選んだりして，分かってもらったり受け入れてもらったりするまで伝えようとする⑦	◎自分の気持ちや考えがグループの友達に伝わる伝え方を考えられるように，様子を見守り，*聞き手に分かっていないことはないか*尋ね質問することを促したり，教師がポイントを絞って質問したり，伝え方の選択肢がもてる振り返りの言葉をかけたりする。 ◎受け入れてもらえる言い方を考えられるように，言い方によって同じことを言っても受け止めが違うことを例を挙げて伝えたり，どんな言い方がよいか尋ねたり，教師の考えた例も挙げて選ぶ状況を作ったりする。
	○友達の置かれている状況を考えたり気遣ったりしながら，友達にとってどうすればよいか考えてしようとする⑧	◎友達のことを気にかけられるように，友達*がどういう状況か尋ねたり，友達から聞く状況を作ったり，知らせたりする*。 ◎友達の置かれている状況を考えて友達にとってよいことを考えられるように，そうすると友達はどうなるかを尋ねたり，教師はどうなると思うかを伝えたり*考えていること自体が友達にとって嬉しいことだと褒め*たりする。
	○友達の考え，頑張ってできるようになったこと，作ったものの工夫などを素敵だと思ったり褒	◎友達のよさを認めて褒められるように，友達の考えや頑張り，作ったものの工夫などを伝えたり，友達を褒めている姿から，褒められた友達の嬉しい気持ちを*推し量*って

	めたりする⑨	伝えたりする。
	○グループの友達と自分たちのしたい発表ができるように，何が必要か，内容や役割や約束をどうすればよいかを考えてしようとする⑩	◎一人一人の子どもがもっているイメージを共有していけるように，考えが同じ所や違う所を整理して書き表すなどして，遊びの進め方や面白くする方法，それに必要なものなど，ポイントを明確にする。
	○自分たちのしたい発表ができるように，みんなが納得するまで一緒に考えたり，試したり，話し合ったり振り返って決めたりしようとする⑪	*グループの友達と十分に考えたり試したり振り返ったりすることができるように，各グループの練習や準備の拠点となる場所を子どもと相談しながら決める。 ◎グループの発表に必要なことをそれぞれの子どもが伝えられるように，それぞれの子どもがどこを考えたのか具体的に尋ね，全員の意見が出され反映されているか子ども達自身が振り返る機会を設ける。 ◎自分の思いや考えを出しにくい子どもからも，その子なりの考えを引き出せるように，教師が質問する姿を見せたり，リーダー的な動きをしている子どもが自らいろいろな友達の意見を引き出そうとするよさを言葉にして，みんなが考えを出そうとする雰囲気を作っていく。 ◎みんなで話し合って決められるように，同じグループの友達に話したりやってみせたりする機会を作り，見せ合ったり考えたりしていることを褒めたり励ましたりする。 ◎考え試したことをグループのみんなで振り返られるように，試してみてどうだったか尋ねたり，試している所を写真や動画で撮影してグループのみんなで見る場をもったりする。 *他グループの考えに刺激を受けたり，相談に乗ったり，自分たちのことを振り返ったりして，自分たちのしたい発表がよりよくなるように考えられるように，クラスや学年でグループの発表の上手くいったり工夫したりしたことや，困っていることを伝え合う時間をもったり，日常的に発表を見合う機会を設けたりする。
	○グループの友達や周りの状況を考えて，一緒に活動を進めるために必要な役割や約束を友達と一緒に決め，責任をもって約束を守ったり，自分の責任を果たそうとしたりする⑫	◎相談したことをグループのみんなで決めた共通の決まりごととして，いつでも見て確かめながら共通理解していけるように，また，自分たちの考えをまとめたり整理したりできるように自分たちに必要なことを紙に書くことを提案したり，一緒に考えながらみんなの考えをまとめる手伝いをしたりする。

		◎一人だけのイメージに加えて他の友達の意見や考えを取り入れられるように，他の友達に見せたり，意見を聞く状況を作ったりする。 ◎問題を自分たちで解決していけるように，意見を出し合ったり，友達の意見について考えたり受け入れたりする姿を励ましたり褒めたりする。 ◎みんなで集まって活動しようという意識を全員がもてるように，みんなで集まっているよさを言葉にしたり，離れたところでグループを意識せずに違うことをしている子どもの存在をグループの子どもに知らせ，それでいいのか尋ねたりする。 ◎自分たちの必要から決めた約束を守らないことをそのままにせずみんなで守れるように，友達同士で守らない友達に働きかけられるように励ましたり，応援したりする。 ◎自分の責任を果たそうとできるように，グループの発表の中で，それぞれの子どもが担っている役割を自覚し，その責任を果たそうとしている姿を褒める。
	◯自分たちの発表に必要な物を思い浮かべて，大きさや形，色，組み合わせ方などを考えたり，素材の特徴をいかしたり，友達がすることを真似たり，友達の考えを取り入れたりしながら，描いたり作ったり作り変えたりする楽しさを感じる⑬	◎役割を意識できていない子どもが意識できるように，その子どもに自分の役割を尋ねたり，友達に確かめることを提案したりする。 ◎自分たちの発表に必要な物やそれらの大きさや形，色などを考えられるように，発表の中身や登場人物，ストーリーを具体的に尋ねていく。 ◎素材の特徴をいかして，工夫して作ったり描いたりできるように，それぞれの工夫のよさを褒めたり，もっとかっこよく，あるいはきれいになど，子どもが望んでいる方向へ考えられるように，一緒に考えたり，アイデアを出したり，友達に尋ねてアイデアを聞く場をもったりする。
	◯お話のそれぞれの場面の様々な登場人物の気持ちを感じたり考えたり，イメージを膨らませて話の展開を考えたりしながら，登場人物の気持ちに近付こうとしたり，友達と一緒にお話を作る楽しさを感じたりする⑮	◎お話の様々な場面での登場人物の気持ちを感じられるように，場面の状況や登場人物の性格などを具体的に尋ねたり，教師が想像する登場人物の気持ちを言葉にしたりする。 ◎お話を作る楽しさを感じられるように，考えたお話の面白さを言葉にして伝えたり，面白い展開がひらめくヒントを出したり，教師がお話を考えることを楽しむ姿を見せたりする。 ◎作ったお話の面白さやお話の鍵となる出来

		事や場面を振り返り，お話の作りを意識してより面白く分かりやすくしていけるように，展開を書き出すことを提案したり，聞いて書いたり，一緒に整理したりする。
	○登場人物の気持ちや性格，生態から，表情や言葉，話し方，動き方などを考えたり，場面設定に合わせた動き方や話し方などを考えたり，友達の考えをとり入れたりして，表現する楽しさを感じる⑯	◎登場人物の気持ちや性格，生態，場面設定から感じたことを表現できるように，登場人物の気持ちや性格，生態，場面の状況などを具体的に尋ねたり，それらがイメージしやすい言葉をかけたりする。 ◎友達の考えを取り入れて表現することを楽しめるように，友達の表現を見る機会を設けたり，素敵だと感じた所を尋ねたり，取り入れてさらに素敵になったことを具体的に言葉にして褒めたりする。
	○自分のなりたいものをよりそれらしく表現したり，見ている人がどう感じているかを考えて，感じてほしいことをより効果的に表現したりするために，小道具や大道具，衣装，場のとり方，飾り方，音楽，隊形，プログラムの内容や順番，司会等の役割などを考えたり試したりして振り返り，よりよい方法を選んで表現しようとする⑰	◎自分のなりたいものをよりそれらしく表現できるように，なりたいものの特徴を尋ねたり，特徴となり得る身に付けているものや持ちものなどの要素を伝えたりする。 ◎見ている人がどう感じているかを考えて，感じてほしいことをより効果的に表現する方法を考え試すことができるように，教師が客になって感じた表現の工夫のよさを言葉にして褒めたり，分かりにくさを指摘してどうすればよいか尋ねたりアイデアが出なければ他児に尋ねたりアイデアを例示したりする。また，試したことを振り返られるように，試してみてどうだったか尋ねたり，試す様子を写真や動画で撮影し，見る機会を作ったりする。
	○自分の思いや考えを，順序立てたり理由を添えたりして，伝えようとする⑱	◎一人一人の子どもが自分の考えを分かるように伝えられるように，友達に考えを伝えている様子を見守り，伝わりにくいところが伝わるように，話のポイントを整理したり質問したり何を言えば友達に伝わるのかを提案したりする。
	○自分たちの発表の紹介や挨拶に，発表会にふさわしい丁寧な言葉を考えて使おうとする⑲	◎発表会で実際に使う言葉を意識できるように，教師が見る人になりながら，それぞれの場面で使っている言葉について感じたことを伝えたり，よりよい言葉をみんなで考えるきっかけを作ったりする。
	○自分たちの発表の内容やグループの人数に応じて，発表に使える広さ，友達や使うものとの距離や位置を感覚でとらえ，物の置き方や場のとり方，動く方向や身体の向きを考えよ	◎遊戯室で使える広さをイメージして，空間の使い方や動きを考えられるように，遊戯室以外の場所で活動している時にも，おおよその広さを示したり伝えたり，広さをイメージできる空間で活動できるように場所を探したりする。

	うとする⑳	◎物を置く位置や動く方向，身体の向きを考えられるように，活動場所にかかわらず常に，お客さんがどこから見ていることにするのか尋ね，向きの共通理解を促す。
	○自分たちの発表に必要な物を用途に応じて選んで使ったり，道具を適切に用いたり工夫して使ったり丁寧に扱ったりしようとする㉑	◎用途に応じて使う物を選べるように，適しているポイントを言葉にして褒めたり，より相応しい物を見付けられるように，それで大丈夫か尋ねたり，一緒により適した物を探したりする。 ◎道具を工夫して丁寧に扱えるように，工夫している所や扱い方の丁寧な所を褒めたり，どう使ったり扱ったりするとよいか尋ねたりする。

C【グループの取組を見せ合う】

予想される子どもの活動	ねらい	＊環境の構成　◎教師の援助
・発表することを学年のみんなで見合う ・見る人の立場から，より見やすく分かりやすくするための方法を考える ・「面白い」「素敵」「もっとこうしたほうがいい」と思うところを出し合う	○他のグループの発表がよりよくなるように，自分の気持ちや考えを相手にきちんと伝えたいと思って，伝え方を工夫したり，適当な伝え方を選んだりして，分かってもらったり受け入れてもらったりするまで伝えようとする⑦	◎発表を見て感じたことを出し合うことを通して，それぞれのグループの子どもが課題をはっきりと意識し，よりよく改善していこうと思うような伝え方ができるように，見ている子どもが感じた事を伝える際，特にマイナス面については，感じたことを言うだけに終わらせず，どうすればよくなると思ったかを合わせて伝えるよう提案する。 ＊発表を見る保護者の位置からの見やすさや分かりやすさを考えられるように，当日のお客さんである保護者が見る位置から友達の発表を見る状況を作る。
	○自分のなりたいものをよりそれらしく表現したり，見ている人がどう感じているかを考えて，感じてほしいことをより効果的に表現したりするために，小道具や大道具，衣装，場のとり方，飾り方，音楽，隊形，プログラムの内容や順番，司会等の役割などを考えたり試したりして，表現しようとする⑰	◎発表がより素敵で楽しく見やすくなるように，見ている人の立場から，見ていて楽しいところや分かりにくいところなどの意見を伝えるよう提案したり，子どもから出なかったポイントを教師も伝えたりする。 ◎みんなで一つのグループの取組を見る時のポイントが意識できるように，どんな意見が役立つか，必要か尋ね，「素敵だと思うところや頑張っていると思うところ」「もっとこうしたらよくなると思うところ」を見付けておき，出し合うことを伝える。
	○自分の思いや考えを，分かるように順序立てたり理由を添えたりして伝えようとする⑱	◎一人一人の子どもの言いたいことを伝えられるように，言葉の足らないところは質問をして聞き出したり，よく分かる順番に話をしている子どもの話し方や理由を添えているところを具体的に褒めたりする。

	○発表会にふさわしい言葉，見ている人に分かるように伝えるために必要な挨拶の仕方，話の仕方を考えて使おうとする⑲	◎発表会の場でふさわしい言葉や見ている人にとって分かりやすい説明の言葉や話の仕方に気付けるように，聞いていてよく分かるところを*その理由と共に取り上げたり*，分かりにくいところを*話題に挙げ*，どうすればよく分かるか尋ねたり，*一緒に考えたり*する。

D【みんなで歌を歌う】		
予想される子どもの活動	ねらい	＊環境の構成　◎教師の援助
・歌詞の意味を考えながら歌詞を聞く ・歌詞の意味を感じながら歌う	○歌詞の意味を自分の状況や心情と重ね合わせて歌ったり，友達と気持ちを合わせて歌ったりする充実感を味わう⑭	＊歌に込められた気持ちを感じながら歌えるように，修了が近く，もうすぐ小学校へ行く今の時期の心情と重なる歌を選ぶ。 ◎歌を通じて自分の気持ちを伝えることを意識しながら歌えるように，それぞれの歌詞がどういう気持ちなのかを子どもと話をしながら歌詞を伝えたり，その気持ちを思いながら歌いたい思いを共有したりする。 ◎*聴き手*がどう感じるかを考えて，感じてほしいことがより伝わる方法を考えられるように，*歌い方*をどうしたいか尋ねたり，どんな方法があるか例を挙げたりする。
	○*見ている人がどう感じているかを考えて，感じてほしいことをより効果的に表現するために，並び方や入場の仕方等を考え表現しようとする*⑰	◎*見ている人がどう感じるかを考えて，感じてほしいことがより伝わる方法を考えられるように，並び方や入退場の仕方，発表の終わり方をどうしたいか尋ねたり，どんな方法があるか例を挙げたりする。*

E【発表する】		
予想される子どもの活動	ねらい	＊環境の構成　◎教師の援助
・うめ組やもも組を招待して子どもだけの発表会をする ・お家の人を招待して発表会をする	○自分たちの発表を通して自分たちでやり遂げたことに満足する②	＊子ども達の日々の成果や当日の頑張りをしっかりと見てもらえるように，どの席からも子ども達の発表が見えるように会場を整える。 ◎発表会当日の自分の出番を意識して準備ができるように，準備を始めるタイミングが分かりやすい目安を伝えておく。 ◎発表当日に至るまでの取組の姿を保護者に分かってもらえるように，それぞれのグループが乗り越えてきた課題やその過程，成長，楽しんできたこと，などを各グループの発表の片付けと準備をしている間に，保護者に伝える。 ◎自分たちが取り組んできた成果が自信を

		もって一人一人の子どもが力を発揮して発表できるように，励ましたり気持ちを引き締めるよう声をかけたりする。 ◎一人一人の子どもがやり遂げた満足感を十分に感じられるように，頑張ったことを受け止めて褒めたりやり遂げたことを一緒に喜んだりする。 ＊発表で見てほしかったことや伝えたかったことが伝わったりやり遂げたりした満足感を感じられるように，保護者に付箋に感想を書いて貼りだしてもらい，すぐ見られる場を設ける。その際，子どもにとって見やすいように，ひらがなで書き，グループ毎等カテゴリー分けして貼ってもらうようにする。
	○グループの友達と一緒にやり遂げた喜びを一緒に感じ，一緒に発表を作りやり遂げる仲間がいることを嬉しく思う⑤	◎グループの友達と一緒にやり遂げた喜びを一緒に感じられるように，タッチをしたり肩を組んだりなどする姿を一緒になって喜んだり，タッチや肩組みなどするきっかけを作ったりする。 ◎一緒に発表をやり遂げる仲間がいる嬉しさを感じられるように，これまでの友達との頑張りや友達がいたからこそできたことを具体的な例を挙げて振り返る。

研究課題

1．保育関連のインターネットで検索し，日案を集めてみよう。
2．絵本と童歌を１つずつ選び，これらの教材を選ぶ背景となるであろう，季節・子どもの年齢・子どもの興味・関心・人間関係などの姿を想像してみよう。これらの教材を活用することにより，期待される効果や子どもの育ちを想定してみよう。
3．３節の手順を考えながら，30 分の部分指導案を書いてみよう。

推薦図書

●**『これで安心！保育指導案の書き方―実習生・初任者からベテランまで』**　開仁志（編著）北大路書房
●**『実習に役立つ表現遊び』**　岡本依子　北大路書房
●**『保育の実践・原理・内容―写真でよみとく保育』**　無藤隆他　ミネルヴァ書房

Column 4

学びの過程を可視化する実践記録

Ｋ大学附属幼稚園では，子ども達がすでに獲得している資質・能力を発揮しながら互いに刺激し合い，学びに至るまでの過程を可視化する「実践記録フォーマット」（表）の開発を行っている。

子どもは，遊びや生活の中でさまざまな資質・能力を発揮しており，さまざまな環境や友達，教師と関わることで，一人一人の子どもがそれぞれ持っている資質・能力を発揮することが促され，それらが複雑に絡まり合いながら学びに至っている。その学び方はまさに総合的であり，その過程は非常に複雑である。保育者は保育中にはその時の子ども理解とその時に捉えた状況を瞬時に判断し，子どもと関わったり環境の再構成をしたりしている。保育の中のある場面を抽出し，同僚と共に１つひとつの子どもの行動や教師の関わりを事実に基づいて分析的に振り返ることを繰り返すことによって，事実に基づき子どもを理解する力量，その理解に基づき保育を計画し実施する力量の形成を図っている。複合的で複雑な実践を，「事実」「解釈」「教師の意図」「資質・能力」「学び」という視点から省察し「有効と考える環境の構成や教師の援助」を導き出している。

特に，記録において事実と解釈を分けることは重要である。なぜならば事実は共有され，解釈は議論をよぶからである。事実と解釈を分けて記録し，それを基にした研修を積み重ねることにより，保育実践の質が向上するといえるであろう。

表　実践記録フォーマット

日付	学年	実践者
実践事例のタイトル		
事実	・解釈 ◎教師の意図	資質・能力
|		
学び		
|		
学び		
【考察】		

【Ⅰ】事例，考察から得られたカリキュラムへの知見（伸長している姿より）

学年	月	資質・能力	10の姿	資質・能力が伸長している姿（学び）	有効と考える環境の構成や教師の援助

【Ⅱ】事例，考察から得られたカリキュラムへの知見（発揮している姿より）

学年	月	資質・能力	10の姿	資質・能力を発揮している姿	有効と考える環境の構成や教師の援助

【Ⅲ】検討する中で得られた手立て

学年	月	資質・能力	10の姿	有効と考える環境の構成や教師の援助

第5章

保育の計画の方法と技術

保育の計画に必要な方法と技術には，どのようなものがあるだろうか。遊びを理解し，子どもの現在を見取り，発達を見通す力。これらを基礎として，保育の環境を構成する技術。保育を計画し実践する力を向上させるためには経験を省察的にくり返すことがたいせつである。子どもと直接ふれ合い経験すること，そしてたんなる経験にとどまらせないで，ふり返り，反省することが望まれる。ここで必要な専門的な技術として「記録」がある。失敗に落ち込み，課題に途方に暮れる気持ちになるだけではなく，同時に，肯定的な気持ちで，楽しみながら，工夫できることや改善できることをよく考え，次につなげたい。保育の現場には記録したい子どもの言葉や姿が目白押しである。記録に慣れ親しみ，記録する技術や，記録を活用する技術を向上させ，実践に役立ててほしい。

1節　記録の方法と技術

本節では，パソコン入力も含めた「書く記録」に焦点をあてて進めていく。とくに，保育案・日誌・連絡帳などを作成するうえで有用な資料としての記録のまとめ方に言及する。

1——記録の方法と技術

(1) 記録の前提を知る

保育場面での記録の主な目的が「子どもの育ちやみずからの保育をふり返ること」「記録した内容を第三者から評価を受けること」にあるなら，奇をてらった文章とか，難解な文章を書こうとする必要はない。一文を短くするなどシンプルなものでよい。というのも，あくまで情報を，書き手と読み手にわかりやすく伝えることを意識すればよいからである。簡潔に文章をまとめる技術を習得する，つまりは基本的な約束事（文法事項，文章作法）を身につけておきさえすればよいということになる。

注意しなければならない点として，事実（生じた事象・現象そのもの）と解釈（記録者の発達観・保育観を基本とした意見や感想）の区別がある。記録の正確さを保証するためにはこの作業は重要である。というのもヒトは，ある事象・現象を体験した瞬間にみずからの経験や先入観という目に見えないフィルターで判断してしまうという認知的傾向があるからである。これは，事実をそのまましるすことが困難なことを意味する。そこでまずは，目の前で起ったできごとにみずからの「解釈」を交えずに淡々と書きとめていくことを強く意識する[1)]。そして次に，「事実」に解釈を織り込んだものを別途しるしていくことが重要となろう。

(2) メモから始める

記憶は時間が経てば経つほど変容する。そこで，まずはすぐにメモをする習慣をもちたいものである。とくに，（他の）保育者の子どもへの関わりが参考になると感じたとき，何かを思いついたとき，疑問をもったとき，みずからの

1）もちろん，「事実をそのまましるす」というとき，書き手の主観が入ることは間違いない。ここでは，それを前提として，自分が体験した事象・現象についてできるだけ客観的にしるそうとする態度の重要性を指摘した。

保育が成功・失敗したときなどが，素早くメモをとるタイミングである。

たとえば，その場で数行のメモで残す。そして休憩時間など，ある程度まとまった時間があるときに，子どもの行動がどのような活動場面でみられたのか，そのときの周囲の状況はどうであったか，そのときの応対はどのようなものであったか，などの保育者の解釈をあわせて記述しておく。

常に小さな手帳やメモ帳を用意してこまめにメモをとる習慣が必要となるが，園児がけがをすることのないように用紙の材質や筆記用具の種類には最善の注意を払う必要がある。また，子どもの動きなどに配慮や注意をしながらメモをとることを忘れてはならない。

(3) ノートにまとめる

メモをとった情報には，蓄積することで価値がつくものと，ある一定期間のみ必要なものとがある。情報の取捨選択も含めて整理することが重要となる。前者はノートにまとめて保管しておくことをすすめたい。

まとめる際，結論からさきに書く習慣をつけることがノートを見返すときに内容を把握しやすいという点で望ましい。最後まで読まければ内容がわからない文章は，「ふり返り」に時間がかかる。最初に結論・要点を示し，次に理由，裏づけを一般論や具体例を用いて説明し，最後に結論をくり返して締めくくるという手順で進めればよいだろう。この方法により論理的な思考も身につく。

2——記録の工夫

ここでは「効率性」に焦点をあてたい。というのも，保育者はおしなべて多忙だからである。

(1) ふり返りやすいまとめ方を考える

さきにも指摘したが効率性を考えたとき，ノートを後で見返す際，素早く内容が理解できることが重要となる。そのためには，一目でわかるようなまとめ方に腐心しなければならない。たとえば，「要点をまとめて書く」「強調したい点はめだたせる」ことに加えて，「図解やイラストを入れる」「フローチャートを入れる」ことも効果的である。文章よりも図解やイラストで整理したほうがわかりやすい場合もままある。

加えて，メモをとったものをノートに整理するとき，パソコンによる記録の作成と管理が有用である。その際，検索力の高いものになる必要があるが，効率性を考えたとき，あらかじめパソコンに入力しやすいノートづくりをしておくことが望ましい。具体的には「1項目書くごとに日付・分類・項目を入れる」，「時系列でまとめておく」，「1つの内容ごとにノートに区切りの罫線を入れていく」などが考えられる。また，あらかじめ余白をつくっておくことにより，後で書き加えたり，説明を入れたり，コピーした資料を貼ったりなどと，追加発展させる作業の際に便利である。

(2) パソコンでさらなる「効率」を模索する

パソコンによる記録の作成と管理には，設定された様式のなかにメモされた内容を打ち込んでいくことにより，内容の重複や書き漏れを見つけることができるという有用さもある。さらには，幼稚園・保育所内のウェブ上での共有はもちろんのこと，ネットワークに接続することによって園所外の機関・施設や個人との間で相互に情報を交換し，共有することが可能となる。

加えて，一人ひとりの子どもの育ちをデータ化する「eカルテ」や「eポートフォリオ」にまとめるという方法もある。ふり返りが容易となることに加え

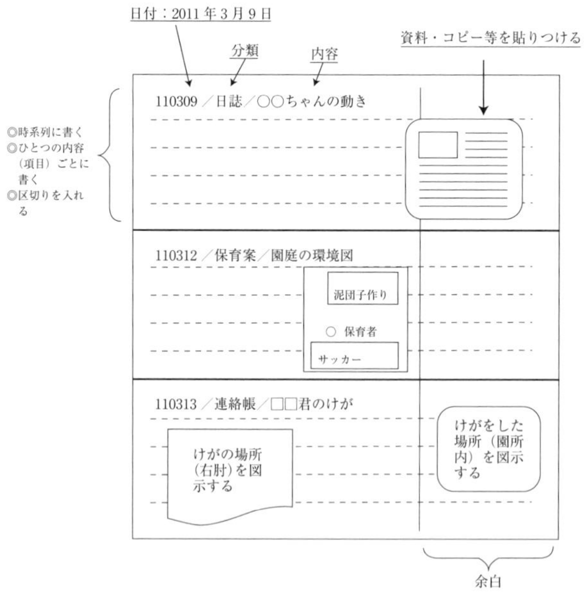

図5-1　資料としてのノートのまとめ方

て，ファイルを園所内の保育者間で公開し情報を共有することによって，保育に客観性が担保されるという利点がある。その際，対象児の担当保育者以外も同ファイルへの書き込みができるようにくふうすることが求められよう。ただし，個人情報が園所外にもれないような安全対策を行なうことが最重要課題となる。

3——記録の力を培う学び

(1) 書くことに慣れる

簡潔な文章を書くための準備としては，①書くことに慣れる，②できるだけ活字にふれることなどがある。

まず「書く」ことに慣れるには，何かを「書き」続けることである。「書く」ことはおっくうな行為である。この「めんどうくささ」を乗り越えるためには，たとえば，1日のできごとやそのときに考えたことを3行程度の日記などにまとめる習慣をもつことである。その際，1行目は「行動」，2行目は「結果」，3行目は「感想」というように限定すればよい。頭の中にある整然としていない考えを，文字に落として整理するという作業を継続してみずからに強いることによって，この「めんどうくささ」から脱却できる可能性が高くなる。

次に文字に慣れるという経験も重要である。本などをたくさん読むことによって語彙力や知識が飛躍的にふえる。またさまざまな文章表現にふれることにより，自然に文章力が身につく。そのことにより「この表現はおかしい」など，文章上の問題点を感覚的（経験的）に判断できるようになる。また，活字にふれるなかでよい表現（使ってみたい表現）に出くわしたら，資料作成用とは別のノートに書き留めておくことをすすめたい。そして，文章を書く際，それらの表現をどんどん使ってみるのである。

(2) 協同学習で自律性を涵養（かんよう）する

「記録する」「書く」というのは自律的な営みである。

「書く」という行為は，認知心理学の枠組みからいえば，人間の内的知識表現の1つということになる。この内的知識表現には学習者の自律性が求められる。学習者の自律性とは，「自分の学習をコントロールすること」である。具体的には「何を，なぜ，どのように選ぶのか」についてみずからがプランをたて」，それを「実行して」，実行した結果を「みずからで評価できる能力を有する」学習者が「自律した学習者」ということになる。

自律的な学びを身につけるための１つの方法として，協同学習（グループワーク）がある。協同学習のメリットとしての１つに，他者との相互作用をとおして，学習すべきことがらを学習者自身が積極的に築き上げていくことがある。その作業から自律性が生まれる。協同学習では他者の考えをそのまま受け入れるのではなく，その根拠を問い，根拠からの推論過程を吟味する作業をともなう。見解の根拠を確かめる態度が習慣づけられることによって論理的思考のレベルが向上する。

2節　遊びと発達過程の理解に基づく保育の計画の方法と技術

1——遊びの理解と発達の見通し

遊びの理解は保育の計画の要である。そこで，本節では子どもの遊びの理解を中心に概説したあと，それらの知見を保育の計画に生かしていく際の留意点について述べていきたい。ただし，乳幼児の場合，模倣や探索行動，そして日常生活の営みそのものが，子どもの好奇心を十分に満たす活動であるため，それらと遊びとの境界を明確にするのはむずかしい。そこで，ここでは遊びを「自由で自発的な活動」と広義に定義し，まずは原初的な遊びを入り口にして，乳幼児期の遊びを発達的観点から概説することとする。

本来，人間は模倣する能力をもって生まれてくるといわれ，すでに生後数時間後から乳児が成人の舌出しをそっくりそのまままねることが報告されている（Meltzoff & Moore, 1983）。ごく初期の模倣について，それをたんなる生理的反応ととるのか，あるいは注意深い観察に基づいた行為ととるのかといった点については，未だ議論が分かれるところであるが，１歳になると模倣はより高度な認識に支えられるようになる。

事例　青いミニトマト（1 歳児クラス，7 月 15 日）

ある朝，園庭に植えられたミニトマトを子どもたちが囲んでいる。そのなかの１人が青いトマトを摘みとってしまう。それを見た保育者が「それは赤ちゃんのトマトだから，赤くなるまでもう少し待とうね」と声をかける。かたわらにいた１歳児（K）は，トマトを手に気まずそうにしている子どもと保育者の様子をじっと見つめていた。次の日，保育者は青いミニトマトを両手にしたKとすっかりさびしくなったトマトの苗を目撃し，目をまるくすることになった。

１歳になるとまわりの状況を把握し，ある行為は模倣してよいものか悪いものかといった区別がつくようになる。それと同時に，特定の状況をしばし心に留め，後にそれをそっくりそのまままねするといった延滞模倣の能力が育ってくる。つまり，この事例の１歳児の行動は，そうした認識的な模倣を反映しているといえる。これらの能力は，後にままごと遊びやごっこ遊びで存分に発揮されていく。

１歳半になると自分と人とが異なる好みをもつことを理解するようになる。ある心理学実験（Repacholi & Gopnik, 1997）をみてみよう。ビスケットが大好きな１歳２か月児と１歳半児の前にブロッコリーとビスケットの箱を置く。実験者がビスケットを取り出してまずそうな顔をしたあとに，ブロッコリーを取り出して美味しそうな顔をしてみせる。その後，１歳２か月児は自分が好きなビスケットの箱を実験者に手渡すが，１歳半児はブロッコリーの箱を実験者に手渡す。つまり，１歳２か月児は目の前の大人の好みは自分と同じであると信じているが，１歳半になると好みのちがう人が存在することを認識し，他者の視点を読み取ることができるようになるのである。２歳くらいになれば，人の目を盗みながら（時に大いに意識しながら），いたずら遊びをするようになるが，それはこの能力が育ってきている証である。

２歳までに，子どもは自分を取り囲む世界を熱心に観察したり，人と応答的に関わったりするなかで，人の認識や行動様式を学びながら，遊びの基本的な力を身につけていく。３，４歳になると子どもはしだいにルールのある遊びを楽しむようになるが，同じ遊びにおいても発達的なちがいが反映される。鬼ごっこを例にみてみよう。

鬼ごっこは日本に限らず世界中で確認される遊びであり，オニと逃げコの二者の対立的関係と，役割の入れ替えが主な遊びの特徴である。１，２歳児は，大人から「まてまてー」と追いかけられるとおもしろがって逃げるといった追いかけっこの類の遊びを行なうことができるが，オニと逃げコの役割交代が行なえるようになるのは3，4歳になってからである。5，6歳以降になると役割交代はよりスムーズになる。また，オニが逃げコを追いかける際の視線にも，発達的なちがいがみられる。4歳が鬼ごっこをする場合，オニは特定の逃げコのみに視線を向け，また追いかけるといった1対1の関係を示すが，6歳になると，逃げコは逃げコどうしの距離感を保ち，またオニは複数の逃げコに視線を向けながら追いかけていく。この変化の一因は，年長児が鬼ごっこにおいて役割をともなった仲間意識を発達させているからだ（田中，2005）と解釈されている。

発達に応じて，いまの遊びは次の遊びへとつながり，そして，遊びの質もまた日々変化する。現前する遊びのなかにこそ，次の遊びの発展・展開の糸口が隠されているのであり，保育における遊び理解の醍醐味はそこを探ることにある。

2——遊びと発達過程の理解に基づく保育の計画

遊びに関する研究から得られた知見は，子どもを理解するうえで役に立つものではあるが，それらすべてが過去の子どもたちを対象としたものであり，そこに示された遊びの特徴は一般的傾向としてしるされていることを考慮する必要がある。とくに保育の現場で，子どもの遊びや発達を真に理解するためには，保育者自身の子どもに対する注意深い観察が何よりたいせつである。子どもの会話や動作，そして子どもが発する多様なメッセージを的確にとらえ，その背景にある子どもの思いを解釈していくことで，深い洞察に基づいた子ども理解が可能になる。それでは，1つのエピソードを参考にして，子どもの遊びの姿を読み取ってみよう。

事例　ふるいと砂（3歳児クラス，5月12日）

晴天の午前，10人前後の3歳児が砂場で並行的に遊んでいる。ある女児（R）がふるいにスコップを使って砂を入れている。砂がふるいの半分の高さほどたまると，Rはそれを運ぼうとしたのかスコップから手を離し，両手でそれを持ち上げた。するとふるいの細かい目から砂がサーッと流れ出した。Rは一瞬目を見開き驚いたようすで砂が流れ落ちるさまを見つめていた。砂がなくなるとRは急いで座り，今度は片手で砂をひとつかみずつふるいに入れ始めた。再び砂が半分ほどたまると，それをさきほどより高い位置に両手で持ち上げ，下からのぞき込んだ。風で舞った細かい砂が目に入りそうになるのを，目を細め防ぎながらも，砂が流れ落ちるさまをじっと眺めていた。砂がなくなると再び座り，さきほどより速いテンポで片手を使い，砂をふるいに入れ始めた。十分砂がたまるとふるいをゆっくりと持ち上げ，今度は満足したようすで砂が流れ落ちるさまを眺めてた。

日常の保育においては見過ごされがちな事例であるが，これは3歳の遊びの姿をよく表わしている。Rはくり返しの遊びをとおして，ふるいの機能を発見・確認していた。砂をふるいに入れるのをスコップから手に変え，また，砂埃を目に受けながらも，ふるいから落ちる砂の粒子の直線的な連なりを熱心に観察するようすなどは，Rがふるいと砂の関係を発見し，そのことに心動かしていることがわかる。3歳児クラスに進級したばかりのこのころ，それぞれの子どもは並行的に遊びながらも，個人としてはRと同じように，じっくり対象と関わり，五感をとおしてさまざまな発見を積み重ねている。子どもの発する言葉や子どもどうしの会話そしてノンバーバルなメッセージは，心の動きを丁寧に伝えてくれる。

日常の保育のなかで子どもの遊びは，短期的視点・長期的視点に基づきながら解釈していく必要がある。以下，それぞれの視点について説明する。

短期的視点として，まず着目すべきは子どもの興味・関心である。その際，動的側面と静的側面の両方からの見方が必要となる。遊びに夢中で元気に動き回っているといった動的な面から，子どもの興味・関心を見いだすのは比較的容易であるが，上記の事例のように静かに対象と向き合っている姿からそれを読み取っていくためには，子どもの視線や表情，そしてつぶやきなどを頼りに子どもが発するメッセージをつぶさに受け取る必要がある。子どもの興味・関心を理解したうえで，次に着目すべきは，子どもたちが紡ぎだす遊びのストーリーの把握である。遊びの糸口は何であったのか，それが現在いかに展開されているのか，どういったテーマが明日の遊びへと手渡されていくのかといった点を整理しながら，子どもたちが生み出す遊びを読み解いていくことが肝要である。

ある事例をみてみよう。これ以前，子どもたちは園行事で駅に見学に出かけていた。そのとき，乗客が次つぎと自動改札機を通りすぎるようすは，子どもたちの心をとらえた。園に戻ったあと，「切符が通るところが作りたい」とつぶやいた子どもの声をしっかり聞き取った保育者は，子どもの思いをさらに引き出していく。子どもたちがともに考えだした自動改札機はいったいどういったものであろうか。

事例　自動改札機（5歳児クラス，10月27日）

改札口上には，電光掲示板にみたてた時刻表と時計が掲示されている。それを見ながら「おきなわゆきもあるの？」と観察者が子どもにたずねると，子どもは「はーい。8じ3ぷんでーす。チケットどうぞ！」と答える。手渡された手作りのチケットを，自動改札機にみたてた段ボールの手前の穴に差し入れる。すると，自動改札機のなかにいた2人の子どものうち1人がそのチケットを下から抜き取る。2人の子どもたちは，乗客の歩く足元をのぞきながら，観察者がちょうど乗客がチケットを取ろうとするところまで進むと，そのチケットを奥の穴から差し出した。あまりのタイミングのよさと本物らしさに，「うわ～すごーい」と観察者は感激しながらチケットを受け取る。すると，自動改札機のなかの子どもたちは次つぎと入れ替わり，次に乗客が通るのを待つ。さきほどの子どもが近づいてきて「チケットかえしてください！」と言う。「そうだったね」。観察者はチケットを返し，「ありがとう」と声をかけると，「ありがとうございました！」とはつらつとした声が返ってきた。

5，6歳になると子どもどうしがイメージを共有し，アイデアを出し合い，目的に向かって協力し合う姿が見られるようになる。この事例に至るまでに，保育者は子どもどうしの話し合いやアイデアの実現化を支えながら，協同的な学びのための足場作りを行なっていたのであるが，そこに子どもの興味・関心の理解と遊びのストーリーの把握が作用していたことはいうまでもない。

遊びの理解においては，短期的視点に加え，発達的見通しに基づいた長期的視点ももたなければならない。保育所保育指針に示されている子どもの発達的な特徴（各年齢に応じた保育のねらい及び内容のうち「基本的事項」等）を参考にしながら，人の気持ちを読み取る能力やもののしくみの理解，そして言語能力などを含む認知的側面，人への関心や人とのコミュニケーションなどの社会的側面，手指の精緻性や全身運動を含めた身体的側面など，多次元の発達軸から子どもの遊びを理解することが，長期的な保育の計画をたてる上で必要となる。また，遊びに関して発達的見通しをもつことは，発達の遅れが気になる子どもの早期発見や子どもの特別なニーズを把握するうえでも役立つ。

ただし，気になる行動を示す子どものなかに，発達上の遅れはないものの心の安定が得られていない子どもが含まれている場合がある。乳幼児は，探索行動によってさまざまな人・ものと出会い，そこから遊びのきっかけや新しい発見を得ていく。この探索行動は，乳幼児が養育者との関係が安定していると感じているときに起こるものであり，心の安定が得られていない子どもは，遊びそのものに対する興味・関心が乏しい傾向にある（たとえば，Ainsworth et al., 1978)。保育者は，諸々の要因を的確に把握したうえで，個人のニーズを保育の計画に反映させていかなければならない。

最後に，遊びの理解を長期的計画ならびに短期的計画に生かす際の留意点を述べる。両計画に共通するのは，保育の目標・ねらい・具体的な内容を記述することである。長期的計画においては，遊びについて発達的見通しに基づいた理解を，各年齢相応の育ちにあてはめながら，保育の目標・ねらい・具体的な内容に反映させていく。短期的計画において，保育の目標やねらいは，遊びをとおして具体化される必要があるため，直近の子どもの興味・関心の理解と遊びのストーリーの把握は，とくに，具体的な内容を記述する際に生かされる。たとえば，２歳児において「友だちとの関わりを楽しめるようになること」をねらいとした場合，長期的計画においては，「保育者といっしょにごっこ遊びをしながら，経験したことをふりやまねをとおして再現したり，簡単な言葉のやりとりを楽しんだりする」といったように，保育者に支えられたごっこ遊びのなかで，子どもたちは象徴機能を発揮し，友だちとの相互的な交流を行なうようすを，具体的な内容として想定できる。短期的計画においては，「保育者といっしょにおままごと遊びを楽しみながら，朝のお出かけのようすや料理作りを再現したり，場面に応じた言葉のやりとりを楽しんだりする」といったように，いま・ここにいる子どもたちの興味・関心に応じた遊びの姿をより具体的に想定していく必要がある。保育の計画をたてる際に，保育者は子どもたちの実際的な遊びの姿をイメージしなければならず，子どもの遊びに関する日々の観察の成果はここに生かされる。

3節 環境を通じた保育の計画の方法と技術

1——環境を通じた保育とは

環境は，子どもが育つ過程において欠かせないものであり，とくに保育所や幼稚園では「環境を通じた保育」を行なっている。本節では，「環境を通じた保育」の考え方と，環境構成を保育の計画に生かす方法について考えてみよう。

(1)「環境」とは何か

保育の環境は，保育所保育指針に示されているように「保育士などや子どもなどの人的環境」「施設や遊具などの物的環境」「自然や社会などの事象」があり，環境はこれらの要素を含む子どもの周囲のものすべてをさす。とくに，園にある遊具や道具，ものや素材，子どもが生活する保育室や園庭などの空間やコーナーは「物的環境」とよばれ，子どもの育ちに欠かせないものである。また，保育者や園に通う子どもは「人的環境」とよばれ，人も環境の一部として考えられている。保育所や幼稚園においては，物的環境だけではなく，人的環境としての保育者の役割も重要な環境要素として位置づけられている。

(2)「環境」を重視する理由

乳幼児期の子どもの保育において，なぜ「環境」を重視するのだろうか。それは，環境が子どもの育ちに大きく関わってくるからである。

0歳児の乳児を観察してみると，周囲を見まわし人やものに関心を示す。ハイハイができるようになれば，ボールのある場所まではっていき，つかんではじっと見たりなめたりして事物を理解しようとする。このように，人は生まれながらにして，見たい，ふれたい，知りたい，という欲求をもつものである。「環境による教育」は，その人間に生得的に備わっている能動的な性質を，環境によってさらに伸ばすことをめざした保育のことである。つまり，子どもは“内面から育つ能力をもつ”という子どもの発達可能性を信じ，人と環境の相互作用により発達するという発達観に基づく保育を意味するのである。

このように，人は生得的に意欲的な性質をもつものである。しかし，周囲の環境が子どもの自発性を伸ばすようにはたらかなければその力は育たない。たとえば，１人で服を着替えられる発達過程の子どもに，保育者がいつまでも手を貸していれば自主性や主体性は育たない。子どものもっている力を最大限伸ばすように，物的環境や人的環境から子どもの力を育成するのである。

(3)「環境を通じた保育」とは

「環境を通じた保育」とは，保育所や幼稚園の“環境をとおして”子どもの心身が発達するようにするための教育方法のことであるが，その環境に子どもが主体的に関わりながら遊びや生活を経験するなかで，望ましい方向に発達をうながすことを意味する。この“環境をとおして”という言葉には，「乳幼児期の特性」ともいえる，次の３つの乳幼児期の保育の特徴が含まれている。

①子どもの興味や関心をたいせつにする

乳幼児期の保育においては，「遊び」を通じて子どもがみずから学ぶことを重視している。それは，子どもが自分のやりたいことを見つけたり，学びたいことを自分で決めて取り組むことが重要だと考えるからである。興味や関心をもったことから子どものやる気を引き出し，継続的にその遊びに取り組むことで，その体験が子どもの中に深く根づくことを願うからである。また，子どもが何を選んで遊ぶのかという「子どもが好む」遊びをたいせつにすることで，その子らしさや個性を育てるのである。保育所や幼稚園では，子どもが「自分で見つけた遊び」「自分で選んだ活動」を行なうなかで，環境にみずから関わる力を育てるのである。

②子どもの自主性・自発性・主体性を育てる

子どもが興味をもった遊びにみずから取り組むなかで，やる気や意欲などを育てることが乳幼児期の保育目標の１つとなる。やる気や意欲といった生きる力の基礎となる「心情・意欲・態度」を“環境をとおして”引き出し，子どもの自主性・自発性・主体性を高めることが保育のねらいとなるのである。

他者から強制されてその通りに動く子どもではなく，自分から自主的に行動する力や，いやなことでも前向きにがんばって取り組む力を遊びや生活のなかで育成するために，環境をとおして子どもが主体的に関わるように保育者がはたらきかけていくことが重要になるのである。

③直接的・具体的な体験から学ぶ

乳幼児期の子どもは，抽象的理解の前の段階にあり，園の身近な環境や生活の中にある“具体的な事物”から学ぶ発達段階にある。たとえば，砂場では砂に水を混ぜると感触が変わること，砂に水を加えて丸めると泥ダンゴになり，泥ダンゴの水分を抜くと固くなったり，サラサラの粉をかけて磨くときれいな表面になるといった素材の変化を自分の体験から理解する。また，昆虫などをつかまえて羽や足を観察するなかで，子どもは昆虫の特徴や種類を知る。子どもは環境をとおして自分で試したり操作しながら事物を理解し，遊びや生活での直接的・具体的な体験からさまざまなことを学ぶのである。

2――環境構成と保育の計画の方法と技術

保育所・幼稚園では，上記の乳幼児期の特性をふまえ，環境を通じた保育を行なう。次に，子どもの心身の発達を助長する環境構成を考えるための視点や，保育の計画を立案する際の環境設定の方法を考えてみよう。

(1) 基本的生活習慣を育てる生活空間としての環境

乳幼児期の子どもにとって基本的生活習慣を身につけることは，重要な発達課題の１つである。そのために保育者がすべき事項は３つある。１つには，子どもが自立的に生活を進めていくことのできる空間や環境をつくることである。たとえば，何かほしいものがあるときに，どこに行けばそれがあるのかを子ども自身が認識できるようにものを置く場所を固定し，整理整頓した環境を整えることである。２つには，子どもが自分でやりたいと思う気持ちと，自分でする責任感を育てることである。保育者は子どもの発達過程をふまえて，できることは子どもに任せ，生活習慣上の行動を自分でする喜びや楽しさを味わうことが子どもの自立につながるのである。３つには，子どもたちが生活上のルールやクラスの規範を理解することである。昼食の前には水道で手を洗う，手を洗うときには水道の前に一列になって順番を待つ，帰る前には自分の荷物を整え，身仕度をして保育者のそばに集まるなどの「園の勝手を身につける」ように保育者がはたらきかけ，自発的に行動できるようなクラス運営や学級経営をしていく必要がある。子どもの生活習慣が身につくための環境設定と，発達過程をふまえた子どもの主体性を高める保育者のはたらきかけが重要となる。

(2) 遊びとコーナー保育

遊びは，子どもが自主的・自発的に取り組む活動で，子どもの主体性を伸ばすたいせつな活動の１つである。そのために子どもの遊びたい気持ちや意欲を引き出したり，遊びを持続し発展させるための遊具や素材，コーナーの配置などの空間上の配慮が必要である。たとえば，ままごと遊びがしやすいようにコーナーをつくり，机やお皿，キッチン用具，エプロンなどの遊具や素材を準備し，料理をつくったり，おうちごっこができるように環境を整えておくことが必要である。

子どもが自発的に取り組むためには，保育者が「○○をして遊ぼう」と誘うだけではなく，子どもがみずから「○○をして遊びたい」と環境に関わって遊び始めることが必要である。その遊びのイメージを連想させたり，遊びたいと思う気持ちを引き出すような魅力的な遊びの環境を用意し，主体的に遊び始めることのできるコーナーや遊びの素材を集めた環境が重要なのである。

(3) 全体的な計画・教育課程と環境構成

保育の計画には，カリキュラムとよばれる，園の基本的な保育方針や保育理念を表わした「全体的な計画」（保育所）や「教育課程」（幼稚園）がある。

カリキュラムを作成する際に，環境との関わりから以下の２点の配慮が必要である。１つは「地域環境」であり，対外的な地域とのつながりからカリキュラムを考えることである。たとえば，地域の伝統行事に参加したり，地域の公民館や保育所，小・中学校などの異年齢交流や世代間交流，地域交流の促進，医療機関や療育機関，子育て支援センター，教育委員会や行政機関などとの連携の視点であり，その取り組みを全体的な計画や教育課程に反映させるのである。

２つは「保育環境」であり，園の保育目標やねらいを達成するための環境構成のあり方である。たとえば，都会にある園では，狭い園庭でもかけっこやリレーをしてしっかり体を動かせるように環境を工夫したり，田舎の自然豊かな園では，季節の虫をつかまえたり観察したりできるようにするなど，園の特色をカリキュラムに反映させるのである。また，動物の世話や植物の栽培活動，クッキング，異年齢交流，園の行事などの豊かな生活体験ができるための環境や，職員間連携，保護者支援，子育て支援など，園でたいせつにしている保育活動の取り組みを環境構成に示すのである。園により異なる地域環境や保育環境を最大限生かしながら，園の保育理念や保育方針を達成できるように全体的な計画や教育課程の中に環境の視点を記述する必要がある。

(4) 指導計画と環境構成

保育者が立案する頻度の高い指導計画は，年間計画や月案・週案であり，時に日案や部分指導案なども書いている。これらの指導計画は，遊びや生活のさまざまな場面をふり返りながら，子どもたちが身につけていることや子どもの育ちのうえでの課題点を読み取り，環境構成の点から検討したり，子どもの興味をかきたて，自分からやってみたいと思うような魅力的な環境や子どもが主体的に取り組むことのできる環境を構成できているかを検討するためのものである。指導計画には，遊びの環境図を書き入れ，そのなかで子どもたちの遊びの種類や遊びのようす，子どもが身につけていることや学んでいること，保育者の願いやねらいなどを記入したり，遊びや生活における環境構成上の配慮点を書き，保育者が「意図的」「計画的」に環境構成を行なっているかを確認することが重要である。

(5) 子どもの実態に応じた環境の見直しと環境の再構成

保育者は日々，指導計画や保育日誌などのさまざまな保育記録を書くが，その過程でふさわしい環境設定を行なっているかを確かめ，必要であれば変えるなどの環境の見直しをする必要がある。たとえば，遊びで子どもたちがバッタ取りをし，つかまえると虫カゴに入れているが，バッタが死んでしまうことがあった。子どもたちとの話し合いの過程で，遊びの時間が終わるときにはつかまえた虫を自然に帰すことにしたり，保育者は虫カゴに入れる以外の方法はないかと考え，園庭の木の下に4.5人の子どもが入れる大きな蚊帳でできたテントのような空間を作った。ここは，子どもたちがつかまえたチョウやセミを蚊帳の家に放し，そのなかで観察をするなど，虫取りをする子どもたちが好んで集まる場所となった。このように，保育者は子どもの実態に応じて，環境を見直しながら環境の再構成をしていくことが重要である。

研究課題

1. 書く力を培う学びのあり方について，「グループワーク」（共同学習）の可能性を模索してみよう。
2. 事例「自動改札機」を参考に，1 歳の発達の姿について語り合い，このエピソードを次の遊びに生かしていくための具体的な支援について考える。
3. 園で子どもの遊びや生活のようすを観察し，環境構成図を書き，遊びや生活面での環境構成のくふうを見つけてみよう。観察した環境構成図をもとに，遊びの場面から育ってほしい子どもの姿や保育者の願いを書き入れてみよう。

推薦図書

- **『実践・LDT 話し合い学習法』** 安永悟　ナカニシヤ出版
- **『幼児の遊びと学び—実践から読み取る知的発達の道筋』** 塩美佐枝（編）　チャイルド本社
- **『保育実践に学ぶ』** 小川博久・戸田雅美・戸田瑞穂　建帛社
- **『保育援助論』** 小川博久　萌文書林

Column 5

保育記録の発想転換

記録をつけることについてネガティブな印象，苦手意識をもっている保育者が多い。しかし，一方で，多くの保育者から，記録に残したいと考える子どもの姿，場面が保育現場にはたくさんあるとの声を聞く。「活字」以外のさまざまな記録の媒体を使って，保育の実践を可視化する試みが各地でなされている。

園での子どもの姿・風景を写真と文書で保護者に紹介する試みは，配布，園での掲示，ネットへのアップといった具合にさまざまな形でなされている。具体的に，毎日の食育放送のようすを紹介したお便りを紹介しよう（図）。

園からの一方向的な発信ではなく，コメント欄のある往復書簡やポストイットを掲示の横に置く，書き込み可能なサイトとするなどの工夫も推奨したい。紹介した事例にも数多くの保護者の声が寄せられている。保育の記録は保育実践に関するコミュニケーションの媒体ともなる。

保育者には，記録を肯定的にとらえ，工夫して楽しんでほしいと考える。

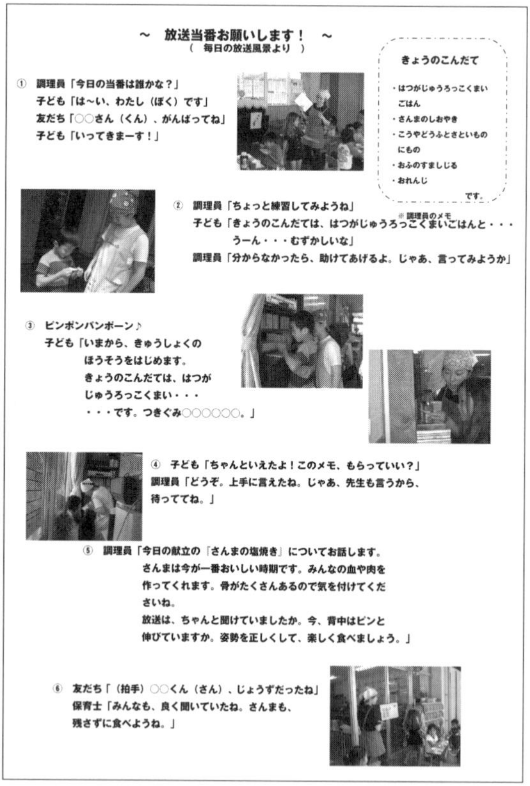

〜　放送当番お願いします！　〜
（　毎日の放送風景より　）

きょうのこんだて
・はつがじゅうろっこくまいごはん
・さんまのしおやき
・こうやどうふとさといものにもの
・おふのすましじる
・おれんじ
です。
※調理員のメモ

① 調理員「今日の当番は誰かな？」
子ども「は〜い、わたし（ぼく）です」
友だち「○○さん（くん）、がんばってね」
子ども「いってきまーす！」

② 調理員「ちょっと練習してみようね」
子ども「きょうのこんだては、はつがじゅうろっこくまいごはんと・・・
うーん・・・むずかしいな」
調理員「分からなかったら、助けてあげるよ。じゃあ、言ってみようか」

③ ピンポンパンポーン♪
子ども「いまから、きゅうしょくの
ほうそうをはじめます。
きょうのこんだては、はつが
じゅうろっこくまい・・・
・・・です。つきぐみ○○○○○○。」

④ 子ども「ちゃんといえたよ！このメモ、もらっていい？」
調理員「どうぞ。上手に言えたね。じゃあ、先生も言うから、
待っててね。」

⑤ 調理員「今日の献立の「さんまの塩焼き」についてお話します。
さんまは今が一番おいしい時期です。みんなの血や肉を
作ってくれます。骨がたくさんあるので気を付けてください
ね。
放送は、ちゃんと聞けていましたか。今、背中はピンと
伸びていますか。姿勢を正しくして、楽しく食べましょう。」

⑥ 友だち「（拍手）○○くん（さん）、じょうずだったね」
保育士「みんなも、良く聞いていたね。さんまも、
残さずに食べようね。」

図　食育放送のようすを紹介したお便り

第6章 保育評価の基礎理論

子どもの育ちをより保障するために，保育の質を向上させることが求められる。保育の質の向上のためには，保育内容を省察·評価し，改善を図っていくことが必要である。本章では，保育内容の評価をカリキュラム・マネジメントの重要な過程の１つとして理解したい。

そこで第一に，PDCA サイクルの基本について理解したうえで，保育におけるカリキュラム・マネジメントのあり方について検討する。

第二に，自己評価を中心に保育の評価の概要について理解し，保育評価の意義について考える。

1節 PDCAサイクルとは何か

1――PDCAサイクルによるマネジメント

(1) PDCAサイクル

保育のカリキュラムを構成し，保育実践とその省察を経て再構成していく営みを，カリキュラム・マネジメントとよぶ。この過程をPDCAサイクルとして考えることが，保育の質の向上への有効な方法の1つである。

PDCAサイクルとは，組織マネジメントなどのサイクルとして示されるもので，P-D-C-A（Plan-Do-Check-Action＝計画－実践－省察・評価－改善への取り組み）の4つの要素からなる。

PDCAサイクルにおいては，目標に基づき，実態をふまえた計画が立案され，次にその計画に基づいて実践がなされ，その結果を目標に照らして省察・評価し，さらに評価の結果を受けて改善に取り組む。ここで確認しておきたいことは，1つには，このサイクルが一周で完結しているものではないということであり，2つには，特に出発点がPで到着点がAであると定められているわけではないということである。このサイクルは不断にくり返され，また同じトラックを周回するのではなく，らせん状に上昇していくと考えるとよいだろう。PDCAサイクルの過程を通じて，保育の質が向上していくという仕組みである。

保育者は日常的に，目標をもって計画的に保育を行ない，それをふり返り，よりよくしていくという営みを行なっている。PDCAサイクルという概念は，私たちがふだんから行なっていることを，目に見える過程として分節化して，自覚的，省察的に保育の質を向上させやすくするための理解の方法だと考えることができる。

(2) PDCAの基盤としての目標管理

PDCAサイクルは，漫然と回転しているものではなく，一定の方向性をもってその過程が進められるものである。一定の方向性とは，保育所・幼稚園・認定こども園など（以下，園）がそれぞれ，保育所保育指針・幼稚園教育要領・幼保連携型認定こども園教育・保育要領（以下，指針・要領）をふまえて，組織としてもっている，価値，目的，目標やねらいなどである。何をめざして保育しているのかという根本的な問いがなおざりにされると，このサイクルは迷走し，らせん状の向上が望めない。

園の目標を明確にして，目標に従ってカリキュラムを構成して実践を進め，目標に照らして評価するというマネジメントが，保育の質の向上に不可欠である。こうした方法を「目標管理」とよぶ。目標管理によって，それぞれの立場のそれぞれの人の多様な価値を含みながら，一人ひとりの保育者の保育についての価値観や実践の方向性，園としての保育やその経営の方向性，保護者や地域との相互理解による連携の方向性が，１つの方向にまとまっていきやすくなる。

2――カリキュラム・マネジメントと保育評価

(1) 指針・要領におけるカリキュラム・マネジメント

指針・要領に示された，保育の質の向上のためのカリキュラム・マネジメントは，PDCA サイクルをふまえた内容となっている。指針・要領におけるカリキュラム・マネジメントについて見てみよう。

保育所保育指針では，カリキュラム・マネジメントという言葉は用いていないが，保育の計画と評価の過程について，次のように述べられている。

ア　保育所は，評価の結果を踏まえ，当該保育所の保育の内容等の改善を図ること。
イ　保育の計画に基づく保育，保育の内容の評価及びこれに基づく改善という一連の取組により，保育の質の向上が図られるよう，全職員が共通理解をもって取り組むことに留意すること。

（第１章 総則　３ 保育の計画及び評価 （５）評価を踏まえた計画の改善）

幼稚園教育要領では，カリキュラム・マネジメントについて次のように示している。

各幼稚園においては，６に示す全体的な計画にも留意しながら，「幼児期の終わりまでに育ってほしい姿」を踏まえ教育課程を編成すること，教育課程の実施状況を評価してその改善を図っていくこと，教育課程の実施に必要な人的又は物的な体制を確保するとともにその改善を図っていくことなどを通して，教育課程に基づき組織的かつ計画的に各幼稚園の教育活動の質の向上を図っていくこと（以下「カリキュラム・マネジメント」という。）に努めるものとする。

（第１章 総則　第３ 教育課程の役割と編成等　１ 教育課程の役割）

また，幼保連携型認定こども園教育・保育要領では，カリキュラム・マネジメントについて次のように示している。

> 各幼保連携型認定こども園においては，園長の方針の下に，園務分掌に基づき保育教諭等職員が適切に役割を分担しつつ，相互に連携しながら，教育及び保育の内容並びに子育ての支援等に関する全体的な計画や指導の改善を図るものとする。また，各幼保連携型認定こども園が行う教育及び保育等に係る評価については，教育及び保育の内容並びに子育ての支援等に関する全体的な計画の作成，実施，改善が教育及び保育活動や園運営の中核となることを踏まえ，カリキュラム・マネジメントと関連付けながら実施するよう留意するものとする。
> （第１章 総則　第２ 教育及び保育の内容並びに子育ての支援等に関する全体的な計画等　１ 教育及び保育の内容並びに子育ての支援等に関する全体的な計画の作成等 （４）教育及び保育の内容並びに子育ての支援等に関する全体的な計画の実施上の留意事項）

以上のように，指針・要領において，PDCAサイクルをふまえたカリキュラム・マネジメントが示されており，保育内容の評価をカリキュラム・マネジメントと関連づけて実施することを求めている。

(2) カリキュラム・マネジメントにおける評価

園におけるカリキュラム・マネジメントは，単に保育の計画を作成したり見直したりということではない。

カリキュラムを構成する際，保育の理念や目標を明確にして，子どもの育ちの状況について，一般的にも個別的にも理解し，保護者の状況や意向等に配慮し，地域の特性や地域住民との関わりを考慮に入れる。カリキュラムの下に指導計画を作成するときも同様である。そして，計画に基づいて保育が実践される。保育実践の全体だけでなく，一つひとつの行為が必要に応じて記録され，それらの実践が記録に基づいて省みられ，評価され，考察され，改善への手立てが考案され，より質の高い保育をめざして次の計画が立てられていく。つまり，カリキュラム・マネジメントは，保育実践の質を向上させるための過程であり，園が何を大切にしているかについて省察する営みである。

(3) 子ども理解に基づくカリキュラム・マネジメント

保育におけるカリキュラム・マネジメントの基盤は，子ども理解にある。幼稚園教育要領では，子どもの理解について次のように述べている。

幼児一人一人の発達の理解に基づいた評価の実施に当たっては，次の事項に配慮するものとする。
（1）指導の過程を振り返りながら幼児の理解を進め，幼児一人一人のよさや可能性などを把握し，指導の改善に生かすようにすること。その際，他の幼児との比較や一定の基準に対する達成度についての評定によって捉えるものではないことに留意すること。
（第１章 総則 第４ 指導計画の作成と幼児理解に基づいた評価 ４ 幼児理解に基づいた評価の実施）

この事項のタイトルは，「幼児理解に基づいた評価の実施」であり，保育の評価が子ども理解に基づくものであることが示されており，子どもを理解するためには，子どもを肯定的にとらえること，比較や到達度によらずその子どもの中での育ちに注目すべきであることが示唆されている。

また，「保育所における自己評価ガイドライン（2020年改訂版）」でも，保育士が，一人ひとりの子どもの「その子らしさ」を理解しようとすることが保育の評価の前提であることが示されている。さらに子ども理解における保育者の省察の重要性について述べられている。

○保育士等が，日々の保育における子どもとの関わりの中で，その姿や周囲の状況等を捉え，思いや考えを受けとめるとともに，一定期間に見られた育ちや一人一人の「その子らしさ」を理解しようとすることは，保育内容等の評価を行う際の前提となります。
○子どもの理解に当たっては，保育士等が自身の枠組みに当てはめた固定的な見方をしていないかといったことに留意するとともに，子どもにとって自分がどのような存在であるかということにも目を向けることが重要です。
（２．保育士等による保育内容等の自己評価 （２）保育における子どもの理解）

また，この項の説明に，保育者が「保育における子ども（個人・集団）の実際の姿を通して，その心の動きや育ちを理解しようとすることは，保育の計画の作成・実践・評価とそれをふまえた改善の全ての過程において，常に起点となるもの」とあり，PDCA サイクルの起点に子ども理解があることが示されている。

(4) カリキュラム・マネジメントへの保育者の参画

カリキュラム・マネジメントが保育の質の向上へと有効に機能するためには，園の一人ひとりの保育者が，その過程に参画していく，つまり主体的，自律的に関わることが望ましい。たとえば，カリキュラムは園のリーダー層が策定し，保育者はそれに従って実践し，それをリーダー層が評価して改善を指示するといったカリキュラム・マネジメントは，実際に子どもと向き合っている保育者の実践を豊かにできるだろうか。

保育実践は，目的や理由を考えずに前例を踏襲するような営みではなく，一回性という性質をもつ保育実践において，保育者がライブな状況を敏感にキャッチし，専門的な思考を生き生きとはたらかせ，自律的に実践を創り出す営みである。したがって，一人ひとりの保育者がカリキュラム・マネジメントに参画して保育実践の流れを包括的に理解し，そのうえで保育内容の評価に園として組織的に取り組むことで，実践におけるふり返りの具体的な視点を保育者が共有することができれば，保育者個々のレベルにおいても，園の組織レベルにおいても，より深い省察と，実践の質の向上が見込めるようになる。

カリキュラム・マネジメントと関連づけられた保育内容の評価の過程は，それぞれの保育者が現場で培ってきている経験知を交わし合い，共有し，高め合っていく営みであり，園内研修などと関連づけて行なわれることが望ましい。こうした取り組みは保育の質の向上につながるだけでなく，保育者の成長をうながす。

2節　保育における評価とその意義

1——保育における評価

(1) 保育者の自己評価

保育者が専門家として保育の内容及び実践をふり返るためには，自己評価が最も重要である。

保育者は子どもの姿をとらえ，子どもの発達を理解し，それに基づいて保育の内容をどのようなものにするかを考えて計画を立てる。計画と子どもの実態に照らして柔軟な判断をしながら保育を実践する。そして子どもに何が起こったか，子どもに何が育ったかなどについて記録する。そこでの保育者の頭のはたらき—子どもの理解，実践上の判断，子どもの育ちの記録など—はすべて，客観的に検証されない限り，あくまで「仮説」である。だから客観的な真実をもっと追究せよ，というわけではない。

保育が多くの仮説によって成り立っているとすると，保育者がみずからの認識や実践を継続的にふり返り，より適切な仮説へと修正していくことが望まれるし，それが保育の質を向上させるための要素の１つとなる。したがって，まずは，保育における一つひとつの行為，日々の保育，１週間の保育，１か月の保育，１年の保育，そして自身のキャリア全体，とさまざまな時間の幅で，保育者としての自分自身の保育実践を，自分自身でふり返ることが求められる。

しかし，自分だけで見直すには，自分自身を評価できるだけの経験と視点が豊富に培われていなければならない。これは多くの保育者には簡単なことではない。そのため，園という組織レベルで自己評価を行なうことが有効である。

(2) 組織としての自己評価

園が，組織としての保育のありようを自覚し，高めていくためには，保育者個々人だけでなく，組織として自己評価を行なう必要がある。

園の組織としての自己評価は，園内研修などに位置づけて意識的に進めていくことが必要である。保育者一人ひとりの自己評価を出し合ったり，保育者どうしが相互評価をしたり，園の保育について意見を出し合ったりする研修を行なうことで，園の組織としての自己評価につなげていく。

その際，リーダーがある基準に照らして一方的に評価をするのではなく，保育者一人ひとりが保育実践を通じて得てきた経験知を，できるだけ率直に出し合ってやり取りをする，つまり対話によって自己評価を進めることが効果的である。一人ひとりの経験知が広がったり深まったりし，またそれらを共有し合うことで組織として高まっていく，つまり園が学び合い進化する組織となることにつながる。

具体的には，ドキュメンテーションなどの保育記録をふまえた話し合いや，付箋紙を使って意見を出し合うようなワークショップや，チェックリストを使う方法などがある。重要なことはそうした形式自体ではなく，作業を通じて，対話できる風土がつくりあげられていくことである。そうした風土の下に豊かな同僚性が育まれ，学び合い進化する組織として，保育の質を不断に向上させていくことができるのである。

(3) 関係者評価と第三者評価

評価をする際には，その評価が適切かどうかが問われる。客観性が高いほど評価が妥当であることが見込まれるので，評価の客観性を高めることが必要である。保育者の自己評価は主観的なものであり，組織としての自己評価は，主観を交わし合うことで評価の客観性を高めるものである。評価の客観性をさらに高めるためには，他者による評価を組み込むことが有効であろう。

他者による評価の１つは，保護者や住民などの関係者による評価である。幼稚園では「学校関係者評価」を行なう。「幼稚園における学校評価ガイドライン（平成23年改訂）」によると，学校関係者評価は，「保護者や地域住民等の学校関係者等が，自己評価の結果を評価すること等を通じて，自己評価の客観性・透明性を高めるとともに，学校・家庭・地域が学校の現状と課題について共通理解を深めて相互の連携を促し，学校運営の改善への協力を促進することを目的として行うもの」である。

さらに客観的に園の保育を総合的，包括的に見直すには，第三者評価が有効である。園と直接利害関係にない専門性を備えた第三者が，園の保育全体をさまざまな観点から検討することによって，自分たちでは気づくことのできない課題を見いだすことができるだけでなく，自園の保育のよさを見いだすことができる。

2015（平成27）年度施行の子ども・子育て支援新制度では，保育所等が第三者評価を受審するよう努めることが義務化され（努力義務），2018（平成30）年に改正された「福祉サービス第三者評価事業に関する指針」では，第三者評価受審の数値目標の設定と公表が，都道府県推進組織の努力義務となっている。

2――保育評価の意義

(1) 保育の質の向上

保育の内容及び実践を評価する必要性とそのはたらきは，大きく２つの点にまとめられる。第一に，保育の質を向上させるため，第二に，保護者が園を選ぶ際に参照する情報となるということである。

まず，保育の質の向上という観点から考えてみよう。保育の質とは，子どもの育ちをどれだけ支援できているかということについての，一つひとつの実践の内容と考えてよいだろう。それをより充実したものにするためには，保育の理念や方針，ねらいに照らして，保育実践の内実をよりよいものにしなければならない。その際に，ただ，「もっとがんばろう」という意志をもつだけでは，実際に何をすればいいのか分からない。つまり，具体的な行為のための指針が必要になってくる。

したがって，日々の保育のあり方について，具体的なさまざまな観点からふり返り，よくできていること，課題となることを確認していかなければならない。そして，よくできている理由，課題となっている理由を明確にし，工夫し改善していけるポイントについて，保育者個人のレベル，園の組織レベルで検討し，よいことをさらに充実させ，課題となっていることを解決していくために，具体的にどのような行為を積み重ねていく必要があるかを明確にしておくとよい。そのことによって，日々，少しずつ保育の質を向上させていくことができるし，それは保育者としての専門性の向上につながり，また保育という仕事の充実や楽しさにつながる。

ただし，そのチェックポイントをどんどん細かくしていくことには注意が必要であろう。保育という営みは，教育の５つの領域—健康，人間関係，環境，言葉，表現—が総合的に関わり合う実践であり，保育所の場合はさらに教育と養護—生命の保持，情緒の安定—が一体となって実践が行なわれる。したがって，保育は本来，チェックリストの項目のようなものに単純に分断できるものではなく，それらはあくまで，ふり返るための多様な視点をもつための道具である。保育という営みを細かく刻んで評価することに深入りしすぎてしまうと，保育実践の総合性や包括性という性質をそこなう恐れもある。

保育をさまざまな観点から評価するということは，保育の質の向上において，漠然と頑張るよりもはるかに有効であるが，絶対的な基準ではなく，うまく使いこなすべき道具だと理解しておくことが必要である。

(2) 評価の公表の意義

保育評価は，公表することによってさらに意義をもつ。「保育所における自己評価ガイドライン（2020年改訂版）」では，評価の公表が園の社会的責任であることに加えて，外部のさまざまな人から意見を聞くことがカリキュラム・マネジメントの過程の１つの要素と考えられている。

○保育内容等の自己評価の結果を外部に公表することは，保育所が社会的責任を果たす上で重要な取組です。評価の結果を公表し，様々な人から意見を聞くことは，次の保育に向かう過程の一環に位置づけられます。
（5．保育所における保育内容等の自己評価に関する結果の公表 （1）自己評価の結果を公表する意義）

この項では，自己評価の結果の公表が評価の「仕上げ」や「目的」ではないとされている。結果を公表して，さまざまな人から意見を広く聞くことが，「保育について保護者や地域住民等と相互理解を深めるとともに，自分たちの保育の良さや特色，課題を再認識し，次の保育に向かう過程の一環」とされ，結果ではなく，保育をよりよいものにしていく過程であると位置づけられている。また，結果の公表が，保護者や地域住民との相互理解を深めるとされており，保育者にとっての保護者を「お客さん」ではなく子育てにおいて協働するパートナーとしていくための契機の１つと考えている。さらに地域にある園として，地域住民と協働して保育を充実させ，地域住民のやりがいや，生活の楽しさや充実にもつながるような取り組みを進めていくことが望ましいと考えられている。

加えて，保育の評価の公表は，保護者の選択に資するという側面ももつ。かつて保育所は，「措置」といって，利用希望者が自治体に利用を申し込み，利用する保育所は自治体が決めていた。しかし2000（平成12）年の社会福祉基礎構造改革により，利用者が保育所を選択できるようになった。幼稚園はもちろん保護者が自由に園を選ぶ。

保護者とすれば当然，よりよい園を選びたいので，選ぶための判断基準となる材料が必要になってくる。保育の評価は，これを公表することにより，保護者の選択の材料になるのである。

実際には，保護者が保育施設を選ぶ際に，たとえば保育所では，送迎に便利かどうかなど所在地が大きな要素になっており，保育の内容や質を十分に吟味して園を選択する保護者はまだそう多くない。だとすると，評価の公表はどのような意味をもちうるだろうか。

１つは，すでに園を利用している保護者の安心や信頼につながるということが考えられる。園が，みずからの保育実践について省察を行なっているということは，そのこと自体が，保護者を安心させる要素の１つになりうる。情報は安心の要素の１つであり，言い換えれば情報不足は不安要素の１つである。したがって，評価の結果がよほど悪くない限り，きちんと評価を実施し，保育を見直して改善に向けて努力しているという事実自体が，保護者の安心や信頼につながると思われる。もう１つは，保育をさまざまな項目によって評価しているということ自体が，保護者に保育への視点を涵養する側面をもっているということが挙げられる。保護者が，園を選んだり保育の質を判断したりする際に，公表された評価を見て，評価の観点を知ることができる。保護者の保育観がより適切なものへと向かうことは，保育の質について園と保護者が共通理解していくことにつながる。このことは，園がパートナーとしての保護者と協働して，子どものよりよい育ちを支えていく力となるのである。

研究課題

1．保育における評価にはどのようなものがあるか，調べてみよう。
2．海外における保育の評価にはどのようなものがあるか，調べてみよう。
3．保育の評価を改善に生かしていくために，園で具体的にどのような取り組みを進めるとよいか，考えてみよう。

推薦図書

- **『新・保育環境評価スケール①３歳以上』** ハームス，T.・リチャード，M. クリフォード・クレア，D. ／埋橋玲子(訳) 法律文化社
- **『平成30年度施行 保育所保育指針に基づく自己チェックリスト100』** 保育総合研究会 世界文化社
- **『日本版保育ドキュメンテーションのすすめ―「子どもはかわいいだけじゃない！」をシェアする写真つき記録』** 大豆生田啓友・おおえだけいこ 小学館

Column 6

ナレッジ・マネジメント

本章の課題の１つは，マネジメントという営みについてであった。

カリキュラム・マネジメントという概念を手がかりに，評価も含めて保育者一人ひとりがその過程に参画することの必要性について述べた。

このことに関して，「ナレッジ・マネジメント」の観点から，もう少し掘り下げて考えてみよう。ナレッジ·マネジメントは，近年重視されるようになってきた考え方で，知識経営などと訳される。社会が，モノをつくる，モノを売る，サービスを売る，といった具合に展開してきて，またその範囲も，遠い昔のムラといった単位でなく，グローバルに展開するようになり，「知」が重要な資源である「知識基盤社会」となってきた。こうした社会では，組織の向上においても人々の「知」が貴重な資源であり，それをマネジメントすることがリーダーの重要な役割の１つとなっている。

では保育者の「知」をどのようにとらえるとよいだろうか。これについて，レナード（Leonard, D.）らが示している「ディープスマート」という概念がとても示唆深い。ディープスマートは，直訳すれば「深い知恵」といえるが，「その人の直接の経験に立脚し，暗黙の知識に基づく洞察を生み出し，その人の信念と社会的影響により形作られる強力な専門知識」（レナード·スワップ，2005）だとされる。これは「その保育者の直接の保育経験に立脚し，暗黙の知識に基づく洞察を生み出し，その人の保育観や保育理念と同僚や子どもや保護者などとの関わりのなかで形成される強力な専門知識」とほとんどそのまま保育者に置き換えることができる。

保育者が研修などを行なう際に，自分たちを知識のない者と定義して，外部の正しい知識を吸収しようとすることは一面では必要であるが，実は保育者の頭の中には，膨大な実践において蓄積された豊富な経験知が資源として埋もれている。であるならそれを組織的に生かすことが生産的であるし，お仕着せでない自分自身の知としてそれぞれの保育者のなかで生きてはたらく原材料になるはずである。

保育におけるナレッジ・マネジメントとは，情報を集約するという技術的問題に留まらず，保育者どうしをつなぎ，よりよい保育をめざす組織文化としての同僚性をはぐくむことなのである。

第7章 保育評価の具体例１　要録

園では，小学校就学に際して，「子どもの育ち・学び」を小学校へとリレーするため，それまでの育ちや学びをまとめる。「幼稚園幼児指導要録」「保育所児童保育要録」「認定こども園園児指導要録」と，就学前の保育の形態によって名称が異なるが，「子どもの教育の連続性の保障のため」という目的や記入の方法は同じである。要録を通して，園と小学校とが情報を共有し，指導に生かすことこそが，子どもの最善の利益につながる。

さらに，要録を通して小学校とのより深い連携・接続の機会を広げることも求められている。子どもや家庭の状況の変化を見守り，お互いの教育・保育の状況を知り，研修の機会をもつことも重要である。要録をきっかけとして，幼保小が「語り合える関係」となれるよう，より密接な連携を構築する必要がある。

1節　要録とは何か—要録の目的

「要録」は，幼稚園や保育所，認定こども園で，在籍した期間の「子どもの育ちや学び」の記録をまとめて，小学校に送付するための資料である。幼稚園（「幼稚園幼児指導要録」）や，保育所（「保育所児童保育要録」），認定こども園（「認定こども園園児指導要録」）において，要録の作成および送付は義務となっている。

要録作成の目的は，園での生活や学びから，その子どもの成長した過程，いわば「学びや育ちの軌跡」をまとめ，小学校の学びや育ちにつなげるため，その連続性を保障する，いわば「学びや育ちのリレー」のために行なわれる。また，小学校において，教師が子ども一人ひとりを理解し，関わり援助する際に参照できる資料「学びや育ちを支える資料」として利用するために作成される。

小学校においても，2008（平成20）年の学習指導要領の改訂に際して，「幼稚園や保育所」との連携を図ることが明記され，要録の受理や検討を含め，幼・保・小の連携を深めることが求められた。

また，幼稚園教育要領の改訂および保育所保育指針の改定により，「幼児期の終わりまでに育ってほしい姿」が示され，要領にも，盛り込まれ，小学校との接続がより意識されるようになった。

> 学校がその目的を達成するため…（中略）…小学校間，幼稚園や保育所，中学校，特別支援学校などとの間の連携や交流を図るとともに……（後略）
> ＊2008（平成20）年改正で，新たに「保育所」が追加された。

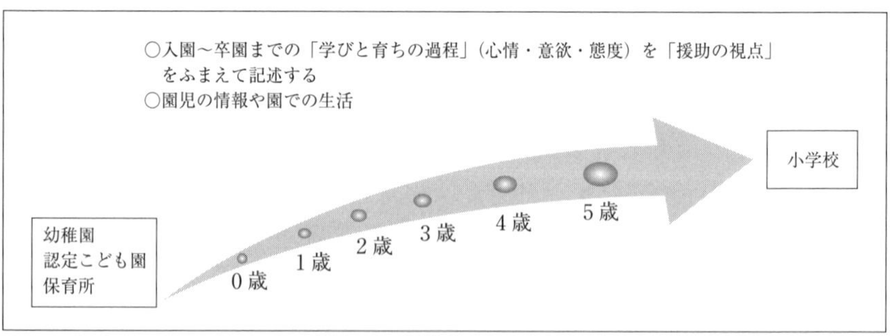

図7-1　要録作成のイメージ

2節 保育所児童保育要録（保育要録）の実際

1 ――保育所児童保育要録の概要

保育所児童保育要録（以下，保育要録）の作成は，2008（平成20）年の保育所保育指針改定にともなって始まり，2018（平成30）年の改定時に「幼児期の終わりまでに育ってほしい姿」の記載が追加された。

保育所保育指針には，「小学校との連携」のなかで「保育要録の作成と送付」が位置づけられている。小学校との連携には，子どもどうしの交流と職員どうしの交流の２つの要素があり，保育要録を「子どもの育ちを支える資料」として，情報共有のために生かすよう求められている。

また，保育所保育指針解説には，「一人一人の子どもが育ってきた過程を振り返り，保育における援助の視点や配慮を踏まえ，その育ちの姿を的確に記録する」と記載されている。また，園や子どもの状況に応じた柔軟な作成，一人ひとりのよさや全体像が伝わるような工夫，最善の利益の考慮，子どもの可能性を受け渡す認識，保護者の思いをふまえることが求められている。

保育所保育指針　第２章　４保育の実施に関して留意すべき事項

(2)　小学校との連携

ア　保育所においては，保育所保育が，小学校以降の生活や学習の基盤の育成につながることに配慮し，幼児期にふさわしい生活を通じて，創造的な思考や主体的な生活態度などの基礎を培うようにすること。

イ　保育所保育において育まれた資質・能力を踏まえ，小学校教育が円滑に行われるよう，小学校教師との意見交換や合同の研究の機会などを設け，第１章の４の(2)に示す「幼児期の終わりまでに育って欲しい姿」を共有するなど連携を図り，保育所保育と小学校教育との円滑な接続を図るよう努めること。

ウ　子どもに関する情報共有に関して，保育所に入所している子どもの就学に際し，市町村の支援の下に，子どもの育ちを支えるための資料が保育所から小学校へ送付されるようにすること。

2 ――保育所児童保育要録の内容

保育所児童保育要録には，「入所に関する記録」および，「保育に関する記録」を記載する（表７-１）。

表7-1　保育所児童保育要録（保育に関する記録）（様式の参考例）

本資料は、就学に際して保育所と小学校（義務教育学校の前期課程及び特別支援学校の小学部を含む。）が子どもに関する情報を共有し、子どもの育ちを支えるための資料である。

		保育の過程と子どもの育ちに関する事項	最終年度に至るまでの育ちに関する事項
ふりがな		（最終年度の重点）	
氏名			
生年月日	年　月　日		
性別		（個人の重点）	
ねらい（発達を捉える視点）			
健康	明るく伸び伸びと行動し、充実感を味わう。	（保育の展開と子どもの育ち）	
	自分の体を十分に動かし、進んで運動しようとする。		
	健康、安全な生活に必要な習慣や態度を身に付け、見通しをもって行動する。		
人間関係	保育所の生活を楽しみ、自分の力で行動することの充実感を味わう。		
	身近な人と親しみ、関わりを深め、工夫したり、協力したりして一緒に活動する楽しさを味わい、愛情や信頼感をもつ。		
	社会生活における望ましい習慣や態度を身に付ける。		
環境	身近な環境に親しみ、自然と触れ合う中で様々な事象に興味や関心をもつ。		
	身近な環境に自分から関わり、発見を楽しんだり、考えたりし、それを生活に取り入れようとする。		
	身近な事象を見たり、考えたり、扱ったりする中で、物の性質や数量、文字などに対する感覚を豊かにする。		
言葉	自分の気持ちを言葉で表現する楽しさを味わう。		
	人の言葉や話などをよく聞き、自分の経験したことや考えたことを話し、伝え合う喜びを味わう。		
	日常生活に必要な言葉が分かるようになるとともに、絵本や物語などに親しみ、言葉に対する感覚を豊かにし、保育士等や友達と心を通わせる。		
表現	いろいろなものの美しさなどに対する豊かな感性をもつ。		
	感じたことや考えたことを自分なりに表現して楽しむ。	（特に配慮すべき事項）	
	生活の中でイメージを豊かにし、様々な表現を楽しむ。		

幼児期の終わりまでに育ってほしい姿 ※各項目の内容等については、別紙に示す「幼児期の終わりまでに育ってほしい姿について」を参照すること。
健康な心と体
自立心
協同性
道徳性・規範意識の芽生え
社会生活との関わり
思考力の芽生え
自然との関わり・生命尊重
数量や図形、標識や文字などへの関心・感覚
言葉による伝え合い
豊かな感性と表現

保育所における保育は、養護及び教育を一体的に行うことをその特性とするものであり、保育所における保育全体を通じて、養護に関するねらい及び内容を踏まえた保育が展開されることを念頭に置き、次の各事項を記入すること。
○保育の過程と子どもの育ちに関する事項
＊最終年度の重点：年度当初に、全体的な計画に基づき長期の見通しとして設定したものを記入すること。
＊個人の重点：１年間を振り返って、子どもの指導について特に重視してきた点を記入すること。
＊保育の展開と子どもの育ち：最終年度の１年間の保育における指導の過程と子どもの発達の姿（保育所保育指針第２章「保育の内容」に示された各領域のねらいを視点として、子どもの発達の実情から向上が著しいと思われるもの）を、保育所の生活を通して全体的、総合的に捉えて記入すること。その際、他の子どもとの比較や一定の基準に対する達成度についての評定によって捉えるものではないことに留意すること。あわせて、就学後の指導に必要と考えられる配慮事項等について記入すること。別紙を参照し、「幼児期の終わりまでに育ってほしい姿」を活用して子どもに育まれている資質・能力を捉え、指導の過程と育ちつつある姿をわかりやすく記入するように留意すること。
＊特に配慮すべき事項：子どもの健康の状況等、就学後の指導において配慮が必要なこととして、特記すべき事項がある場合に記入すること。
○最終年度に至るまでの育ちに関する事項
　子どもの入所時から最終年度に至るまでの育ちに関し、最終年度における保育の過程と子どもの育ちの姿を理解する上で、特に重要と考えられることを記入すること。

●入所に関する記録

①児童氏名・性別・生年月日，現住所，②保護者氏名・現住所，③入所・卒所年月日，④就学先，⑤保育所名・所在地，⑥施設長および担当保育士名

●保育に関する記録

保育に関する記録については，「幼児期の終わりまでに育ってほしい姿」を参照することとなっている。

①保育の過程と子どもの育ちに関する事項：最終年度の重点（年度当初，全体的な計画に基づき長期の見通しとして設定したもの），個人の重点（1年間を振り返って，子どもの指導について特に重視してきた点）

②最終年度に至るまでの育ちに関する事項：子どもの入所時から最終年度に至るまでの育ちに関し，最終年度における保育の過程と子どもの育ちの姿を理解する上で，特に重要と考えられること

③ねらい（発達を捉える視点）；保育の展開と子どもの育ち：

- 最終年度の1年間の保育における指導の過程と子どもの発達の姿（各領域のねらいを視点として，子どもの発達の実情から向上が著しいと思われるもの）を，保育所の生活を通して全体的，総合的に捉えて記入する。
- 他の子どもとの比較や一定の基準に対する達成度についての評定によって捉えるものではないことに留意する。
- 就学後の指導に必要と考えられる配慮事項等について記入する。
- 別紙を参照し，「幼児期の終わりまでに育ってほしい姿」を活用して子どもに育まれている資質・能力を捉え，指導の過程と育ちつつある姿をわかりやすく記入するように留意する。

特に配慮すべき事項：子どもの健康の状況等，就学後の指導において配慮が必要なこととして，特記すべき事項がある場合に記入する。

＊別紙として，「幼児期の終わりまでに育ってほしい姿について」保育指針の記述を基にした説明が添えられている。

3節 幼稚園幼児指導要録の実際

1――幼稚園幼児指導要録の概要

幼稚園幼児指導要録（以下指導要録）は，学校教育法施行規則第24条・28条に規定され，幼稚園に作成と保存および小学校への送付が義務づけられている。それぞれの園で記入の様式を創意工夫し作成することとなっている。

指導要録は，「学籍に関する記録」（入園や学籍の移動について記入；幼児の氏名・性別・生年月日・現住所他）と「指導に関する記録」（①ねらいと発達の状況／②指導の重点など／③指導上参考となる事項／④出欠の状況）があり，就学時に「指導要録の写しまたは抄本」を小学校に送付する（24条の２）。文部科学省「幼稚園幼児指導要録に記載する事項」（2009（平成21）年１月28日初等中等教育局長通知）。

2――幼稚園幼児指導要録の内容

●学籍に関する記録

「外部に対する証明等の原簿としての性格をもつものとし，原則として，入園時及び異動の生じたときに記入する」とされ，①幼児の氏名，性別，生年月日および現住所，②保護者の氏名および現住所，③学籍の記録（入園年月日／転入園年月日／転・退園年月日／修了年月日），④入園前の状況（保育所などでの集団生活の経験の有無などの記入）⑤進学先など（進学した学校や転園した幼稚園などの名称および所在地などの記入）⑥園名および所在地，⑦各年度の入園（転入園）・進級時の幼児の年齢，園長の氏名および学級担任の氏名を記入する。

●指導に関する記録

「年間の過程と結果を要約し，次年度の適切な指導に資するための資料としての性格をもつ」とされている（表7-2，表7-3）。

①指導の重点など：年度における指導の過程について，学年の重点（年度当初に，教育課程に基づき長期の見通しとして設定したもの），個人の重点（１年間をふり返って，当該幼児の指導についてとくに重視してきた点）を記入する。

表7-2　幼稚園幼児指導要録（指導に関する記録）（様式の参考例）

			平成　年度	平成　年度	平成　年度
ふりがな		指導の重点等	（学年の重点）	（学年の重点）	（学年の重点）
氏名	平成　年　月　日生				
性別			（個人の重点）	（個人の重点）	（個人の重点）
ねらい（発達を捉える視点）					
健康	明るく伸び伸びと行動し、充実感を味わう。	指導上参考となる事項			
	自分の体を十分に動かし、進んで運動しようとする。				
	健康、安全な生活に必要な習慣や態度を身に付け、見通しをもって行動する。				
人間関係	幼稚園生活を楽しみ、自分の力で行動することの充実感を味わう。				
	身近な人と親しみ、関わりを深め、工夫したり、協力したりして一緒に活動する楽しさを味わい、愛情や信頼感をもつ。				
	社会生活における望ましい習慣や態度を身に付ける。				
環境	身近な環境に親しみ、自然と触れ合う中で様々な事象に興味や関心をもつ。				
	身近な環境に自分から関わり、発見を楽しんだり、考えたりし、それを生活に取り入れようとする。				
	身近な事象を見たり、考えたり、扱ったりする中で、物の性質や数量、文字などに対する感覚を豊かにする。				
言葉	自分の気持ちを言葉で表現する楽しさを味わう。				
	人の言葉や話などをよく聞き、自分の経験したことや考えたことを話し、伝え合う喜びを味わう。				
	日常生活に必要な言葉が分かるようになるとともに、絵本や物語などに親しみ、言葉に対する感覚を豊かにし、先生や友達と心を通わせる。				
表現	いろいろなものの美しさなどに対する豊かな感性をもつ。				
	感じたことや考えたことを自分なりに表現して楽しむ。				
	生活の中でイメージを豊かにし、様々な表現を楽しむ。				
出欠状況		備考			

出欠状況	年度	年度	年度
教育日数			
出席日数			

学年の重点：年度当初に、教育課程に基づき長期の見通しとして設定したものを記入
個人の重点：１年間を振り返って、当該幼児の指導について特に重視してきた点を記入
指導上参考となる事項：
(1) 次の事項について記入すること。
　①１年間の指導の過程と幼児の発達の姿について以下の事項を踏まえ記入すること。
　・幼稚園教育要領第２章「ねらい及び内容」に示された各領域のねらいを視点として、当該幼児の発達の実情から向上が著しいと思われるもの。その際、他の幼児との比較や一定の基準に対する達成度についての評定によって捉えるものではないことに留意すること。
　・幼稚園生活を通して全体的、総合的に捉えた幼児の発達の姿。
　②次の年度の指導に必要と考えられる配慮事項等について記入すること。
(2) 幼児の健康の状況等指導上特に留意する必要がある場合等について記入すること。
備考：教育課程に係る教育時間の終了後等に行う教育活動を行っている場合には、必要に応じて当該教育活動を通した幼児の発達の姿を記入すること。

表７-３　幼稚園幼児指導要録（最終学年の指導に関する記録）（様式の参考例）

ふりがな		指導の重点等	平成　　年度
氏名	平成　　年　　月　　日生		（学年の重点）
性別			（個人の重点）
ねらい（発達を捉える視点）			
健康	明るく伸び伸びと行動し、充実感を味わう。	指導上参考となる事項	
	自分の体を十分に動かし、進んで運動しようとする。		
	健康、安全な生活に必要な習慣や態度を身に付け、見通しをもって行動する。		
人間関係	幼稚園生活を楽しみ、自分の力で行動することの充実感を味わう。		
	身近な人と親しみ、関わりを深め、工夫したり、協力したりして一緒に活動する楽しさを味わい、愛情や信頼感をもつ。		
	社会生活における望ましい習慣や態度を身に付ける。		
環境	身近な環境に親しみ、自然と触れ合う中で様々な事象に興味や関心をもつ。		
	身近な環境に自分から関わり、発見を楽しんだり、考えたりし、それを生活に取り入れようとする。		
	身近な事象を見たり、考えたり、扱ったりする中で、物の性質や数量、文字などに対する感覚を豊かにする。		
言葉	自分の気持ちを言葉で表現する楽しさを味わう。		
	人の言葉や話などをよく聞き、自分の経験したことや考えたことを話し、伝え合う喜びを味わう。		
	日常生活に必要な言葉が分かるようになるとともに、絵本や物語などに親しみ、言葉に対する感覚を豊かにし、先生や友達と心を通わせる。		
表現	いろいろなものの美しさなどに対する豊かな感性をもつ。		
	感じたことや考えたことを自分なりに表現して楽しむ。		
	生活の中でイメージを豊かにし、様々な表現を楽しむ。		
出欠状況	年度	備考	
	教育日数		
	出席日数		

幼児期の終わりまでに育ってほしい姿	
「幼児期の終わりまでに育ってほしい姿」は、幼稚園教育要領第２章に示すねらい及び内容に基づいて、各幼稚園で、幼児期にふさわしい遊びや生活を積み重ねることにより、幼稚園教育において育みたい資質・能力が育まれている幼児の具体的な姿であり、特に５歳児後半に見られるようになる姿である。「幼児期の終わりまでに育ってほしい姿」は、とりわけ幼児の自発的な活動としての遊びを通して、一人一人の発達の特性に応じて、これらの姿が育っていくものであり、全ての幼児に同じように見られるものではないことに留意すること。	
健康な心と体	幼稚園生活の中で、充実感をもって自分のやりたいことに向かって心と体を十分に働かせ、見通しをもって行動し、自ら健康で安全な生活をつくり出すようになる。
自立心	身近な環境に主体的に関わり様々な活動を楽しむ中で、しなければならないことを自覚し、自分の力で行うために考えたり、工夫したりしながら、諦めずにやり遂げることで達成感を味わい、自信をもって行動するようになる。
協同性	友達と関わる中で、互いの思いや考えなどを共有し、共通の目的の実現に向けて、考えたり、工夫したり、協力したりし、充実感をもってやり遂げるようになる。
道徳性・規範意識の芽生え	友達と様々な体験を重ねる中で、してよいことや悪いことが分かり、自分の行動を振り返ったり、友達の気持ちに共感したりし、相手の立場に立って行動するようになる。また、きまりを守る必要性が分かり、自分の気持ちを調整し、友達と折り合いを付けながら、きまりをつくったり、守ったりするようになる。
社会生活との関わり	家族を大切にしようとする気持ちをもつとともに、地域の身近な人と触れ合う中で、人との様々な関わり方に気付き、相手の気持ちを考えて関わり、自分が役に立つ喜びを感じ、地域に親しみをもつようになる。また、幼稚園内外の様々な環境に関わる中で、遊びや生活に必要な情報を取り入れ、情報に基づき判断したり、情報を伝え合ったり、活用したりするなど、情報を役立てながら活動するようになるとともに、公共の施設を大切に利用するなどして、社会とのつながりなどを意識するようになる。
思考力の芽生え	身近な事象に積極的に関わる中で、物の性質や仕組みなどを感じ取ったり、気付いたりし、考えたり、予想したり、工夫したりするなど、多様な関わりを楽しむようになる。また、友達の様々な考えに触れる中で、自分と異なる考えがあることに気付き、自ら判断したり、考え直したりするなど、新しい考えを生み出す喜びを味わいながら、自分の考えをよりよいものにするようになる。
自然との関わり・生命尊重	自然に触れて感動する体験を通して、自然の変化などを感じ取り、好奇心や探究心をもって考え言葉などで表現しながら、身近な事象への関心が高まるとともに、自然への愛情や畏敬の念をもつようになる。また、身近な動植物に心を動かされる中で、生命の不思議さや尊さに気付き、身近な動植物への接し方を考え、命あるものとしていたわり、大切にする気持ちをもって関わるようになる。
数量や図形、標識や文字などへの関心・感覚	遊びや生活の中で、数量や図形、標識や文字などに親しむ体験を重ねたり、標識や文字の役割に気付いたりし、自らの必要感に基づきこれらを活用し、興味や関心、感覚をもつようになる。
言葉による伝え合い	先生や友達と心を通わせる中で、絵本や物語などに親しみながら、豊かな言葉や表現を身に付け、経験したことや考えたことなどを言葉で伝えたり、相手の話を注意して聞いたりし、言葉による伝え合いを楽しむようになる。
豊かな感性と表現	心を動かす出来事などに触れ感性を働かせる中で、様々な素材の特徴や表現の仕方などに気付き、感じたことや考えたことを自分で表現したり、友達同士で表現する過程を楽しんだりし、表現する喜びを味わい、意欲をもつようになる。

学年の重点：年度当初に、教育課程に基づき長期の見通しとして設定したものを記入
個人の重点：１年間を振り返って、当該幼児の指導について特に重視してきた点を記入
指導上参考となる事項：
(1) 次の事項について記入すること。
　①１年間の指導の過程と幼児の発達の姿について以下の事項を踏まえ記入すること。
　　・幼稚園教育要領第２章「ねらい及び内容」に示された各領域のねらいを視点として、当該幼児の発達の実情から向上が著しいと思われるもの。
　　　その際、他の幼児との比較や一定の基準に対する達成度についての評定によって捉えるものではないことに留意すること。
　　・幼稚園生活を通して全体的、総合的に捉えた幼児の発達の姿。
　②次の年度の指導に必要と考えられる配慮事項等について記入すること。
　③最終年度の記入に当たっては、特に小学校等における児童の指導に生かされるよう、幼稚園教育要領第１章総則に示された「幼児期の終わりまでに育ってほしい姿」を活用して幼児に育まれている資質・能力を捉え、指導の過程と育ちつつある姿を分かりやすく記入するように留意すること。また、「幼児期の終わりまでに育ってほしい姿」が到達すべき目標ではないことに留意し、項目別に幼児の育ちつつある姿を記入するのではなく、全体的、総合的に捉えて記入すること。
(2) 幼児の健康の状況等指導上特に留意する必要がある場合等について記入すること。
備考：教育課程に係る教育時間の終了後等に行う教育活動を行っている場合には、必要に応じて当該教育活動を通した幼児の発達の姿を記入すること。

②指導上参考となる事項：1年間の指導の過程と幼児の発達の姿について以下の事項をふまえ記入する。

○「ねらい及び内容」に示された各領域のねらいを視点として，発達の実情から向上が著しいと思われるもの（他の幼児との比較や一定の基準に対する達成度についての評定によってとらえるものではない）。

○幼稚園生活をとおして全体的，総合的にとらえた幼児の発達の姿。次の年度の指導に必要と考えられる配慮事項などについて記入する。

(2) 幼児の健康の状況など指導上とくに留意する必要がある場合などについて記入する。

③出欠の状況：教育日数（1年間に教育した総日数）および出席日数（当該幼児が出席した日数）

●預かり保育を行っている場合は，必要に応じてその際の幼児の発達の姿を記入することが可能である。

●認定こども園こども要録:「認定こども園こども要録について」幼児教育課長・保育課長通知（2009（平成21）年1月29日）

2009（平成21）年度の保育所保育指針改定とあわせて「認定こども園こども要録」の作成および送付を行なうようになった。満3歳以上の子どもについて作成し，「様式の参考例」では，①子どもの育ちに関わる事項，②養護（生命の保持及び情緒の安定に関わる事項），③教育，④その他の4つの視点から記入する。様式例を参考に「各設置者等において，創意工夫の下，作成」することになっている。保育所については，各市町村において保育所児童保育要録の様式を作成することとされているが，認定こども園である保育所が，認定こども園こども要録を作成する場合には，市町村と相談しつつその様式は各設置者などにおいて定めることが可能である。また，認定こども園を構成する幼稚園にあっては幼稚園幼児指導要録を，保育所にあっては保育所児童保育要録を作成することが可能であるとされた。

4節　要録作成の留意事項

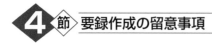

1――個人情報の取り扱いについて

要録は，子どもの「個人情報」となるため，「個人情報の保護に関する法律」(2003（平成15）年法律第57号，2015（平成27）年改正）をふまえて適切に取り扱う必要があり，その保護や開示，保護者への情報提供を行なう必要がある。

①公立園：地方公共団体が定める個人情報保護条例に準じて扱う。

②私立園：原則として個人情報を第三者（小学校など）に提供する際には本人の同意が必要となるが，「例外的に同意が不要となる場合」に相当するため，本人（保護者）の同意は不要である。

2――要録の保存について

園では，作成した要録を一定期間保存することが定められている。

①幼稚園：５年間保存する。学籍に関する記録については20年間保存する。

②保育所：子どもが小学校卒業までの間保存することが望ましい。

③認定こども園：子どもが小学校を卒業するまでの間保存することが望ましい。「学籍等に関する記録」については，20年間保存することが望ましい。

3――記入に際しての留意点

要録は，保育者による「子どもの評価」を記入するものである。記入にあたっては，年度ごとに子どもの表面的な成長や学びだけではなく，さまざまな視点からの評価を行なうことに留意したい。主な留意点は，以下の７つである。

①保育環境・活動のなかでの評価となっているか

②子どもの内面の育ちをとらえた評価となっているか

③さまざまな関わり・場面が考慮されているか

④一人ひとりのよさをとらえた評価となっているか

⑤発達の特性が考慮されているか

⑥長期的な視点に立った評価となっているか

⑦家庭の状況なども考慮された評価となっているか

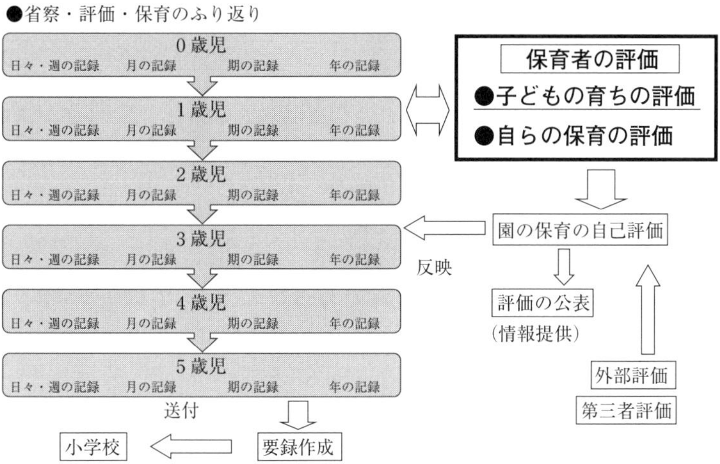

図7-2　日常の記録を要録作成に生かすイメージ

園全体で子どもの評価をよりよく行なうためには，さまざまな記録を活用したい。学年ごとの育ちの記録をもとに，最終年度の姿を記載する必要がある（図7-2）。また，作成すれば終わりというわけではなく，書式や記入の方法についての研修，園内での共有および役割の確認，または送付とその後の検討など，全体を見通した取り組みが求められる（図7-3）。

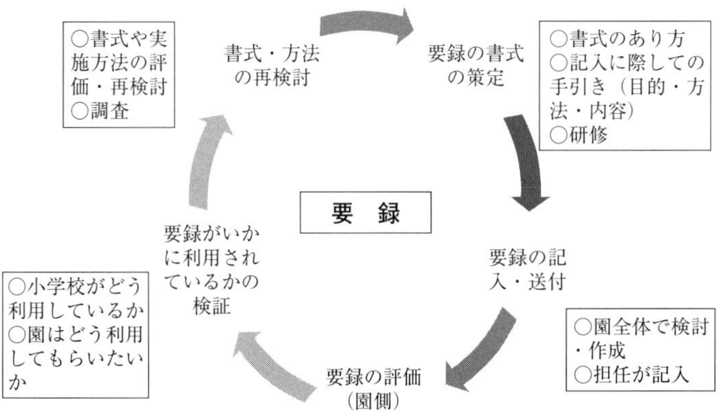

図7-3　要録への取り組みのサイクル

4――日々の記録を要録に生かす

保育を実践するうえで，さまざまな記録があるが，発達の記録（一人ひとりの子どもに焦点をあてた記録）や経過記録（日誌・定期的な記録・計画に対する記録・評価）のほか，エピソード記録やドキュメンテーション，ポートフォリオなど，さまざまな記録を生かす必要がある。

5――要録の作成と「幼児期の終わりまでに育ってほしい姿」

要録の作成に際しては，「幼児期の終わりまでに育ってほしい姿」が大きく関連する。しかし，それが到達目標ではないことは，指針や要領に示されているとおりである。したがって要録の作成に際して，保育所児童保育要録には，「とりわけ子どもの自発的な活動としての遊びを通して，一人一人の発達の特性に応じて，これらの姿が育っていくものであり，全ての子どもに同じように見られるものではないことに留意する」こととあり，幼稚園幼児指導要録にも，「到達すべき目標ではないことに留意し，項目別に幼児の育ちつつある姿を記入するのではなく，全体的，総合的に捉えて記入すること」と示されている。

6――要録の課題

要録は，一人ひとりの子どもの評価をさまざまな角度から行なうため，あらためて自身の子どもへの観方やとらえ方などが明確になり，保育者の配慮も含めて，考え直す機会となる。しかしながら，時として人によって観点が異なることや評価の基準があいまいになる場合があることに留意する必要がある。また，複数の幼稚園・保育所から要録が小学校に送付されるため，園と園との間で，評価の差が生じることもある。

したがって，送付して終わるのではなく，園と小学校とのさまざまな交流に生かす必要がある。これまでも①子どもどうしの交流を進める（行事や日常での園児と小学生の相互交流），②教職員間の交流：情報交換・研修・ネットワーク・それぞれの全体的な計画・教育課程などへ生かす，③アプローチカリキュラム，スタートカリキュラムの作成および評価などに生かすことができるよう，連携する必要がある。（＊参考：2009（平成21）年3月「保育所や幼稚園などと小学校における連携事例集（文部科学省・厚生労働省)」)

7――まとめ

要録の作成については，その子どもの5歳児の担当保育者が中心となって，最終的な作成を行なうことが考えられるが，業務上の負担の問題からも，適切な評価を行なううえでも，園全体の取り組みとすることが求められる。そのためには，子どもの育ちをみる専門性を高めること，根拠をもった「評価」をすること，また，個々の子どもについて継続的・組織的に考えられる職場風土が必要となる。そして，子どもの日々の評価や記録からの「取り出し評価」の蓄積こそが要録へつながるため，年長の担任の責任にせず，長期にわたる園全体の個々の子どもへの「評価」のための実践として取り組むことが求められる。さらに，要録送付だけでは伝えきれない内容や配慮事項などもあり，小学校の教員との連携は欠かせない。今後アプローチカリキュラムとスタートカリキュラムとも関連づけた要録の活用が求められる。

研究課題

1．要録は保護者からの情報公開請求があれば，その内容について開示することになる。子どもの「気になる点」や「家庭の状況」にふれなければ，その子どもの情報が伝えられないこともある。こうした場合，どのように要録に取り組めばよいだろうか。
2．要録を送付後，小学校とどのような連携を図れば子どもの「育ちの連続性」が保障されるだろうか。具体的にその取り組みを考えてみよう。
3．要録の作成について，子どもの育ちや学びの姿をどのようにまとめればよいだろうか。アプローチカリキュラムや連携等，具体的にその取り組みを考えてみよう。

推薦図書

- **『書ける！伝わる！　保育所児童保育要録　書き方＆文例集』** 無藤隆(監修)／大方美香(編)　チャイルド社
- **『幼稚園　幼保連携型認定こども園要録の書き方』** 無藤隆・大方美香(編著)　ひかりのくに
- **『幼児理解に基づいた評価(平成31年3月)』** 文部科学省　チャイルド本社
- **『幼児期の終わりまでに育ってほしい10の姿』** 無藤隆(編著)　東洋館出版社

Column 7

「さまざまな記録」をふり返りや要録に生かす

エピソード記録は，保育のなかの具体的場面や関わりについて，子どものようす，やりとりなどを，そこに関係する人物の行動や関わりの展開に留意して記述した記録である。子どもとの関わりや子どもの育ちのエピソードをまとめ，ふり返ることで，後に，その行為やできごとのなんらかの意味や背景がみえてくることがある。

鯨岡・鯨岡（2007）は，本来的な保育における記録は，保育の経過を客観的かつ簡略的に追った経過記録ではなく，日常的な保育の営みのなかでのちょっとした場面を取り上げたエピソード記述であるとしている。特別な行事などではなく，日常の「保育者の心が揺さぶられた場面」「保育者が描きたいと思ったもの，あるいは描かずにはおれないと思った」際に描かれる。そして，描き出される子どもの姿や行間から推し量られる保育の雰囲気こそたいせつにされるべきだとしている。さらには，エピソードをほかの保育者などと共有することによって，お互いの学びとなるとしている。

また，近年，保育の場面を写真や映像で記録する機会も増えている。「ポートフォリオ」や「ドキュメンテーション」など，日常的な子どもの姿や育ちを写真と文章で記録する方法である。これらは，より保護者に伝えやすい方法であるとともに，園内においてもその育ちを継続的にとらえることが可能である。

こうしたさまざまな記録は，ふり返りや園内研修に生かすだけでなく，その際，多くの保育者等と検討する。より多くの視点のなかで子どもの行為の意味や育ちについて考察されているため，要録に生かすことができるのである。

第8章
保育評価の具体例2　保育の自己評価

　保育に限らず，みずからをふり返るという行為は，よりよい「次」をめざしていくうえで欠かすことができない。しかし一方で，「自分のしたこと」を自分自身でとらえるというのは，非常にむずかしいことでもある。
　保育の自己評価は，保育の質の向上を図るための取り組みとして重視され，保育の現場や保育者には，それぞれのおかれている状況や方針に応じて，実行・継続可能な自己評価の取り組みを進めていくことが求められている。近年はさまざまな方法や評価尺度などのツールも開発・紹介されており，これらの活用も含め，よりよい自己評価のあり方についての模索や試みが続けられている。
　本章では，こうした保育の自己評価に関する基本的な考え方と，それに基づく具体的な方法・観点の例を取り上げる。

1節　保育における自己評価とは何か

保育所・幼稚園・認定こども園といった保育施設において，保育の質のさらなる向上を図るために自己評価の実施は近年大きな課題となっている。保育における自己評価とはどのようなものなのだろうか。そしていま，保育の自己評価に関して保育の現場にはどのようなことが求められているのだろうか。

1――だれが自己評価を行なうのか

保育における自己評価とは文字どおり「保育を『みずから』評価する」という意味である。この「みずから」にあたる者，つまり評価という行為を担う主体は，同時に保育を行なう主体でもある。

保育の現場における実践を担うのは，個々の保育者であり，またその保育者の属する組織である。保育者による日々の保育は，保育者間の連携や協力の体制と組織としての運営の基盤（設備の管理，教職員のマネジメントや育成など）に支えられて成り立っている。したがって，自己評価を主として行なうのは保育者（保育士や幼稚園教諭，保育教諭など）とその組織（保育施設で働く教職員の集団）ということになる。

このように自己評価には，保育者個人が行なう場合と，同じ保育施設で協働する人々が自分たちの組織全体について行なう場合とがある。もちろん，保育者一人ひとりの考え方や実践と，組織としての保育理念や目標・方針，職場風土および教職員間の関係性などは互いに影響を及ぼし合うものであり，保育者による自己評価と保育施設による自己評価とは密接に結びついている。保育者が行った自己評価の結果をとおして，その保育施設が保育においてどのようなことをたいせつにしているのか，またどのような方向性や方法でどの部分を改善していくべきかといった，組織全体で共有する価値や課題がより明確なものとなり，さらにそれらに基づくさまざまな取り組みが，ふたたび個々の保育者の保育のありようへと還元されていくのである。

ところで，子どもおよびその保護者は保育を「受ける」「利用する」存在といえるが，同時に保育のなかで子ども自身や保護者自身，あるいは両者の関係性はさまざまな環境との相互作用によってみずから育っていくということが重視されている。保育において子どもや保護者は一方的なサービスの受け手ではなく，互いに関わり合いながらともに日々の生活をつくり上げていく存在なのである。そのように考えると，子どもや保護者もまた，保育を構成する重要な主体として位置づけられる。したがって，自己評価には子どもと保護者の意向や状況が反映されることも必要となる。こうしたことから，日常的なコミュニケーションやアンケート調査，意見箱の設置などを通じて，子どもと保護者がその保育者や保育施設で行なわれている保育をいまどのようにとらえているかを知ることも，自己評価のプロセスの一環に含まれる。

2——何を・どのように自己評価するのか

(1) 保育の目的と自己評価の対象

評価するということは，なんらかの目的とそれに即した観点や基準に基づいて，行なわれていることの現状を把握し，よりよくしていくための手立てを考えるうえで必要な材料を得るということである。つまり，保育の自己評価において「何を」評価するのかということ，すなわち評価の対象を定めることは，保育の目的そのものに直結しているといってよい。

保育の最も大きな目的は，子どもの健やかで豊かな心身の育ちを支えうながすことにある。このことは，幼稚園に関しては学校教育法第22条に，また保育所に関しては保育所保育指針の第1章総則に明記されている。しかし，保育における子どもの「育ち」を一律の基準を設定して評価の対象とすることは非常にむずかしい。なぜなら，ここでいう「育ち」とは，たとえば何かができるようになった・わかるようになったといった外面的に判定可能なある時点での到達度のみをさすものではなく，「育みたい資質・能力」(幼稚園教育要領，保育所保育指針，幼保連携型認定こども園教育・保育要領）に示されるように，環境との相互作用のなかで子どもが体験する内面的な変容のプロセスをも含めたものだからである。

さらに，「育ち」は全体的でダイナミックなものでもある。とくに0歳から就学前にかけての乳幼児期は，からだや運動機能・情緒・認知などあらゆる側面の発達が分かちがたく結びついている。したがって，この時期の子どもたちの保育においてある特定の項目について到達目標を設定し「育ち」の評価を行なうということは発達の特性にうまくそぐわないことが多いし，むしろ場合によっては目標に到達することにとらわれるあまり子どもの経験の幅を狭め，より豊かな「育ち」の機会を奪ってしまう恐れもある。

では，自己評価において何を評価することが，保育の目的をよりよく果たすことにつながるのだろうか。子どもの「育ち」を一律に判定・評定することはむずかしいが，「保育のなかで一人ひとりの子どもにとって『育ち』の機会となるような豊かな経験を得ることが十分に保障されているかどうか」ということは実際に日々の実践をふり返って省察することが可能であると考えられる。言い換えれば，子どもが保育の場で安心して過ごし，周囲のさまざまな環境に興味や関心をいだき，意欲をもって主体的にそれらと関わり合う経験をもつことができているかということを，保育者および保育施設は自己評価を通じてみずからに問うていくことが求められるのである。

(2) 自己評価の方法

自己評価の対象となる「保育における子どもの『育ち』の機会の保障」は，おもに「保育における子どもの姿（実態）」と「保育の『質』」からとらえられる。前者は保育において子どもがどのような経験をしているかということを子どもの実際の姿をとおして理解しようとするものであり，後者はこれをふまえてその保育者あるいは保育施設が，「育ち」の機会としての豊かな経験を子どもたち一人ひとりが十分にもてるような保育を実施できているかを検証するというものである。

保育の自己評価はこれらについて，保育の記録や評価のためのチェックリストなどさまざまな材料や手段を用いて省察し，それをもとにその保育のよさや課題を見いだして改善のための具体的な手立てを考えていくという流れで行なわれる。それぞれについて，具体例や基本的な考え方を紹介する。

①子どもの実態から保育を評価する

保育の記録（日誌，個人記録，保育場面の観察記録など）や保育場面の映像などをもとに，そこでの子どものようすを改めてふり返り，内面や発達の状態はどうであったか，保育者の関わりや環境構成はふさわしいものであったかといったことを考える。ごく一般的で日常的な保育の過程の一部であるが，最も基本的な自己評価の１つである。

こうした子どもの実態をとおしたふり返りを，共通の観点・基準や手順を設けて体系的に行なう取り組みもある。たとえば，ベルギーで保育の自己評価を行なうためのツールとして開発されたSICS（Self-evaluation Instrument for Care Settings）では，「子どもがどれくらい居場所を見つけ安心して過ごしているか（Well-Being）」「どれくらい子どもが夢中になって遊んでいるか（Involvement）」という２つの側面についてそれぞれ５段階で子どものようすを評定し，それをもとに今後改善すべきことやその具体的な方略を明らかにするという方法がとられている。

また，保育の現場ではケースカンファレンスや園内研修という形で，教職員が集まってたとえば「気になる子」をめぐる保育のエピソードや運動会・遠足などの行事のあり方などをみなで考えるといった機会が設けられていることも多い。「なぜ担当の保育者はその子が気になっているのか」「『気になる』のはどんな相手や状況のときが多いか」「行事のときの子どもの動きや1日の流れは，子どもの立場から見るとどうだったか」など多様な観点から1つのものごとを複数の保育者の目でふり返ることで，子どもに対する理解をさらに深めたり，環境の構成や保育者の関わりについて改善につながる新たな気づきを得たりすることがある。このような場合も，子どもの実態を通した自己評価の一環としてとらえることができるだろう。

その他，保育者がとらえた子どものようすから経験の意味や内面の動きを解釈するだけでなく，子ども自身が表わした本人の思いや願いをとらえる場合もある。もちろん発達の過程に応じて子どもが自分の気持ちをどの程度他者に表現できるかは異なるが，保育者は子どもの製作物や語りをとおして現状を知り，その子どものニーズを日々の保育に反映させていく方法を考えるのである。

同様に，保護者との面談や日常の会話，連絡帳によるやりとりなどを通じて得た情報も，自己評価のための材料として用いることがある。たとえば，家庭でのようすと保育施設でのようすのちがいから子どもの内面を理解する手がかりを得て，保育で必要とされている改善点を省察するといった場合である。

②保育の「質」を評価する

保育の「質」は1980年代ごろから注目されるようになり，各国でこれまでに多くの議論や研究が展開されてきた（欧米を中心とする諸外国のおもな動向の詳細は大宮（2006）・埋橋（2004）などにより紹介されている）。こうした研究成果などをもとに，保育の質を自己評価するためのチェックリストが作成され，国内外ですでにさまざまな種類のものが出版・発表されている。多くはリストに示された評価の項目に従って，その項目の内容を保育者や保育施設が達成できているかどうかを評定する（○×選択や段階評定など）という形式のものである。入手しやすく，また手軽に広い領域の内容をもれなく確認しやすいという利点から，自己評価にあたってこうしたツールのうちいくつかはすでに広く普及し，保育の現場で活用されている。

しかし一方で，そもそも保育の質が具体的にどのようなことをさすのかという問いをめぐっては，わが国では未だ議論の余地も大きい。保育の質をはっきりと定義づけることがむずかしい理由の1つに，それが非常に幅広い内容を包含する概念であることがあげられる。

保育施設を取り巻く社会や文化，制度といったレベルからその保育施設の体制，保育形態，そして保育の計画や実践と個々の保育者の資質のレベルまで，保育の質は多元的なものであり，またこれらはそれぞれに関連し合っている。自己評価にあたっては，このうちおもに保育施設内や保育者個人に関するレベルでの内容が中心となるが，何をもって保育の質が「高い」あるいは「低い」と評価するかは，その社会や文化が子どもや子どもの育ちに対してどのような価値観や期待をいだき，保育に何を求めているかということや保育の制度などとも不可分である。

そのため，国内外のさまざまな考え方や取り組み，先行研究とその成果であるチェックリストなどを参考としながら，おのおのの保育現場で，自分たちは保育の質をどのようにとらえ，そしてそれに基づく評価の観点や基準をどのように定めるのかということを明確にしたうえで自己評価が行なわれることが必要である。

このように自己評価は，ある固定的な枠組みに則ってすべての保育施設で一様に行なわれるものではない。①②に示したようなアプローチを組み合わせて，保育者みずからの手で保育の理念や計画，日々の実践をもとに「自分たちの方法」をつくり上げ，またその時どきの子どもや地域の実状に応じてそのあり方を問い直していくことが必要とされる。

2節 保育者の自己評価

保育者による自己評価は，記録などをもとに保育場面と一人ひとりの子どもの育ちの姿をふり返り，保育の計画作成や環境構成を含むみずからの実践が子どもの経験を豊かなものとするうえで適切であったかどうかをたどり，充実や改善に向けて考える営みである。保育者が個々に行ったり保育者どうしで行なう場合，具体的にはどのような自己評価の観点や実施のしかたがあるだろうか。

1——保育者による自己評価の観点

保育者の自己評価は，日々積み重ねているみずからの保育経験を意識化・言語化することでもある。どのようなねらいや意図をもって環境を構成し，子どもたちと関わり合ったか，子どもたちの表情や動き，言葉，態度はどのようであったか，計画から実践にいたる保育の過程全体をふり返り，そこでのみずからの保育と子どもの経験を文章にしたりほかの保育者に語ったりすることによって「見える」ものにしていく。そうすることで，実際に保育を行なっている間は気がつかなかった子どもの行為の意味や自分の保育の課題・よさを改めて認識したり，指導計画のねらいや内容が一人ひとりの子どもにふさわしいものであったか，保育をさらによりよいものにしていくためには何が必要なのかといったことを，整理してとらえることが可能となる。

保育者としての経験年数や役割（複数で保育を行なっている場合のリーダーやサブなど）などによって評価の観点の持ち方は多様であるが，例として以下のような内容があげられる。

①保育の計画（指導計画は適切だったか・実際の展開とのズレはみられたかなど）

②保育の環境（安全・衛生面，子どもの興味・関心や遊びの展開をうながすものであったか，人との関わり合いや自然とのふれ合いは十分にもてたかなど）

③子どもの状態についての理解（心身の健康・発達の状態，子どもどうしの関係，思いや願い，好きなことや興味のあること，苦手なことなど）

④子どもに対する保育者の関わり（言葉のかけ方，位置や目線・動き，個と

集団への配慮のしかた，遊びや活動への援助のしかたやタイミングなど）
⑤家庭との連携（理解を共有しているか，保護者の意向を把握しているかなど）
⑥保育者・職員間での連携（十分に連絡・協力体制がとられているかなど）

保育者による自己評価は，特定の時期にいっせいに行なわれるというものではなく，指導計画作成時や保育者どうしの打ち合わせなどさまざまな機会を含め折にふれ行なわれるものである。保育者自身が，よりよい保育を行ないたい，専門職として成長したいという意欲をもって主体的に取り組んでこそ意味のある自己評価となる。そのため，指導計画にあらかじめ「評価の観点」「子どもの姿」の記入欄を盛り込むなど，多くの保育施設で日常的に取り組みやすいよう工夫がなされている。

2――保育者間で行なう自己評価

保育の自己評価は，保育者個人で行なうだけでなく保育者間で行なわれる場合も多い。これまでに述べたカンファレンスや園内研修，保育者間での話し合いなどのほかに，公開保育やほかのクラスの保育に入るなど互いの保育実践を実際に見て知るという機会もある。このとき，場合によっては心理職など保育施設の外部の専門家が関わることもある。

いずれにしても，自分の保育をほかの保育者に見せる・語る，あるいは他者の保育について自分の意見や考えを述べるといったことを通じて，同じ保育施設の保育者が学び合い，自分以外の人の子どもに対する見方や関わり方などを理解していくことは，それぞれが視野を広げるきっかけとなるだけでなく，その保育施設が１つの組織としてチームワークをもちながらよりよい保育をめざしていく雰囲気を醸成するうえでも非常に重要な意味をもつ。

保育者間の自己評価は，立場や世代・経験年数にかかわらず保育者どうしが率直に意見を交わし合い，互いを認め合う関係を基盤とする。なれ合いとも批評のし合いとも異なる，共通の目的のもといっしょに働く仲間としての同僚性が培われることも，保育者どうしによる自己評価の大きな意義の１つである。

3節 保育施設の自己評価

1――保育施設による自己評価の観点

保育施設における自己評価は，保育者による自己評価をもとに，その施設のリーダーが中心となって行なわれるものである。基本的には次の計画作成に向け区切りとなる時期を中心として，定期的に行なわれる場合が多い。また，必ずしも決まった観点で評価が行なわれるのではなく，「屋外での遊び」など重点的に取り組む課題を設けてその成果を検討することもある。いずれにしても，それぞれの保育施設における子どもや家庭の実態，地域の状況に応じて，組織全体としての保育のあり方やニーズへの対応を見直したり考えたりすることが求められる機会といえる。おもな評価の観点としては，前節であげたものに加えて次のような例があげられる。

①組織としての安全･衛生面の管理体制（安全点検，非常時対応の体制など）

②職員の資質向上の取り組み（研修の体系的な計画や実施，評価など）

③組織の運営管理，社会的責任（法令などの遵守，子どもの人権の尊重など）

④地域との連携（地域の子育て支援，関係機関との連携，情報提供など）

評価にあたっては，全体的な計画および指導計画をはじめとする保育の計画や個々の保育者による保育の記録，組織全体としての記録などのほか，保護者に対するアンケート調査の結果や保育施設に寄せられた苦情や要望，意見なども資料として利用される。これらをもとにその保育施設の職員全体で話し合い，組織としての現状と課題を共有し，改善の方向性とその具体的な手順について協働して取り組む体制をつくっていく。

また，評価が偏ったものとなることを避けるため，時には第三者評価など保育施設の外部からの客観的な意見を取り入れる機会があることも重要である。

2――自己評価の結果の公表

自己評価の実施とその公表は，そこで何を行ない，またよりよい保育をめざしてどのように取り組んでいるのかを，保護者や地域に対して明らかにするという意味で，保育施設の社会的責任でもある。地域において保育施設がさまざまな機関・施設や人々との関係を築くことの重要性がさらに増している今日，保育施設には保育をより開かれたものにしていくことが求められている。

保育の自己評価の実施とその結果の公表を通じて，保育者の専門性の向上と保育施設の組織としての保育の充実・発展が図られるとともに，社会に対して保育者や保育施設の意義と役割をより明確に示していくことが期待されているのである。

研究課題

1．保育場面のVTRや事例，自分の実習記録などをもとに，子どもの様子と保育環境や保育者（実習生）のよさ・課題についてほかの人と話し合ってみよう。
2．本文で取り上げた例のほかに，保育の「質」は具体的にどのような観点から捉えることができるか考えてみよう。
3．保育の自己評価は実際にどのように実施されているのか，調べてみよう。

推薦図書

- **『「保育の質」を高める園評価の実践ガイド』**　神長美津子・天野珠路・岩立京子（編）　ぎょうせい
- **『「保育の質」―「保育者―子ども関係」を基軸として』**　金田利子・諏訪きぬ・土方弘子（編著）　ミネルヴァ書房
- **『保育者のためのビデオ自己評価法―理論・方法・実践的効果』**　冨田久枝　北大路書房

Column 8

保育所・幼稚園における「評価」

保育施設における評価は，保育の質を保証し向上を図るための重要な取り組みとして，国の施策においても，自己評価を中心に各現場で積極的に推進していくことが求められている。

保育所における保育内容等の評価は，保育所保育指針に基づき実施される（第1章の3の（4））。2017年の保育所保育指針改定において，従来からの「保育士等の自己評価」と「保育所の自己評価」に加え，「(5) 評価を踏まえた計画の改善」が新たな項目として明記された。保育の過程の一環として，評価の結果を次の保育に活かしていくことの重要性がより強調されたといえる。これを受けて，2020年には「保育所における自己評価ガイドライン」（厚生労働省，2009年作成）が改訂された。その他，保育所がみずから行う評価については，子ども・子育て支援法，社会福祉法，児童福祉施設の設備及び運営に関する基準（以下，設備運営基準）に定めがある。

また，外部の評価機関による第三者評価の実施については，社会福祉法および設備運営基準により努力義務とされている。すべての社会福祉事業に共通の「共通評価基準ガイドライン（厚生労働省，2005年策定，2018年最終改訂）」と社会福祉事業の種別の特性や専門性をふまえて事業ごとに策定されている「内容評価基準ガイドライン（保育所版）（厚生労働省，2005年策定，2020年最終改訂）」をもとに，都道府県推進組織が定めた評価基準に沿って実施される。

一方幼稚園では，学校教育法および学校教育法施行規則により，「学校評価」として，教育活動その他の学校運営について設定した目標や計画の達成状況等の自己評価を実施することが義務づけられている。あわせて，保護者・地域住民らで構成される評価委員会等による関係者評価の実施が努力義務とされている（外部の専門家を中心とした評価者による第三者評価については，法令による実施の義務・努力義務は課されていない）。学校評価の進め方や内容については，「幼稚園における学校評価ガイドライン」（文部科学省，2008年作成，2011年改訂）に示されている。

このように，保育所と幼稚園では「評価」に関してそれぞれに法令やガイドラインが存在している。これらをふまえつつ，おのおのの保育現場にとって保育の評価が形骸化することなく真に実践の充実や改善に資するものとなるよう，その内容やあり方については実状に即したさらなる検討が求められる。

第9章
多様な保育の計画と保育評価

保育の形態は，子どもの年齢構成（縦割り保育など），時間（早朝保育，延長保育，夜間保育，休日保育など），実践の方法（集会場面，設定保育，好きな遊びを中心とした保育，幼小連携活動など），個々の子どものニーズに応じた保育（特別支援）など，多様であり，それぞれに応じた計画と評価が実施されている。

本章では，子どもの状況や発達の過程と保育実践のねらいや教育的意図に応じた保育の計画（長期・短期）の具体例をあげる。また，子どもに応じて実践をふり返り新たに保育実践を構想するために不可欠な，評価についてもその方法を具体的に紹介する。個々の子どもの特性や状況に配慮した保育を実践するためには，保育者が多様な保育の計画・評価をより具体的に知ることにより可能となる。本章の学びを契機とし，さらに多様な具体例を探求してほしい。

1節　0歳児の保育の計画と保育評価

1——保育所保育指針の改定と0歳児の保育

社会の状況が変化する中で，子どもの育ちや子育てをめぐる状況もまた大きく変化している。乳幼児と触れ合う経験をもたないまま親になる人が増加しているにもかかわらず，身近な人々から子育てについての協力や助言を得ることがむずかしい地域の状況がある。

一方，研究成果の蓄積により，乳幼児期における自尊心や自己制御，忍耐力など，主に社会情動的スキルの育ちが，大人になってからの生活に影響を及ぼすことが明らかになってきた。就学前の教育・保育施設における保育者や他の子どもたちと関わる経験やそのありようが，乳幼児期以降も長期にわたって，さまざまな面で個人ひいては社会全体に大きな影響を与えるものとして，国際的にもその重要性に対する認識は高まっている（OECD, 2018）。

このような背景から，2017（平成29）年保育所保育指針が改定され，基本的な改定の方向性の1つとして，「乳児・1歳以上3歳未満児の保育に関する記載の充実」が示された。乳児から2歳児は，心身の発達の基盤が形成される極めて重要な時期である。また，この時期の子どもが，生活や遊びのさまざまな場面で主体的に周囲の人やものに興味をもち，直接関わり，確かめようとする姿は「学びの芽生え」であり，生涯の学びの出発点ともいうことができる。これらをふまえ，改定においては3歳未満児の保育の意義をより明確化，その内容について一層の充実が図られたのである。

(1) 0歳児の保育の内容—養護の重要性

今回の改訂においては，幼保連携型認定こども園や幼稚園と共に，保育所が幼児教育を担う施設として，幼保連携型認定こども園教育・保育要領及び幼稚園教育要領との更なる整合性を図ったことなどから，養護に関する基本的事項は第1章総則に示されているが，保育所保育の特徴は，養護及び教育が一体的に行われるところにある。

保育における養護とは，子どもの「生命の保持」及び「情緒の安定」を図るために保育者が行う援助や関わりであるが，特に0歳児の保育においては，感

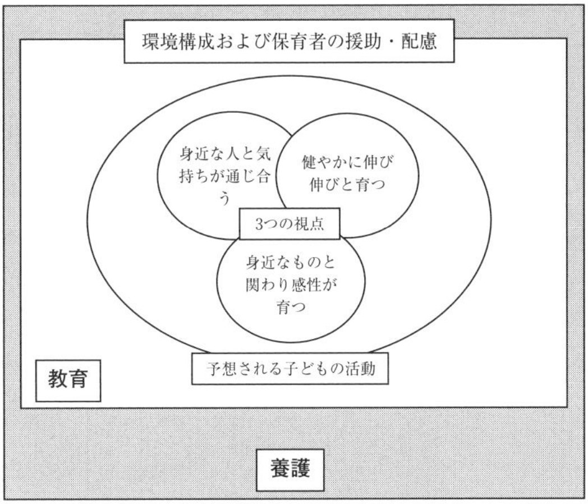

図 9-1　0歳児の保育の全体イメージ

覚や運動機能が著しく発達するとともに，特定の大人との応答的な関わりを通じて情緒的な絆が形成されるという発達上の特徴をふまえ，養護と教育が一体的に展開される中で，集団保育がストレスとならないよう配慮されなければならない。

(2) 0歳児の保育の内容―教育の3つの視点について

0歳児の保育において，この度の指針の改定で充実が図られたもう1つの点は，0歳児の保育の内容における教育について，「健やかに伸び伸びと育つ」「身近な人と気持ちが通じ合う」「身近なものと関わり感性が育つ」の3つの視点が示されたことである。保育の実施においては，0歳児の発達が未分化であることから，これら3つの視点が互いに関係しながら緩やかに分けられた視点であることに留意しなければならない。

0歳児の保育の内容の全体は図9-1のようにイメージされる。

2――0歳児の保育の計画と実施

(1) 0歳児の保育の計画の特徴―個別の計画

0歳児の保育の計画については，保育所保育指針において「3歳未満児については，一人一人の子どもの生育歴，心身の発達，活動の実態等に即して，個

表 9-1　0歳児の保育の計画例（一部）ー個別の計画

		現在の姿	育ってほしい内容	保育者の援助・配慮
個別の計画	A児 (8か月)	・保育室内をハイハイで移動し，探索活動を楽しんでいる。 ・一方で，保育者の姿がみえないと不安そうに探したり，泣き出したりする姿がみられる。 ・離乳食が進み，柔らかいものや細かく刻んだものを喜んで食べる。	・特定の保育者との安定した関係のもとで見守られながら，探索活動を楽しむ。 ・ハイハイを十分に経験し，体幹の筋力や腕を突っ張る力，足の親指で蹴る力が育つ。 ・保育者の「もぐもぐ…」という言葉かけに応じ，十分に咀嚼をして食べる。	・子どもが，見守られていることを感じながら安心して探索活動を楽しむことができるよう，近くで見守るとともに，ふり返ったときには優しく視線を合わせるようにする。 ・時には保育者が一緒にハイハイをしながら，ハイハイを十分に経験するよううながす。 ・保育者が実際に「もぐもぐ…」と口を動かしてみせるとともに，子どもが咀嚼しやすいよう，口に入れる量の加減をする。
	B児 (18か月)	・歩行が安定し，低い段差であれば立ったまま上がったり降りたりする。 ・ズボンや靴の着脱を自分からしようとするが，出来ないと怒って泣くこともある。 ・一語文が増え，自分の欲求や要求を伝えようとする。簡単な絵本を読んでもらいながら，一緒に「どうぞ」「ありがとう」などと真似て楽しんでいる。 ・小麦粉粘土やシール貼りなど，指先を使った遊びを意欲的に楽しんでいる。	・低い段差や緩い斜面を歩いたり，近くの公園に出かけたりし，活動を拡げ，歩行の安定を図る。 ・自分の身のまわりのことを意欲的に行おうとする。 ・保育者や友だちに欲求や要求を簡単な言葉で伝えようとする。 ・指先を使った遊びを楽しんだり，なぐり描きを楽しむ。	・事故の無いよう子どもの身近で見守りながら活動の経験を拡げ，楽しみながら身体の安定感を育む。 ・靴やズボンの着脱に取り組もうとする子どもの気持ちを近くで見守りながら支え，できたことを認める関わりを通して満足感を味わうことができるようにする。 ・子どもの伝えようとする気持ちを待つとともに，時には代弁しながら発語をうながし，伝わった満足感や安心感をもつことができるようにする。 ・シール貼りや簡単な型はめ，握りやすいマジックな　どの環境構成を通し，楽しみながら指先を使った活動に取り組むことができるようにする。

別的な計画を作成すること。」と記載されている。0歳児の発達は著しく，月齢も一人ひとり異なることから，発達の姿は一人ひとり違っている。そのため，0歳児の保育の計画は，園全体の計画と関わり0歳児クラスとして経験してほしい活動をもつ一方で，個別的な計画は，月齢や日々変化する発達の現在の姿や一人ひとりの家庭における生活等から発達の課題をとらえ，発達を援助するための個別の計画を作成する必要がある。表9-1は個別の計画の一例である。

0歳児の月別の保育計画は，季節や園全体の活動と関わりねらいや内容をもちながらも，具体的な保育の内容は子ども一人ひとりの個別の計画に応じた活動となることに留意したい。

(2) 0歳児の保育における保育者の役割

0歳児の個別の計画の具体的な内容は，一人ひとりの発達を援助する保育者の関わりであるともいえる。0歳児においては，生涯発達とされる人の育ちにとって非常に重要な「アタッチメントの形成」という発達課題がある。「愛着形成」という言われ方をすることも多いが，「愛着」と表現をしたときには，愛着の対象が母親に限定されてイメージされ，特に子どもの不適切な行動の原因が母親に還元されることが多いことから，ここでは「アタッチメント」と表現する。

「アタッチメントの形成」とは，子どもが不安や恐怖，困難を感じた時に，安心感を得るための安全基地となる対象を得ることである。近年，女性の社会進出等により0歳児から保育所等で過ごす子どもが増加している。研究によると，保育者はアタッチメントの対象となりうる関わりを子どもともっており，保育者に対するアタッチメントは父母に対するものと同程度に安定したものである（Goosens & van IJZendoorn, 1990）と同時に，父母へのアタッチメントとは独立して形成されていたということである（Howes et al, 1998）。また，保育者に対するアタッチメントは，友だちや教師との関係にも影響を及ぼし，その影響は9歳になった時点でもみられる（Howes et al, 1998）ことから，近年，乳児保育において取り組まれている担当制の導入は，アタッチメントの対象としての保育者の役割を果たす意味において非常に重要なのである。

3――0歳児の保育の評価

(1) 0歳児の保育の評価の視点

保育の評価は，子どもの姿を通して行われる。保育の活動において，子どもが主体的に活動に取り組み，保育者の援助が適切に行われることにより，一人ひとりの子どもが個別の計画の「育ってほしい姿」に向かって変化をしたのかどうかを検証することが保育の評価である。そして，子どもの姿をとらえる際の視点が，保育所保育指針で示された保育内容の3つの領域，「健やかに伸び伸びと育つ」「身近な人と気持ちが通じ合う」「身近なものと関わり感性が育つ」ということである。0歳児は発達が著しいことから，できなかったことができるようになることをとらえて子どもの姿そのものを評価の対象としてしまいがちである。しかし，３つの視点から子どもの姿をとらえ，保育者の関わりを見直すことこそが保育の評価なのである。

(2) 0歳児の保育—評価の共有を通した保護者との共同

子どもの生活は24時間を通し継続して営まれているものである。特に発達の初期にある０歳児は，欲求や要求を十分に表現し，伝えることができないことから，保育者は，保護者と連携，共同して子どもの発達を援助する必要がある。また，初めての子育てに不安を抱える保護者も少なくないことから，保育者が子どもの発達を援助する関わりをモデルとなって示し，伝えることも必要である。

そこで，子どもの発達の姿をとらえ，連携，共同するために有効に活用したいのが子どもの発達の姿を客観的にとらえるツールとしての記録である。子どもの保育場面における写真や作品と，その時の子どもの保育活動への取り組みの様子や変化などの記録を，保育者の説明を伴いながら共有することから，子どもの発達への視点を確認し合い，共に子どもの発達援助に向かう共同が生まれるのである。

2節　1歳以上3歳未満児の保育の計画と保育評価

1——保育所保育指針の改定と１歳以上３歳未満児の保育

2017（平成29）年保育所保育指針が改定された。基本的な改定の方向性の１つとして，「乳児・１歳以上３歳未満児の保育に関する記載の充実」が示され，１歳以上３歳児未満の保育においては，教育の内容について，３歳以上児の幼児教育と同様,「健康」「人間関係」「環境」「言葉」「表現」の５領域で示された。１歳以上３歳未満児についても，生活や遊びのさまざまな場面で主体的に周囲の人やものに興味をもち，直接関わり，確かめようとする姿は「学びの芽生え」であり，それは「学びに向かう力」の基礎ともいうことができる。これをふまえ，改定においては３歳未満児の保育の意義をより明確化，その内容について一層の充実が図られたのである。

また，保育所保育の特徴は，養護及び教育が一体的に行われるところにある。

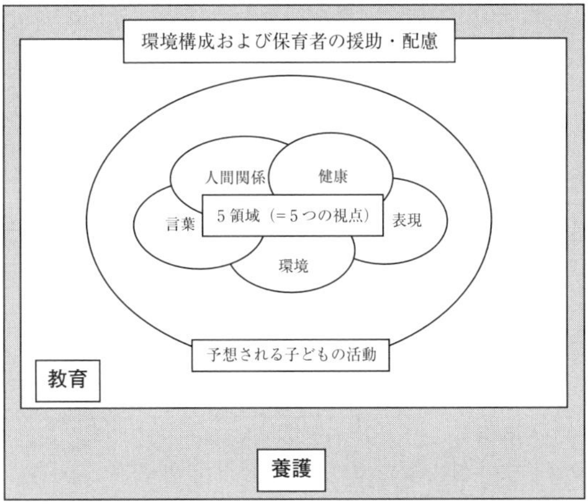

図 9-2　1歳以上3歳未満児の保育の全体イメージ

保育における養護とは，子どもの「生命の保持」及び「情緒の安定」を図るために保育者が行う援助や関わりであるが，1歳以上3歳未満児の保育においても0歳児と同様，集団保育がストレスとならないよう配慮されなければならない。

(1) 1歳以上3歳未満児の保育の内容

1歳以上3歳未満の保育については，保育所保育指針において，保育の「ねらい」及び「内容」について，心身の健康に関する領域「健康」，人との関わりに関する領域「人間関係」，身近な環境との関わりに関する領域「環境」，言葉の獲得に関する領域「言葉」及び感性と表現に関する領域「表現」としてまとめ，示されている。そして，これら領域に示される保育の内容は，養護における「生命の保持」及び「情緒の安定」に関わる保育の内容と，一体となって展開されるものであることに留意が必要である。1歳以上3歳未満児の保育の全体像は，図9-2のように示される。

2――1歳以上3歳未満児の保育の計画と実施

(1) 1歳以上3歳未満児の保育の計画―個別の計画と集団（クラス）の計画

保育所保育指針においては，「3歳未満児については，一人一人の子どもの

表 9-2　1歳以上3歳未満児の保育計画（書式）

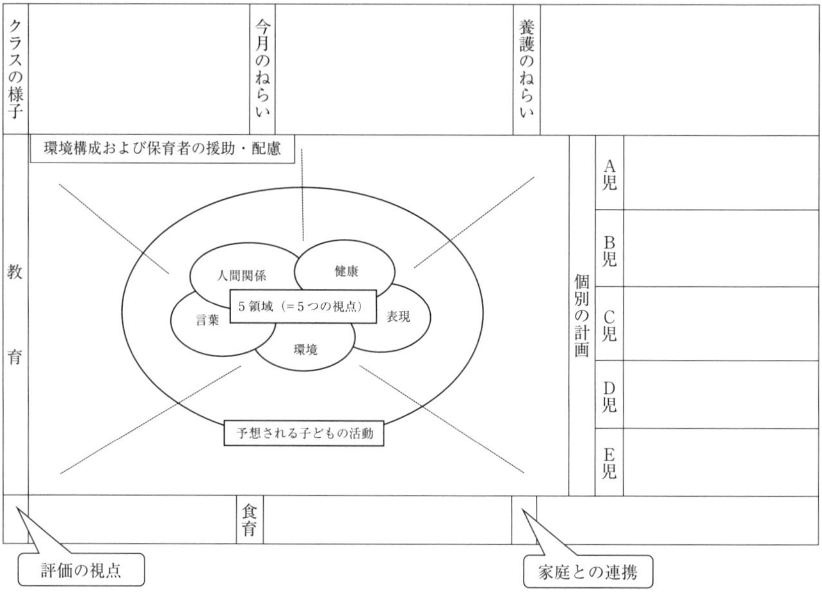

生育歴，心身の発達，活動の実態等に即して，個別的な計画を作成すること。」と記載されている。1歳以上3歳未満の子どもは，月齢による発達の違い等一人ひとりの発達の姿は異なっており，その違いも大きいことから，個別の計画が作成されなければならない。一方で，子ども同士たがいに関わりあって活動することを好む場面も増えることから，グループもしくはクラス集団としての保育内容の計画も必要である。

表9-2は2歳児の月別指導計画の一例（枠組み）である。

(2)　1歳児の発達の特徴と保育の実施

保育所における1歳児は，情緒的には「アタッチメント」の対象である保育者の存在を得るとともに，身体的にも独立二足歩行が安定し，自分の意志と力で探索活動を楽しみ，満足を得ることができるようになる。これは，同時に子どもの内に自己についての自信を育み，自己主張という行動として現れる。「自分で！」「いや！」と主張する姿が多くみられるようになってくるのはそのためである。自分ではできると思い靴を履こうとするが，まだ一人で最後まではできないイライラが，大泣きとなり「自分で収集がつけられない」「自分から収まるのはプライドが傷つく」といった葛藤を抱えるのが1歳児である。

保育者には，その様な姿を肯定的に受け止めながら，気持ちを切り替えるきっかけをつくったり，遊びに誘ったりする関わりが求められる。また，1歳児は自己主張のコントロールがまだできない子どもが集団で生活する中でトラブルが起こることも多いため，転倒や噛みつき等の事故に十分留意しなければならない。

(3) 2歳児の発達の特徴と保育の実施

2歳児になると，身体発達的には走る，両足を揃えて跳ぶなど，活動的になるとともに，語彙数が増え，簡単な言葉のやり取りを楽しむようにもなる。その様な発達の姿から，子ども同士で関わりながら遊ぶことを楽しむようになるとともに，欲求や要求がぶつかり合う場面も多くみられるようになる。

保育者は，そのような場面を身近で見守りながら危険のない範囲で子どもが葛藤場面を経験する機会をもつことも必要である。葛藤場面の経験は，子ども自身が相手の気持ちに気付き，玩具を貸したり，譲ったりという自己抑制の力を獲得する機会となるからである。また，保育者が十分に表現できない子どもの気持ちを代弁したり，「順番」「かえっこ」などの簡単な集団のルールを共に遊びながら伝えたりしながら，友だちとの関わりの楽しさを十分に経験することができるよう援助したいものである。

3——1歳以上3歳未満児の保育の評価

(1) 1歳以上3歳未満児の保育の評価の視点

保育の評価は，子どもの姿を通して行われる。養護に関わる評価は，子どもが保育所で安全に，情緒的に安定し，安心して過ごすことができているかということから評価されるが，1歳以上3歳未満児の子どもの姿をとらえる際の視点は，「健康」「人間関係」「環境」「言葉」「表現」の5領域である。それらの視点で子どもの姿をとらえながら，保育の内容を見直し，改善することが保育のマネジメントである。

1歳以上3歳未満児の年齢区分は，発達が著しく，その変化も大きい。また，幼児教育では集団が大きくなることから，一人ひとりの発達の姿をとらえるのではなく，ややもすると「幼児クラスに進級する」ことに照準を置き，発達の道筋を超えて過剰な要求をすることになりがちであるので，注意が必要である。

(2) 幼児に向かう移行期の保育をどう考えるか

3歳児の保育は，同一学年の子どもで編成されるクラス集団による集団活動の中で生活や遊びが展開される。そのため，2歳児の後半になると，身辺自立を急ぐ傾向になりがちである。

2歳児後半になると，多くの子どもが簡単な身の回りのことは自分ですることができるようになり，「自分のことは自分でする」ことに意欲的に取り組み，その積み重ねの中で自信を育んでいる。

この時期に懸念されるのは，保育者が，一人ひとりの発達の姿は違うことは理解する一方で，3歳児になると急に集団の規模が大きくなることに対する不安から，子どもの「自立」を急ぐことになってはいないだろうか，ということである。また，「自立」にこだわるあまり，生活や遊びの場面での不安から保育者に安心を求め甘える行動を，「依存」として拒否してはいないだろうか，ということである。

子どもの発達は変化であり，日々新たな経験をしながら発達をしている子どもは同時に不安も抱えている。幼児クラスへの移行期においては，子どもの不安を十分に受け止め，一人ひとりの思いを肯定的に受け止める丁寧な関わりを重ねることで，子どもが安心感をもち，新たな集団生活に意欲的に取り組むことができるよう援助したい。

3節　縦割り保育の計画と保育評価

1 ――縦割り保育のねらい

(1) 縦割り保育の意義

園は，子どもたちの生活する拠点（昼間の大きなお家）として，まずは日々の生活を営む暮らしの場として園で過ごす時間を家庭で過ごす時間と同じように安心してくつろげる場でなければならない。縦割り保育の現場では，手をつなぎかたわらに寄り添い，あたたかく見守る，さまざまな年齢の枠を越えたほほえましい風景が展開されており，まるで本当の「きょうだい」であるかのような縦の関係が営まれている。かつては，家庭という家族構成において本当の兄弟姉妹という縦関係を構成する社会があり，その基盤を中心とした地域社会における異年齢集団の関わりのなかで社会性や遊びの伝承などの関係がはぐくまれていた。しかし，年上の子どもが年下の子どもの面倒を見るという，あたりまえの自然な人間関係が今日，希薄になっている。保育所という異なる年齢構成の子どもたちが生活と遊びを営む環境において，「縦割り保育」の保育形態が及ぼす保育効果として幼児期の望ましい社会態度や生活態度を創生することが期待される。

(2) 縦割り保育に期待される子どもの育ち

「縦割り保育」において期待される望ましい子どもの育ちとして，「社会的態度」と「生活態度」をはぐくむことが乳幼児期における根幹的な課題である。望ましい「社会的態度」は，「思いやり・憧れ」などの人との豊かな関わりのなかではぐくまれる力である。望ましい「生活態度」は，園生活のなかで日々くり返し積み重ねてはぐくまれる「生活習慣能力」である。これは，食事や午睡などの基本的生活習慣の自立やお当番や日課などの社会的な役割を異なる年齢集団で構成される園生活のなかで，より豊かな経験を積み重ねていく過程でまね・学びながらはぐくまれていく。

(3) 保育士にとっての縦割り保育

「縦割り保育」では，子どもどうしの多様な関係性がはぐくまれ，その相互の関係性のなかで望ましい子どもの育ちがみられる。子どもは，豊かな人間関係をはぐくみながら，年齢を越えた関わりのなかでお互いを気遣う社会的態度を身につける。相手を思い気づかう態度は，必ずしも年齢相互の関係だけでない。多様な関係性のなかでハンディーを抱える子どもたちに対する同様な気づかいも育つ。自分と異なる相手のことを自然に受け入れる態度が育つ。年上からたいせつにしてもらった安心感や充実感は，大きな自信や自覚として積み重ねられていく。それが，自己肯定感につながる。小さい子が大きい子の姿を身近で垣間見ることで生活のしかたを覚える。年上の子どもの姿を模倣し，みずから意欲的に取り組みながら，幼児期におけるたいせつな生活習慣がはぐくまれていく。このように，慕い慕われる関係のなかで，子どもどうしが協力し合い，支え合う。子どもは，それぞれの年齢の立場を経験する縦割り保育のなかで相互に影響し合い，関わりを深めながら年齢を越えた関係性をはぐくむ。

2 ──指導計画の実施

(1) 縦割り保育の長期計画

①縦割り保育の長期計画をどのように策定するのか

縦割り保育の指導計画の考え方は，同年齢保育と基本的な枠組みは同じである。子どもは環境との相互交渉をとおして，豊かな心情・意欲・態度を身につけ，新たな能力を獲得していく過程であることから，人との相互的な関わりを深めるなかで信頼感や自己の主体性をはぐくむことがたいせつである。0歳児から就学前の発達の連続性を考慮して，1年間の生活を見通した発達や生活の節目を考慮し，それぞれの時期にふさわしい保育の内容を計画し，1年間を4期に分けた期ごとにおける子どもの生活の流れや活動の内容，主行事や季節を取り入れた活動などの見通しをもって計画をたてる。具体的な保育目標に対して，異年齢保育か，同年齢か，さらに活動内容による年齢別課題に取り組むのがよいのか検討する必要がある。

また，縦割り保育といっても，クラスが異年齢で固定的な編成になっている場合や設定保育の内容や活動の種類による編成，保育活動の時間帯による編成などその方法はさまざまである。保育者が意図的に異年齢保育のクラス編成やグループ編成を行なうことも必要だが，日々の生活や遊びをとおして自然な関わりのもとに関係性が築かれていく過程が重要と考える。

異なる年齢の子どもたちが遊ぶときも，食べるときも，寝るときもともに過ごすなかでさまざまな学び合いがある。異年齢で，子どもが長時間過ごすなかで規則正しい生活リズムを身につけ，さらに生活の主体者としての自立に向かう環境づくりが重要である。日々の日課において，健康的で衛生的な生活，たとえば，保育室やエントランスの雑巾がけや掃除，食事後の歯磨き，さらに午睡時の布団敷きなどを日々の生活のなかでくり返し積み重ねることで，自然と生活習慣能力がはぐくまれる。生活を主体にした保育においては保育者による具体的な生活指導は最低限に抑られえ，年上の子どもが年下の子どもにとってたんに憧れの対象としての存在ではなく，異年齢集団での小さな生活指導の先生としての存在でもある。

設定保育では領域活動をふまえて課題性や個人差などを配慮しながら基本的に異年齢で取り組む。運動遊びなどの活動，共同的な役割意識を期待する集団性のある活動については同年齢で活動する。運動会や発表会などの行事保育は，「みせる」という要素が強い活動としてふまえがちだが，日々の取り組みの過程で積み重ねられた自信や達成感を尊重した無理のない「ふだん着の運動会・発表会」でなければと考える。

全体的な計画のより具体的な計画である指導計画では，食育計画や保健衛生計画もふまえて作成する。表9-3は縦割り保育の年次計画である。

②長期計画案における配慮事項

長期計画の作成上での配慮は，子どもの発達と生活の連続性に配慮して，子どもの発達の特性や発達の道筋・過程を抑えておくことが前提となる。乳幼児期の子どもたちの発達における身体的・精神的な年齢差・個人差があることを理解する。発達年齢のちがう3歳から5歳の子どもたちは，食事や午睡などの生活面における自立的行動には年齢差が生じることから，それぞれの子どもが主体的に生活や活動を見通して過ごせるように配慮する必要がある。

クラス編成においては，3年間の固定した継続的編成ではなく，単年ごとのクラス替えを行なう。保育室や人数編成などの物理的な環境が変わることで新たな人間関係の形成や新規の環境に対する適応性などが芽生え，新たな自信につながることを期待する。また，クラス担任も持ち上がりではなく，多様な担任が受け持つことで複眼的な視点で子どもの新たな可能性を認めることができる。

(2) 縦割り保育の短期計画

①短期計画策定に関わる日々の保育士間の連携

表9-4は縦割り保育の1日の流れと保育形態を表わしたものである。縦割り保育では，子どもたちの園生活がより豊かに充実するために意図的で計画性のある保育を行なう必要がある。計画の記録と実践の記録を照らし合わせ，自己評価，クラス評価に基づいて保育実践をふり返り，保育を評価し直すという過程（指導計画→実践→評価・改善→新たな指導計画）が求められる。

保育は，たんに保育士だけが担うのではなく，園に関わるすべての職員（栄養士，調理師，看護師，事務員，用務員，常勤・非常勤職員など）が職種や年

表9-3　縦割り保育の年次計画

年間目標		＊生活や遊びを通して人との関りを豊かにする ・様々な年齢との関りの中で思いやりの心を育む ・人の思いをしっかり受け止め自分の思いを相手に伝える ・挨拶をする習慣を身につける	＊自然や生き物との関わりを楽しむ ・身近な動植物に触れ，生命の大切さを知る ・畑作りを通して食の大切さを知る ・四季を感じる散歩に出かける
		1期（4月～6月）	2期（7月～9月）
ねらい		・新しい環境の中で，保育士や友だちと安定した関係を築き，いきいきと遊ぶ ・異年齢児と共に生活することを楽しむ （3歳児）安心できる環境の中で異年齢児クラスでの生活リズムに慣れる （4歳児）年上としての自覚を持ち年下の良きモデルとなる （5歳児）進級したことで自覚を持ち年下の子の世話をする	・小グループでの活動を通して異年齢間での仲間意識を高める ・夏ならではの遊びを充分に楽しむ ・同年齢児，異年齢児と関わり過ごす中で憧れや思いやりの気持ちを持つ （3歳児）同年齢，異年齢の友だちとの関わりを楽しむ （4歳児）友だちとの関わりの中で相手の気持ちに気付く （5歳児）リーダーとしての意識を持って取り組む
内容	生活	・清掃活動を4～5歳児が中心となってする（雑巾がけ，窓拭き，石拾い，ほうき） ・朝の会や誕生会を通して，相手の話を聞く力，自分の思いを相手に伝える力を身につける ・ランチルームでのマナーを身につけ食事を楽しむ ・保育者や友だちと野菜作りを楽しむ ・基本的生活習慣の確認をし，身につける ・動植物の世話をする ・身の回りの小さな事に気づき自らしようとする ・当番活動の仕事内容を知る ・生活の中で文字や数字への興味関心を引き出し徐々に高めていく（シール貼り，時計の針，椅子の数等）	・清掃活動（日課）を3～5歳児でする ・夏の生活の仕方を身につける ・小グループでの活動（当番）を楽しむ ・冬野菜の準備（土作り，畝作り）を行う（9月） ・季節の野菜の収穫を喜び，収穫したものを使ったクッキングを楽しむ
	遊び	・散歩や園外活動を保育士や友だちと楽しみ，身近な自然を感じる ・自由遊びを中心とした活動の中で，友だちや保育士と遊び触れ合うことを楽しむ ・デイキャンプを体験する（5歳児） ・友だちや保育士との信頼関係の中で安心して自分を表現する ・それぞれの季節の自然現象に興味，関心を持つ ・様々な遊びを知り（伝承遊び，運動遊び等）同年齢や異年齢で楽しむ（3期まで）	・運動会の練習の中で年下の子に思いやりを持ち，年上への憧れを持つ ・夏ならではの遊び（水遊び，ボディペインティング等）を楽しむ ・地域の方との交流を通して収穫した野菜をお配りする ・自然活動（海，川）を楽しむ ・同年齢での活動を楽しみお互いをよく知る
援助・配慮		・一人ひとりの子どもの気持ちや考えを理解して受容する ・身の回りの事柄に関心が持てるよう働き掛ける。また，保育士が率先して取り組む姿を見せる ・異年齢児との関わりと共に同年齢児との関わりも大切にする ・子ども同士の関わりや，遊びの興味・関心のあり方を把握する ・各クラスの担任が連携を密にし，細かな配慮が出来るようにする ・当番活動への興味関心を引き出す	・年上の子がリードし活動に取り組めるように，保育士は指示を控え見守るように心掛ける ・自分だけではなく，相手の頑張りを認めて，力を合わせることの大切さが，感じられるようにする ・一人ひとりの健康状態を把握した上で，水分補給や休息を十分に行う ・収穫の喜びを味わいながら，自然の恵みに感謝する気持ちが芽生えるようにする
環境構成		・異年齢児（0～5歳児）が安心して過ごせるように，必要に応じて援助をする ・温度，湿度を見ながら，保育室を快適に保つ ・異年齢児（0～5歳児）との関わりが楽しめるよう，玩具や遊具，保育の準備を行う ・子どもたちの様子を見ながら，素材や教材を準備する（コーナーの準備） ・4～5歳児が中心として，子供たちが教えあう環境を設定する ・子供たちが元気に遊ぶことが出来るように，園庭の石拾いを定期的に行う	・遊具や道具など，子どもたちの興味や関心がある物を把握し，いつでも使えるように準備する ・運動用具を使う前後は，危険はないか確認し，傍についておく
行事		・登山（4・5歳児）4月 ・花祭り（5歳児） ・全異年齢交流週間（0～5歳児）6月 ・お茶会①5月・デイキャンプ ・誕生会（毎月） ・保育参観（5歳児） ・交流会（5歳児）　・歯磨き指導	・海・川遊び（3～5歳児） ・横割り7月 ・お茶会②9月 ・運動会　縦割り9月 ・全異年齢交流週間（0～5歳児）8月② ・祖父母招待9月
家庭との連携		・子どもの日々の様子を伝え合い，情報交換を行う。 ・行事での伝達事項を掲示ボードでお知らせをしたり，子ども自身で保護者に伝えられるようにする（年齢別での配慮を行う） ・生活形態の違いを伝え生活のリズムを保護者とともに作っていく。（3歳児） ・流行性の病気などへの対応をお知らせする。 ・随時，必要な時に個別面談を行う。（除去食について等）	・寝ござの準備をお願いする。 ・水遊び用の着替えを準備していただく。

	＊身の回りの事に気づき自分からしようとする ・物を大切に扱う ・整理整頓をする			
	3期（10月～12月）		4期（1月～3月）	
	・ごっこ遊びや身体表現等の遊びを通して表現する事の楽しさを知る ・友だちと考えを伝え合いながら遊びや活動を進める	（3歳児）友だちとイメージを共有する中で自分の思いを言葉で伝え合う （4歳児）表現活動を通して自分の気持ちを伝えるだけでなく相手の思いを受け止める （5歳児）友だちと共通の目的を持ち互いに考えを出し合いながら活動を最後までやりとげる	・異年齢児（0～5歳児）との交流を通して年上としての自覚を持つ ・進級，卒園する事への期待感を高める	（3歳児）進級に期待を持ち意欲的に生活をする （4歳児）最年長児への期待を持つ （5歳児）友だちや年下との関わりの中で年長としての力を発揮する
	・マラソンやストレッチを体操時に行い，冬に向けての体力作りを行う ・サツマイモの収穫を行う ・味噌作りを行う ・冬野菜の苗植えを行う（キャベツ，白菜，大根）		・進級に向けての準備を5歳児が中心となって，毎日の生活の中で進める（当番活動，基本的生活） ・冬野菜の収穫を行う ・異年齢児（0～5歳児）との交流の中でランチルームやトイレの使い方を教える ・縦割り保育終了後，5歳児は午睡を取りやめ就学前の活動に取り組む ・1年間過ごした部屋や使った道具に感謝の気持ちを持ち，身の回りの物の整理や清掃を行う ・移行保育を通して年上になることへの自覚を持つ	
	・同年齢での活動の中で感じた事を自分なりに表現する 木の実や葉っぱ等の自然物を使った制作を楽しむ 体を使った遊び（鬼ごっこ，サッカー等）を楽しむ 楽器遊びやリズム遊び，指文字を通して表現することを楽しむ ・餅つきや大掃除，お飾り付け等行い伝統行事を知る		・冬ならではの伝承遊びを伝え一緒に楽しむ ・お別れ探検（4・5歳児）を通して，5歳児は自分たちの取り組みを伝え，4歳児は次年度への期待を膨らませる ・日本の伝統行事（正月，節分，ひな祭り）に関心を持つ ・お家の方への感謝の気持ちを伝える（ありがとうの日）	
	・秋から冬に変わることで，体調を崩しやすい時期なので，子どもたち一人ひとりの体調の変化に，十分気をつけるようにする ・子どものイメージが湧き出るような言葉を掛け，のびのびと表現できるように配慮する ・何かの目的に向かって，友だち同士で，思いや考えを伝え合えるように，見守ったり仲立ちをする		・異年齢と同年齢の繋がりを広げたり，深めたりできるよう援助する ・生活面や対人関係などの中で，子どもたちの苦手としていることが少しでも軽減し，自信がつくよう援助する ・進級，進学への期待感を膨らませる	
	・活動に向け，それぞれの思いが出し合えるように環境を設定する ・様々な楽器や歌（曲）を用意する		・それぞれの年齢同士の関わりがゆっくりと持てる時間を作る	
	・親子バス遠足10月 ・お茶会③ 11月 ・クリスマス会 ・チャレンジキャンプ（5歳児）10月 ・味噌づくり　・どんど焼き　・発表会12月 ・七五三（2・4歳児） ・全異年齢交流週間（0～5歳児）12月③ ・もちつき大会		・総合縦割り保育（0～5歳児） ・保育参観 ・お別れ散歩（3・5歳児）2月 ・節分 ・お別れ探検（4・5歳児）3月 ・お家の方へのありがとうデー・卒園式3月	
	・季候に合わせた体温調節が出来るように，衣服の準備をお願いする。		・就学に向けて，個別的な面談などを行っていく。（5歳児） ・異年齢保育活動についてのお知らせを行う。 ・子どもの成長を保護者とともに喜び，進級に向けての援助や，保護者の不安や悩みについて話をする。	

表9-4 縦割り保育の1日の流れと保育形態

	ひよこ組		りす組	ぱんだ・こあら組
時間	0歳児	1歳児	2歳児	3・4・5歳児
7：00	順次登園・視診・検温（0歳児）			
	自由遊び（全異年齢児）			
8：00	自由遊び（0・1・2歳児）			自由遊び（3･4･5歳児）
9：00	自由遊び（全異年齢児）			
9：30	片付け・体操			
10：00	離乳食	おやつ	おやつ	生活活動
	ミルク	保育活動	保育活動	保育活動
	あそび			
	午睡			
11：15		給食	給食	
11：30				給食
12：30		午睡	午睡	
13：00				午睡
14：00	離乳食			
	ミルク			
15：00		おやつ	おやつ	おやつ
	自由遊び（全異年齢児）			
	順次降園			
17：00	自由遊び（0・1・2歳児）			自由遊び（3･4･5歳児）
18：00	延長保育（全異年齢児）			
19：00				

齢を越えたつながりのもとに園の理念・目標を理解し，よりよき実践者，よりよき担い手となることがたいせつである。時には，保育士の交換保育を行なったりちがう職務内容を担うのも新たな保育の厚みにもなる。

②短期計画策定にあたっての配慮

長期的な指導計画（年間計画，月案など）と関連させながら，子どもの生活に即したより具体的で短期的な指導計画（週案日案など）が必要になる。「生活・遊び」を基本として生活の流れを重視する異年齢保育においては，子どもの姿をふまえて「経験する内容」として適切な内容かどうか，何を経験させたいのか，３歳から５歳児に共通する内容かどうか，年齢に応じた保育をどのように保障するのか，をふまえることが必要となる。

3 ――子どもの育ちをどう見取るか

(1) 保育のふり返り

保育は，同年齢保育でも異年齢（縦割り）保育でも，理念・目標があり，それを実現するための保育の計画（全体的な計画・指導計画）をもとに行なわれる。

保育の実践は，子どもの望ましい活動の結果（成果）として現われるので，その結果が望ましい子どもの心情，意欲，態度であるのか評価する必要がある。その保育の成果に基づく検証が保育のふり返りとなる。

園では，保育の目標である望ましい態度としての「社会的態度」と「生活態度」の育ちの評価を，エピソード記述に基づく評価と，思いやり観察項目・生活に必要な生活項目に基づき数値化した評価で行なっている。

(2) 評価する力の育成

年間カリキュラム，月案，週案，日案などの保育の記録に基づく評価は，園の保育目標を明らかにし，保育の方向性をあらかじめ予測し，計画性のある保育を行なううえで重要な過程である。長期計画に基づく年間区分された期ごとの検証を行ない，評価に基づいた保育内容の改善につなげる必要がある。

評価方法としては，「自己評価シートに基づく個人評価，自己評価・活動評価に基づくクラス評価，教育プログラムに基づく自己チェック評価，保育活動評価シートに基づく自己評価」などがある。計画性のある保育「計画・実行・評価・改善」に基づき保育評価・自己評価につなげる。望ましい子どもの姿や育ちを記述し，可視化，言語化して，記録により客観的な視点で討議する。個人単位，クラス単位，職種（保育士，栄養士，看護師）単位，職務（主担任，リーダー）単位ごとに保育カンファレンスを行ない，一人ひとりの職員が理念や方針を理解したうえで共通認識をもつ。経験主義的な判断のみに陥ることなく複眼的な視点で保育実践の裏づけとなる理論的な背景を明確にしていくことを重視する。

4節 長時間保育の計画と評価

1 ——長時間保育とは？

平成30年から施行された保育所保育指針では，第４章に子育て支援について示されている。前回の改定により新たに設けられた「保護者に対する支援」であるが，その後もさらに子育て家庭に対する支援の必要性は高まっている。それにともない，多様化する保育ニーズに応じた保育や，特別なニーズを有する家庭への支援などが期待される。つまり，保育所には，延長保育・夜間保育といった長時間保育も求められている。児童福祉施設最低基準では，保育所の保育時間は１日８時間を原則としているが，現在はほとんどの保育所が11時間開所[1]となっている。つまり11時間を超える時間の保育を長時間保育という場合が多い。

福岡市を例にあげると，午前７時から午後６時までを通常保育としているが，多くが午後６時以降，１時間から４時間までの延長保育を実施している。さらに夜間保育の実施園においては，午前11時から午後10時の通常保育の前後に４時間ずつの延長保育が行なわれ，最長保育時間は19時間となる。

この節では，長時間保育のなかでも，通常保育終了後の延長保育を中心として，その実際と指導計画について考えてみたい。

(1) 親にとっての長時間保育の必要性

最近，虐待や育児放棄のニュースをよく耳にする。たしかに，家事育児を面倒に感じたり，仕事や自分自身の時間を優先する親もいる。しかし，長時間営業が通常化してきた社会，就労を余儀なくされる経済状態，解雇の不安を抱えながら引き受ける残業の実態など，子育てと仕事との両立に苦しむ親もいる。

保育者は，やむなく長時間保育を依頼する親が少なくない社会の実情を正しく理解しなければならない。さらに，いろいろな事情のなかでうしろめたい気持ちも抱えつつ預けている，そんな親の思いにも心を傾けて寄り添いたい。

1）平成27年に開始した子ども子育て新制度では，保育の必要性に応じた「教育・保育給付認定」を受け，保護者の就労時間等に応じた保育必要量として，保育標準時間（最長11時間）または保育短時間（最長８時間）が認定される。

(2) 延長保育の実際

延長保育の詳細（形態・方法・内容など）については各保育所の方針や実情によってちがってくるが，子どもにとっての保育の連続性という視点から，切れ目なく延長保育の時間が始まる場合が多い。まずは，生活リズムから生理的欲求を満たす軽食や夕食の提供を行なう。そして，玩具などで遊びながら親の迎えを待つ。低年齢児は睡眠をとることもある。通常保育後の時間であるため，家庭のようにホッとできる空間，好きな遊びを楽しみながらゆったりと過ごせる環境が必要だと思われる。環境と同時に，日中の高揚を静め，夜の睡眠へと導く流れを心がけることもたいせつである。

(3) 延長保育の実施にあたり，たいせつなこと

延長保育等にあたっては，子どもの発育の状況，健康状態，生活習慣，生活のリズムおよび情緒の安定に配慮して保育を行なうよう留意する必要がある。

また，保護者の状況に配慮するとともに，子どもの福祉が尊重されるよう努め，子どもの生活の連続性を考慮することがたいせつである。親が子どもと過ごす時間が短いからこそ，親の育ちをそこなうような親支援ではなく，親が子育てに向き合い，子育ての喜びを感じられるはたらきかけや配慮が保育のなかでなされることによって子どもの最善の利益を守ることができる。たとえば夕食の提供では，家庭的雰囲気を大事にした献立や保育者の関わりを心がけるが，教育的援助を忘れてはならない。そして，家庭での夕食は親子の団らんの視点から重要性をもつもので，躾の貴重な機会でもあることを伝えていく努力も必要である。長時間の保育では担任のみならず複数の職員が関わることとなる。そのため，園内の職員間の連携が重要である。

2 ——延長保育の計画と評価

延長保育は契約制で実施されている場合が多い。そのため，全園児が対象ではないことや，日によって利用人数，利用時間がまちまちである。よって通常の保育ではない，いわば「おまけの保育」ととらえられている傾向もある。

しかし，登園してから帰るまでの園の生活は，子どもにとって継続的で安定したものでなければならない。延長保育を通常保育と切り離してとらえたり，軽視してはいけない。さらに，園で長時間を過ごすことは，家庭にいる時間が

短いことになる。乳幼児期のたいせつな育ちの大部分が園生活にゆだねられているともいえる。だからこそ，一人ひとりの子どもの発達に適した，計画性と一貫性のある保育を実践せねばならない。表9-5は延長・夜間保育の指導計画例である。

(1) ねらい

長時間保育は，指導計画の対象が幅広く一定性がないことから，ねらいを定めにくい。しかし，日頃の子どものようすを観察し，関わりをもつことにより，限られた時間のなかで到達してほしい望ましい姿が見えてくるはずである。長時間保育のねらいは，日中のようすや担任の考える目標との整合性をもたせる必要がある。そのためには日中を受け持つ職員との連携が必須である。また，延長保育ならではともいえる異年齢の関わりをねらいに盛り込みたい。

(2) 環境構成

年齢の幅が広いと，部屋，道具，玩具などがちがってくる。しかし，部屋を区切るなどの工夫でそれぞれの環境を保障することができる。また，設定や促しの工夫により異年齢だからこそできる活動もある。子どもの育ちに影響する環境は物的のみでなく人的環境もある。他児の降園で感じる寂しさや夕暮れ時の不安な気持ちを受けとめ包み込む保育士の関わりも重要である。

(3) 保育士の援助・配慮

延長保育担当者は利用する園児すべてのプロフィールから日頃の姿，状況などを把握しなくてはならない。同時に各年齢における発達も理解しておく必要がある。その理解により，子どもの発達課題や興味，関心に沿った保育内容を考えることができるだけでなく，事故やトラブルを予測して環境の設定や関わり方から未然に防ぐことにもつながる。これには，クラス担任からの情報提供が必須であるが，逆に，体調の変化，日中に見せない姿，お迎え時の親とのコミュニケーションなどを担任に返していくこともたいせつである。

(4) 評価

延長保育のなかで，どのような環境構成と保育内容が子どもの最善の利益につながるのか，という視点でとらえ，その実践を評価しなければならない。では，よりよい延長保育とはどのような保育なのか。それは，延長保育が課題ややりにくさを抱えていても，子どもにとってのよりよい保育が，通常保育と切

表９-５　延長・夜間保育の指導計画

子どもの姿	・どの年齢も食欲があり，夕食の量が増えた。２，３歳児は自分で食べる姿が多く見られる。 ・１歳児の排泄が習慣化してきており，失敗が少なくなってきている。 ・運動会の後，遠足が多い４，５歳児は活発になったが，疲れも見られる。 ・０歳児の新規児の人見知りが激しい。	ねらい	○異年齢集団の中で食べる夕食の雰囲気を楽しむ。 年齢相応の食事技術（スプーンや箸の使い方）とマナーを知り，体得する。 ○４，５歳児は自分の体調の変化に気づき，休息をとることの大切さと必要性を少しずつ理解できるようになる。 ○乳児と３歳以上児のかかわりの機会を作り，乳児が安心できる場で過ごせるようにする。
環境構成	・軽食と夕食の食事場所を別にし，人数を区切って，落ち着いて食事ができ，保育士の援助が可能な環境を作る。 ・机といすのバランスに留意し，できるだけ子どもの体格等に合うセッティングを行う。 ・「風邪」をテーマにした紙芝居や絵本を用意し，風邪の予防，早期発見，対策などについて，子どもたちと保育士が一緒に考える。ごろ寝マットやついたてなど，休みたいときに休める環境を整える。	保育士の援助・配慮	・食欲増進と早く遊びたい焦りから，早食い・がつがつ食べが見られる。食事動作やマナー面で雑にならないように，ゆったりとした言葉かけ，自分を見直すような伝え方を心がける。また，年齢の高い子には年下の子どものお世話や言葉かけを手伝ってもらい，落ち着いて食べるきっかけにし，さらに異年齢で食事をともにする楽しさを感じられるようにする。 ・乳児の人見知りは無理強いせず，昼の担任と連携を密にとりながら，落ち着く遊びや入眠時・授乳時の好む体位などを把握し，安心できるようにする。
個別配慮	◎Ｋちゃん（０歳児）……入園間もないため，情緒不安定で泣いていることが多い。昼間も泣くことが多いが，おんぶされ戸外に出ると落ち着くとのこと。延長では夜の戸外が寒いことや職員体制が整えられないため，昼と同様にはできない面もある。担任，保護者ともコミュニケーションをとりながら，好みの玩具で遊んだり，おんぶで園内探検をして好きな空間を見つけたりしていきたい。 ◎Ａくん（４歳児）……ヒーローごっこに熱中しており，夕食を終えると，片付けもそこそこにブロックの場所に行き，剣やピストルに見立てたものを作り，走り回る。友達が少なくなる延長だとブロックも自由に使えることがうれしいらしい。夜だと発散できる子どももいることを理解し，叱ったり禁止したり命令したりの声かけをせず，走ると危険なことと休息が望ましいことを伝える。		
評価・反省	・年度後半に入り，３歳以上児が落ち着いてきたことから，異年齢で食事をとることにより，家庭的な雰囲気作りや年上の子どもの自覚を促したいと考えたが，３，４歳児は自分が食べることに集中しており，まだお世話する余裕がない様子。また，１，２歳児は自分で食べたい気持ちが強く，お世話を受け入れられずにいる。異年齢交流の対象と方法を，それぞれの発達に即して再度考えていきたい。 ・急いで食べることに声をかけてきたが，焦る気持ちは変わらない。ゆっくり食べる子どもにも遊びが保障されることが大切なので，玩具の提供のタイミング（小出しにするなど）を考える。 ・０，１歳児を伴い２階に行くと気分が変わり落ち着いて楽しめた。環境をうまく使いたい。		

り離されたり分け隔てされたりすることなく提供，実施されることであろう。つまり評価の観点は，子どもの育ちを中心にすえて，延長保育の際の配慮を考えた保育の実践が，延長保育の場においてできたかどうかにあるといえる。

3 ——長時間保育の実践から

長時間保育は子どもの発達にとって最善のものであるとはいいがたいかもしれない。しかし，受け皿がない場合，長時間保育を必要とする親子はどうなるのだろうか。子どもを預ける場所がなければ，仕事を失う親もいる。行き場のない子どもには，親の職場に置かれてがまんを強いられ，家庭に放置されて犯罪や火災などの事故に巻き込まれるリスクもある。まずは，長時間保育を必要としている親子がいる限り，体制の整備が，保育指針の示す保育所の役割を遂行することになるのだという意識をもちたい。

保護者の仕事と子育ての両立等を支援するため，多様な保育の需要に応じた保育を実施する場合，保護者の状況に配慮するとともに，常に子どもの福祉の尊重を念頭におき，子どもの生活への配慮がなされるよう，家庭と連携，協力していく必要がある。

そして，子どもたちが健やかに育つために，子育て家庭にとって最善の環境をつくることができるよう，家庭と保育所が一体となって，社会にはたらきかけていくことも重要である。

5節　障害のある子の保育の計画と評価

保育現場で障害のある子どもを他の子どもとともに保育していくためには，療育機関の療育とはちがう専門性を必要とする。保育者は日々の雑然とした状況のなかで，障害のある子どもの状態や思いを汲み取り，他の子どもたちの思いと擦り合わせながら，両者がともに育っていくという関係性を作っていく。

また，子どもの障害に対して自責の念や，悲しみを抱えている保護者の思いに寄り添いながら，気持ちの整理をしていく過程を支えていくこともある。そのようなたいせつな役割をもちながらも，保育の長時間化により，保育者は日々時間に追われている。そのような限られた時間のなかで，保育者の専門性を最大限に生かす個別支援計画（以下，個支計画）とは何なのかを考察してみたいと思う。

1 ――保育者の思考過程を尊重する

実際の保育に役立つ個支計画にするためには，計画の仕上がりの美しさに目を向けるのではなく，計画をたてる過程で「どれだけ保育者自身が子どものニーズをとらえ，保育を組立てられるか」に目を向ける必要がある。つまり，個支計画をたてる保育者自身の思考過程が尊重されることがたいせつである。ここでは，実際の保育現場で試行錯誤しながらつくられ，使われている「個別支援計画と記録」（表9-6）の例を見ながら，そのポイントを示していく。

(1) 計画，記録，ふり返りを1つの流れにする

障害のある子どもの保育をするためには，その子ども独特の大きな個性を保育者が認め，その個性に対して柔軟な発想で保育を組み立てていく必要がある。そのために保育者は，実際の子どもを観て，関わり，そこから得たことを記録し，その結果を考察することで次の計画を組み立てている。そのような流れがありながらも，保育現場では記録と計画が別のシートである場合が多い。表9-6の個支計画では，1枚のシートの上に記録，考察，計画を入れることで，保育者自身が保育現場から必要な情報を切り取り，それらの情報を根拠として，次の計画をたてていけるようになっている。

(2) 場面記録をとおして子どもを知ろうとする

「今月の場面記録（＊2）」では，週に1場面ほどの割合で保育のなかの印象的な場面を背景も含めて丁寧に記録していく。具体的な場面の中には，子どもの「発達」や「思い」というたいせつな情報がたくさん含まれている。場面記録を書くことでそのたいせつな情報を汲み取ろうとするのである。また，「具体的な場面」と「保育者が感じたこと」を区別して書くことで，事実と保育者の思いの整理ができ，保育者自身の保育観のふり返りをすることもできるのである。

(3) 別の視点からふり返る

「場面記録」でふり返るとともに，もう一度別の視点で計画や記録をふり返ることも必要だと思われる。たとえば，場面記録の「分析・評価」（＊3）のように，その場面のなかで自分自身がその子どもの「どういう能力」を「どう分析・評価しているのか」を記入していく。プラスの評価ならば赤，マイナス

表9-6　個別支援計画と記録

令和○年度　8月	Aくん　の個別支援計画と記録（平成△△年　3月　○日生　：2歳4ヶ月）	つくしクラス	印	印
年間目標　言葉が増え，自分の思いを伝える手段になる		期目標　保育者との愛着関係を作る。自分の好きな遊びを通して，言葉を増やしていく		

	月の目標	本児の姿（今月の記録）（＊1）
身体，健康	・家庭と園での配慮のもと，暑さの中も体調を崩さずに登園する。 ・自分の体の位置，名前を知る（手，足，口　など） ・良い姿勢で落ち着いて食べる	・食事中，もういらないと思ったら，手を合わせ（ごちそうさまの意味）エプロンを自分ではずして席を立つ。
基本的生活習慣	・遊ぶ，食べる，眠る，紙ぱんつを替えてもらうなどの生活の流れを丁寧に経験していく。 ・脱いだ服をプールバックに入れたり，靴や帽子を片付ける	・紙パンツ，ズボンを「よいしょして」と伝えると「しょー」と言って，上へ上げる。
人間関係	・保育者に信頼感を持ち，安心して過ごす ・見てほしい時，困った時など様々な方法で伝える	・友だちが持っているものが気になり，引っ張って取ろうとする
認知	・探索活動をする。	・どじょうの水槽や鏡にうつる自分の姿に気づく ・トイレの便器のレバーを押すと水が流れることに気づく
ことば	・単語を言うことができるようになる ・保育者と一緒に歌，手遊びを楽しむ ・保育者に言葉を添えてもらいながら，自分の思いを単語で伝えることを経験する	・気に入った遊びを保育者と共に何度も繰り返してする場面の中で，保育者が「もう一回」と言葉を添えることで，おうむ返しで言うことができる。

今月の場面記録（＊2）

日	具体的な場面，会話	保育者が感じたこと	分析，評価（＊3）
5日（月）	ままごとのコーナーで，ペットボトルの容器にチェーンリングを入れて遊んでいる。ペットボトルを机に置いて，両手の親指，人差し指をうまく使いながら，中に入れている。保育者が本児に手渡すと，両方の手でチェーンリングの上部，中部を持って受け取る	・久しぶりにこの遊びをしている。 ・以前は右手のみを使って，なんとか入れようと頑張っていたが，両手を使った方が簡単で，スムーズという経験をどこかでしたのかもしれない。	指先の運動 目と手の協応 学習能力
13日（火）	部屋で遊んでいる時に，「いっぽんばし，しよう」と保育者から誘うと，自分から座って，腕を出す。やり終わった後も座っているので，「もう一回？」と保育者が言いながら人指し指を立てる仕草を本児に見せる。本児は人指し指は曲がっているが，真似る。	・この遊びは楽しいと感じて，うきうきしている様子。 ・真似ができる。	表現 模倣
21日（水）	学生のコンサートを聞くために，ホールへ行く。ホールに着くなり，くるくると走る。人が増えてもかまわず走るが，時々，私のところに戻って，休憩してまたくるくる走る。	・場所が変わることで，落ち着きがなくなってしまうのかもしれない ・人が増えるという状況をあまり気にしていない様子。 ・私のところに戻れるのは，私との間に愛着が出来ているのではないか。	情緒 愛着

振り返り，来月への思い
・今月は体調をほとんど崩すことなく登園し，夏の遊びを存分に楽しんだ。続けて来ることと家庭でお盆などたのしい経験をすることの両方が実現し，嬉しく思う。 ・8月に入り言葉を吸収し，生活の随所で使うようになる。 ・友達が帰る時にはドアのところまで行って，「ばいばい」と言って手を振ったり，保育者が部屋から出ようとするとにっこり笑って追いかけてくるなど，周りの人に対しての関心が広がっていると感じる。 ・一方，担当保育者の表情を見取る力，状況を感じる力，言葉を理解する力が弱く，自分の思いと違うことが突然起きるとパニックになってしまう傾向がある。 ・本児にとっては，もう少し大人が良し悪しをはっきりとした言葉や表情で伝える方がいいのかもしれないが，今は「ありのままの姿を出しながら，受け止めてもらう」ということを大切にし，本児も保育者自身も試行錯誤しながら生活してもいいのではないだろうかと思う

興味・関心（＊4）	保護者からの情報，願い（＊5）	その他（ケースカンファレンスで感じたこと，他機関からの情報など）（＊6）
・たらいの水をコップですくって別のコップに入れ，流す。 ・プール遊び　・三輪車 ・木製の汽車 ・歌「どんどこどんどこ」 ・手遊び「一本橋こちょこちょ」	連絡帳より 最近，言葉が出るようになってうれしいです。 保育園でやったことを家でもやりたいので，教えてください。 ↓ お迎えの時の立ち話でも積極的なことばが多い。	・ケースカンファレンスの中で，本児が少しずつできるようになったことをお互いに確認することができた。 ・他の保育者から，本児が走っている時に，横にある壁をみながら走っている姿があったという話が出ていた。目から入る刺激を求めしているのではないかという意見もあった。これからも様子を見ていくことになった。

の評価ならば青というように，「色」によって評価の傾向を示すことで，自分自身がどのような場面に目が行きやすいのかもわかってくる。また，表9-6の「興味・関心」（＊4）のなかにあるように，その子どもの情報を自分自身がどのように保育のなかで生かしたのか，「矢印」を書き込みながらふり返ることも有効である。

2 ――さまざまな人の視点を尊重する

障害のある子ども一人ひとりに合った計画をつくるためには，その子どもの多面的な情報を個支計画に組み込んでいくことがたいせつである。

(1) 園内の多面的な情報

園の中には，給食，保健担当者など，保育者とはちがう視点から子どもを見ている人がいる。また同じ保育者のなかでも，役割がちがうだけで，視点が変わってくる。それらの情報を共有するために，ケースカンファレンスを行なう。ケースカンファレンスは，園内のさまざまな立場の人たちが集まり，対等な関係のなかで話ができる雰囲気があることがとても重要である。場合によっては保護者にも入ってもらうことがある。そのケースカンファレンスで出てきた情報を「その他（＊6）」（表9-6）に書き込んでいく。

(2) 保護者の視点，願い

家族からの視点，願いには，保育者とはちがう子育ての主体者としての主観的な視点がある。子どもが生まれたときからの継続的な視点も含まれている。それらの視点もその子どもの保育を考えていくための重要な情報である。保護者の情報は，連絡帳，立ち話などから得ることが多い。それらの情報を「保護者からの情報，願い（＊5）」（表9-6）に記録する。また，その話をしている保護者のようす等も書き留めておくと，保護者がどのような思いからその情報を伝えてきたのかなどが理解できる。

(3) 療育機関からの情報

障害のある子どもが児童発達支援センター等（以下，発達支援センター）を利用している場合，そこから得る情報もある。その情報は，検査の結果など数値で出てくることも多い。しかしその数値のみを書き込むのではなく，その数値が意味することを発達支援センターから聞き，書き留めておく。また，どのような種類の検査を行ったのか，その検査の特徴はどのようなものなのかも知っておく必要がある。

3 ――「子どもの利益」を保証する

(1) 個支計画の主体を明確にする

個支計画を作り，評価していくうえで,「計画，評価の主体がだれなのか」を常に明確にしておく必要がある。保育者の困っていることを解決するために計画をたてるのではなく,「その子どもが困っていること」を理解し，その子どもがその状況から解放され，次に向かって進んでいけるようにするために計画するのである。保育者が計画を評価する場合も「子どもが困っていることに対応できているのか？」「子どもの願いを無視していないだろか？」というように,「子どもにとってどうなのか」という観点で評価する。

(2) 子どもの育ちや学びを小学校につなげる

個支計画は，そのときの保育を保障するだけでなく，積み重ねることにより，小学校入学時にその子どもの個性やその個性に適した関わり方などを小学校に的確に伝えるための情報の根拠となる。そのためにも，その子どもが何に興味を持ち，どのような力が育とうとしているのか，そして，どのような支援が，その力を育てるのに有効だったのかという観点を持ちながら，計画・評価していくことが求められる。

6節　小学校との連携計画とその評価

1 ――幼小連携の必要性と意義

(1) 子どもにとっての幼児教育と小学校教育の連携の意義

いま，保幼小の子どもの交流が行なわれるようになり,「小学校への進学に対する不安がなくなり，期待をもてるようになる」といったメリットがあげられている。しかし，子どもの交流は連携の１つの取り組みであり，連携を進めるための手段にすぎない。本来めざすべきことは，保育者と小学校の教師が互いの教育を理解し合い，それぞれの全体的な計画や教育課程，指導計画を見直し，教育の内容や方法を工夫し，幼児期の教育と児童期の教育の連続性・一貫性を保障することである。

(2) 教師にとっての幼児教育と小学校教育の連携の意義

保育者は幼児期の教育の専門家であり，小学校の教師は児童期の教育の専門家である。保幼小の接続期の子どもの発達や特性に応じた教育をするためには，保育者は幼児期だけでなく，児童期の子どもとその発達や特性に応じた教育に対する理解が必要である。当然，その逆が小学校の教師にも必要である。しかし現実には，互いの教育に対する理解が十分ではない。互いの教育を学び合うことは，それぞれの教育の文化のなかにある，指導計画に対する考え方，子どもの見方・とらえ方などを学び合うことである。この学び合いが深まれば，接続期の子どもの発達や特性に応じた教育の内容と方法を見いだすことにつながる。

平成29年3月に告示された幼稚園教育要領第1章総則に「幼児期の終わりまでに育ってほしい姿」が示された。さらに，小学校学習指導要領には「幼児期の終わりまでに育ってほしい姿」を踏まえた指導の工夫が明記された。この姿を手掛かりに，保育者は入園時から遊びや生活を通して育んできた子どもの資質・能力を小学校へ伝えやすくなり，また，小学校の教師はこの姿を手掛かりに，接続期の子ども理解を深めることが必要とされている。今後は，この「幼児期の終わりまでに育ってほしい姿」を幼稚園等と小学校の教師とで共有化し，幼児教育と小学校教育との接続のいっそうの強化が図られることが望まれる。

2 ——幼小連携の年間計画

研究保育・授業，子どもの交流，研究会，研修会などさまざまな連携をとおして，それぞれの教育の独自性を理解し合い，教育のよさを学び合い，教育課程や指導計画の編成や具体的な環境の構成や教師の援助に生かすことが必要である。一つひとつの連携をとおして，何を明らかにしたいのかを整理し，年間の見通しをもって計画することが必要である。

たとえば，「造形表現における子どもの発達をとらえる」「運動遊びにおける接続期の子どもにふさわしい指導方法を明らかにする」などの明確な目的をもち，研究保育・授業，子どもの交流，研究会を組み合わせて計画・実施するということが考えられる。

子どもの交流を行なう際には，両方の子どもの発達をふまえ，教育の内容と方法，実施する時期を配慮し，1年を見通して計画することが必要である。また，幼小どちらの子どもにとっても意味のある活動内容でなければならない。子どもの交流も手段であり，それ自体が目的ではない。子どもの交流をとおして，子どもどうしの学び合いのみならず，幼小の教師の相互理解や，幼小の教育の接続をめざしていく必要がある。そのためには，片方に任せきりにせず，計画・実践・評価をともに行なう必要がある。そして，計画・実践・評価のすべての場面において，保育者と教師どちらもがリーダーシップを発揮する機会を保障することが必要である。ともに計画することで，子どもの発達をふまえた教育の内容と方法で実践することができる。リーダーシップを発揮する機会の保障は，指導計画に対する考え方，子どもの見方・とらえ方などを互いに発信する機会を保障することにつながる。

3 ——指導計画の実際

(1) 合同保育・学習の展開案

ここでは，K大学附属幼稚園年長児と同小学校1年生の「合同保育・学習」(表9-7）の例を示す。数日間の合同保育・学習の全体像を，幼小の教師がいっしょに，共通の形式で作成している。年長児と1年生の発達や実態，その時期の興味・関心，教師の願いを「学習設定の理由」にしるしている。さらに，幼小で開発した「資質・能力カリキュラム」(Column 9参照）より，年少児から小学6年生までの子どもの学びの過程を見通したうえで，年長児と1年生の学びの様相を確かめ，「合同保育・学習」の目標をたてている。幼小共通の指導計画であり，保育・学習の目標・展開・環境の構成や教師の援助も幼小共通である。つまり，年長児と1年生に，同じねらいをもって保育・学習を計画している。

(2) 合同保育・学習の本時案

本時案（表9-8）では，「合同保育・学習の展開案」で保育・学習の全体像をつかんだうえで，前時の子どもの姿を考慮し，より詳細な計画をたてている。本時案も幼小共通であり，同じねらいで保育・学習を計画している。そして，本時案に示す環境の構成や教師の援助の一つひとつには，K大学附属幼稚園の指導計画と同様に，何のためにするのかという意図と行動を具体的に書き表わすようにしている。このことにより，幼小のどちらの教師も，一つひとつの環境の構成や教師の援助をより深く共有し，実践することができる。

4 ――評価

幼小の教師の相互理解に基づき，幼小連携のそれぞれの取り組みを，具体的な目標に沿って評価する。そして，次回，あるいは次年度の取り組みを，子どもの発達や実態に合ったよりよいものに改善することを絶えずくり返す。そのことが，幼児期の教育と児童期の教育を接続することにつながると考える。

(1) 合同保育・学習の評価

K大学附属幼稚園と同小学校で行なっている合同保育・学習では，前述した通り，評価も幼小の教師がいっしょに行なっている。その際，評価に向けた記録においても共通の形式を用いている。合同保育・学習を教師の思い込みや印象を基にして評価しないように,「事実」と「解釈」を分けて記述している（表9-9参照）。また,「カリキュラムへの知見」の項目を設け，合同保育・学習の目標や本時のねらいを評価する子どもの学びと，環境の構成と教師の援助の改善について記述している。幼小の教師がともに評価する際に,「子どもの事実」に基づき，共通のフォーマットを用いているため，幼小の教師の協議がかみ合い，次の取り組みにつながる改善を積み上げることが可能になっている。

(2) 幼小連携の年間の取り組みの評価

年間計画に位置づけて実施した幼小連携のさまざまな取り組みの一つひとつについて，それぞれの目的をふまえて，成果と課題を整理しておく必要がある。

幼小連携の取り組みをすること自体が目的になってしまっている場合，その取り組みがやりっ放しになってしまい，積み上がっていくことがない。また，何のために幼小連携をするのかという目的がはっきりしていないと，幼小連携の取り組みの改善をする際に，その後の幼小連携を進めるための方法論に終始してしまうことになりかねない。

幼小連携の目的が，教育課程や指導計画の編成につながるものとして整理されていれば，その成果と課題は，教育課程や指導計画の編成に生かすことができる。幼小連携の取り組みが，幼小それぞれの教育課程や指導計画の編成のた

表9-7　5歳・6歳合同保育・学習展開案

令和元年度5歳（幼稚園年長）6歳（小学校1年生）合同保育・学習展開案

日時　5月30日（木）5月31日（金）6月5日（水）6月21日（金）
支援者　○○○○，○○○○
○○○○，○○○○
活動場所　小学校運動場

1　合同保育・学習名　ぐるうぷのともだちとちからをあわせていっしょにおにごっこをしよう

2　合同保育・学習設定の理由

5歳児は，4歳児の頃にけいどろを経験し，友達と一緒に体を動かす楽しさを味わっている。遊びの中で，友達を追いかける，追いかけられる，タッチをして助ける，助けてもらうことを嬉しく思ったり，相手の動きを見て走る向きやスピードを変えたり，急に方向転換したり，体をひねってかわしたりすることを楽しんだり，友達に助けを求めたり，助けてあげようと思ったりなどしている。牢屋に行くまでの間にまた捕まることに困り，手を挙げて歩く，捕まえた警察が牢屋まで連れて行くなど，必要に応じて遊び方やルールを考えてきている。昨年，好きな遊びの中で現1年生とけいどろをし，安全地帯や見張り，挟み撃ちなど，現1年生が考えた遊び方やルールにふれて遊んだ子どももいる。

6歳児は，日頃から休み時間にけいどろや手打ち野球など友達と楽しそうに遊ぶ姿が見られる。しかし，一部では小学校入学前から仲が良かった友達とだけ遊ぶという友達関係の固定化が見られる。あるいは，新しい環境に戸惑い，自分から友達の輪の中に入ることをためらったり，ためらうが故に消去法的に一人遊びをしたりするなど，自分の思いを周りの友達に伝えて遊ぶことに支えが必要な子どもの姿が見られる。

学習の中でおにごっこをした時には，おにの人数配分をどうしたらいいのか，どんなけいどろをすれば楽しめるのかなどを自分たちで考え，ものごとをすすめようとする姿が見られた。思うように遊び方を整え，なおかつ特別な道具を必要としないおにごっこは人気の遊びで，6歳入学当初という人間関係ができあがっていない時期においても遊びの選択肢の一つに常に入っている。そのため，「おにごっこしようよ。」と休み時間に誘う声も聞かれるようになった。

おにごっこは，5・6歳児にとって親しみのある遊びであり，捕まらないように逃げる，逃げている人を捕まえるというシンプルな遊びであるため，5・6歳児とも遊び方が分かって取り組みやすいと考える。またチーム戦を取り入れることで，グループの友達と協力して鬼からどう逃げたらいいのか，どうしたら捕まえられるのかという考えが多くの子ども達から必然的に生まれるだろう。そして必然的に生まれた考えは，子どもたちの自発的な話し合いにつながるだろう。その際に，5・6歳児両者ができるだけ自分の考えを言語化して伝えたり，相手の考えを聞いたりすることができる場づくりを支援していきたい。またチームとして，勝ち負けだけにこだわるのではなく，どのような作戦を考えたのか，作戦を元にどう行動に移したのかに焦点を当てることができるように支援していきたい。このような活動をしていく中で，これから1年間，5・6歳児が「いっしょに遊ぶの楽しいな。」と思う気持ちを高めてほしいと考える。

3　合同保育・学習の目標（保育・学習のねらい）

○5歳児や1年生と一緒に遊ぶことを楽しみにする。【自ら決める・選ぶ】
○捕まらないように逃げよう，たくさん捕まえたい，勝ちたいなどの思いをもち，もしうまくいかなくても何度も挑戦しようとする。【自ら決める・選ぶ】
○たくさん捕まえたり，助けたり，逃げたり，考えたり，自分の頑張ったことを感じたりして，満足する。【自分に満足する】〔自分を客観的に把握する〕
○互いに声を掛け合い，体を触れ合ったり，体に触れたり，一緒に追いかけたり，逃げたり，助けたり，助けてもらったりすることを喜ぶ。【他者といる喜びを感じる】
○同じグループの友達のことを知りたいと思ったり，友達がしたいと思ったことや感じたこと，個性に気付いたりする。【他者のことを知る】
○自分の気持ちや考えを友達に伝えようとしたり，分かってもらえるように伝えようとしたりする。【自分のことを伝える】
○同じグループの友達と勝つために，捕まえたり，助けたり，守ったりするなど，今自分ができることを見つけて取り組もうとする。【人と協力・協同する】
○遊ぶために必要だと思う遊び方や作戦，ルールについて，声をかけ合って集まったり，話したりするなどして，同じグループの友達全員で気持ちや考えを出し合い，決めようとする。【人とものごとをすすめる】〔問題を認識する〕〔豊かに発想し，追求の手立てを構想する〕
○力いっぱい追いかけたり，逃げたりして存分に体を動かすことを楽しんだり，相手の動きに合わせて方向転換をして自分の動きを調節したりする。【身体を操作する】
○牢屋や安全地帯，仲間，敵との距離や位置関係を感じ，置く場所や走る向き，立ち位置などを考えようとする。【空間を数理的にとらえる】

4　合同保育・学習の構造（全8時間）

年長児と1年生の出会いの場（2h）	目標
○体育館に集まる	○お互いに顔を合わせてこれから一緒に活動することを喜ぶ。【他者といる喜びを感じる】
○5・6歳児が交流する ・猛獣狩りをする 　言葉の数に合わせて，仲間を集める	○5歳児や1年生と，今年1年間一緒に遊ぶことを楽しみにする。【自ら決める・選ぶ】 ○互いに声をかけ合い，言葉と同じ人数で集まる面白さを味わう。【数・量を数理的にとらえる】
・ふれあい遊びをする （なべなべそこぬけ，お寺の和尚さん，ぐるぐる洗濯機など）	○体を触れ合ったり，体に触れたりすることを楽しむ。【他者といる喜びを感じる】
○同じカードの友達を探し，グループの友達と出会う ・同じカードの友達が5人または6人集まったら座る	○グループの友達と出会うことを楽しみにし，これから共に活動していくことを喜ぶ。【他者といる喜びを感じる】

○同じグループの友達と自己紹介をし合う ・名前 ・好きな食べ物，好きな遊び	○同じグループの5歳児や1年生と一緒に遊ぶことを楽しみにする。【自ら決める・選ぶ】 ○お互いに自己紹介する中で，自分のことを知ってもらったり，同じグループの友達のことを知ったりする。【他者のことを知る】
○グループで交流する ・ぴったんこゲーム	○自分のことを同じグループの友達に知ってもらえるように名前や好きなことを言おうとする。【自分のことを伝える】 ○説明したり，説明を聞いたりし，ぴったんこゲームをすることを楽しみにする。【自ら決める・選ぶ】 ○グループの友達と体をくっつけたり，寄せ合ったりすることを喜ぶ。【他者といる喜びを感じる】
○けいどろの話をする。 ○グループごとにさようならをする。	○膝を曲げたり，背伸びをしたりするなど，友達の背の高さや動きに合わせて動こうとする。【身体を操作する】 ○次回，グループの友達と一緒にけいどろをすることを楽しみにする。【自ら決める・選ぶ】

けいどろで遊ぼう（5.5h）	目標
○けいどろの話をする。 ※警察，泥棒1，泥棒2の3チームに分かれる。 ※警察はどちらの泥棒も追いかける。泥棒は別チームの泥棒の邪魔をしてもよい。	○けいどろの話を聞いたり，鬼を決めたりすることを通して，けいどろをすることを楽しみにする。【自ら決める・選ぶ】
・みんなが楽しくけいどろをするためには，どんな作戦が必要かを話し合う。	○友達と協力してどうすればうまく捕まえることができるのか，また逃げることができるのかを話し合う。【人とものごとをすすめる】 ○自分の気持ちや考えを受け入れてもらえるような言い方を考え，自分の考えを友達に分かりやすく伝えようとする。【自分のことを伝える】 ○友達がしたいと思ったことや考えたことを聞こうとする。【他者のことを知る】
○けいどろをする。	○力いっぱい追いかけたり，逃げたりして体を動かすことを楽しんだり，相手の動きに合わせて方向転換をするなど自分の動きを調節したりする。【身体を操作する】 ○互いに声を掛け合い，一緒に追いかけたり，逃げたり，助けたり，助けてもらったりすることを喜ぶ。【他者といる喜びを感じる】 ○牢屋や安全地帯，仲間，敵との距離や位置関係を感じ，置く場所や走る向き，立ち位置などを考えようとする。【空間を数理的にとらえる】 ○たくさん捕まえたり，助けたり，逃げたり，考えたり，自分の頑張ったことを感じたりして，満足する。【自分に満足する】〔自分を客観的に把握する〕
○作戦を考えたり，楽しくなるような遊び方やルールを考えたりする。 （各コート適時） ・グループで作戦を考える ・同じコートの友達と楽しくなる遊び方やルールを考える。	○捕まらないように逃げよう，たくさん捕まえたい，勝ちたいなどの思いをもち，もしうまくいかなくても何度も挑戦しようとする。【自ら決める・選ぶ】 ○友達と協力して，どうすればうまく捕まえることができるのか，またうまく逃げることができるのかを話し合って，自分なりにけいどろに取り組もうとする。【人と協力・協同する】 ○自分の気持ちや考えを同じグループの友達に伝えようとしたり，相手に分かってもらえるように大きな声を出したり，やって見せたり，身振りや手振りを加えたり，絵に描いたりして伝えようとしたりする。【自分のことを伝える】 ○同じグループの年長児や一年生がしたいと思っていることや感じていることを知ったり，個性に気付いたりする。【他者のことを知る】 ○遊ぶために必要だと思う遊び方や作戦，ルールについて，声をかけ合って集まったり，話したりするなどして，同じグループの友達全員で気持ちや考えを出し合い，決めようとする。【人とものごとをすすめる】〔問題を認識する〕〔豊かに発想し，追求の手立てを構想する〕
○他グループで気付いたことを聞いたり，次の遊びの話を聞いたりする。 ○さようならをする。	○たくさん捕まえたり，助けたり，逃げたり，考えたり，自分の頑張ったことを感じたりして，満足する。【自分に満足する】〔自分を客観的に把握する〕 ○次回，グループの友達と一緒にけいどろをすることを楽しみにする。【自ら決める・選ぶ】

保育・学習を振り返ろう（0.5h）	目標
○保育・学習を振り返る。 ・グループとして，個人として頑張ったことやうまくいったこと，難しかったことを話す。	○たくさん捕まえたり，助けたり，逃げたり，考えたり，自分の頑張ったことを感じたりして，満足する。【自分に満足する】 〔自分を客観的に把握する〕 ○けいどろを通して，友達がしたいと思っていることや感じたこと，今まで気づかなかった個性に気づき，クラスや年齢（校種）を超えた友達を身近に感じる。【他者のことを知る】 ○グループの友達がいたからこそ成し遂げられたことに気付いて喜ぶ。【他者といる喜びを感じる】

表 9-8　5 歳・6 歳合同保育・学習の本時案（一部抜粋）

「ぐるうぷのともだちとちからをあわせていっしょにおにごっこをしよう」本時案（3 日目）

日時 6 月 5 日（水）10:00 ～ 11:30

活動場所　小学校運動場

本時の目標 （ねらい）	①　勝ちたいと思い，たくさん捕まえよう，捕まらないように逃げよう，たくさん助けようとし続ける。［自ら決める・選ぶ］ ②　逃げ切れた，たくさん助けられた，たくさん捕まえられたなどと自分の頑張ったことに満足したり，考えた作戦がうまくいって満足したりする。［自分に満足する］［自分を客観的に把握する］ ③　声をかけ合って一緒に追いかけたり逃げたり助けたりすることを喜んだり，捕まえたことを一緒に喜んだり，グループの友達と頑張ったことや楽しかったことを話したり聞いたりして，グループの友達に親しみをもったりする。［他者といる喜びを感じる］ ④　同じグループの年長児や一年生の，したいと思っていることや感じていること，個性に気付き，身近に感じる。［他者のことを知る］ ⑤　自分の気持ちや考えを同じグループの友達に伝えたり，相手に分かってもらえるように顔を見たりやって見せたり身振りや手振りを加えたり絵に描いたりして伝えたりしようとする。［自分のことを伝える］ ⑥　同じグループの友達と，どうしたらうまく逃げたり，捕まえられたりできるかを考えたり試したり，勝負に勝つために自分にできることを見付けてしたりしようとする。［人と協力・協同する］［豊かに発想し，追求の手立てを構想する］［実行し，その結果をもとに判断をくだす］ ⑦　より多く捕まえたり逃げたりするための作戦や鬼ごっこが楽しくなるための遊び方やルールなど必要に感じたことについて，どうしたらよいのかを同じグループの仲間全員で考えたり，決めたり，決めたことをしたりしようとする。［人とものごとをすすめる］［問題を認識する］［豊かに発想し，追求の手立てを構想する］［実行し，その結果をもとに判断をくだす］ ⑧　友達の動きに合わせて，力いっぱい走ったりスピードを落としたり，身を翻してかわしたり，方向転換をしたりするなど，自分の動きを調整しようとする。［身体を操作する］ ⑨　牢屋や安全地帯，仲間，敵との距離やコート内での位置関係を感じ，置く場所や走る向き，立ち位置などを考えようとする。［空間を数理的にとらえる］

時間	学習活動	具体的な支援（＊環境の構成　◎教師の援助）	事実	解釈
10:05	○前回の終わりに出た話（ルールや遊び方について）を思い出す ○今日する鬼ごっこのアレンジについて知る ・牢屋と安全地帯（アジト）の場所や形を自分たちで決められることを知る	◎勝つために，たくさん捕まえよう，より逃げられないようにしよう，捕まらないように逃げよう，たくさん助けようなどと思って鬼ごっこを楽しみにできるように，牢屋や安全地帯がアレンジできることを伝え，アレンジの例を少し紹介する。① ◎逃げたり助けたり，捕まえたり守ったりする作戦を，グループの友達と一緒に考えられるように，前回は固定だった牢屋の形や場所，各泥棒グループのアジトを，自分たちで決めることを話す⑦		
10:25	○鬼ごっこをする ・友達と声をかけ合って追いかけたり守ったり逃げたり助けたりする ・一緒に捕まえたことや助けたことを喜ぶ ・友達の動きに合わせて，思い切り走ったりスピードを落としたり，身を翻してかわしたり，方向転換したりする ・ルールや遊び方で困ったことがあった時には 3 グループで話し合う ・次の戦いに向けてグループで作戦を話し合う	◎友達と一緒に捕まえた嬉しさや一緒に逃げる楽しさを味わえるように，一緒にしたから捕まえられたり，一緒に逃げたり，助けたり助けられたりして嬉しい気持ちを言葉にして共感する。③ ◎友達の動きに合わせて自分の動きを調整できるように，急に方向転換する，身をかわすなど，身のこなしをほめたり，後ろに鬼が迫ってきていることやもう少しで捕まえられそうなことを言葉にして気付かせたり励ましたりする。⑧ ◎牢屋や安全地帯，仲間，敵との距離やコート内での位置関係を感じたり，感じていることを意識したりできるように，置く場所や走る向き，立ち位置などの理由を尋ねたり，状況を言葉にして伝えたり，気付いて作戦に取り入れている姿を褒めたりする。⑨ ◎グループの友達と勝つために考えた作戦を思い出して力を合わせようと思えるように，今捕まっている人数や仲間の名前を知らせたり，グループのために自分にできることをしている姿を知らせたり励ましたりする。⑥ ◎同じグループの年長児や一年生の個性やしたいと思っていること，感じていることに気付けるように，友達の動きや思いを言葉にして注目させる。④ ◎自分の考えが言いにくかったり，考えていることや困っていることがあるのにどうしたらよいか分からなかったりする子どもには，勇気を出して言うよう励ましたり，言えた時に友達に伝えられた嬉しさに共感したりする。⑤ ◎チームでどうしたらうまく逃げたり，捕まえられたりできるのか，どこに牢屋や安全地帯を置いたらうまくいくか必要を感じた際に考えられるように，鬼ごっこが一区切りついた後に，考える必要を感じていればチームで話し合う時間をもつ。⑦		

		◎うまくいったことや前よりもよかったことを感じて満足できるように，自分の考えた方法について言っていることを繰り返し言って感心したり，前と比べて話したりする。②		
11:15	○鬼ごっこをふりかえる	◎牢屋や安全地帯の置き方でうまくいったことや，チームで考えた作戦がうまくいったことを一緒に喜べるように，グループを前に呼び，皆に紹介する。②		

表 9-9　合同保育・学習の記録（一部抜粋）

⑦みんなが楽しくなるための遊び方や必要なルールを，友達と納得できるように気持ちや考えを出し合い，決めたことに責任をもって進めようとする。〔人とものごとをすすめる〕

月日	事実	解釈	カリキュラムへの知見
6/21	6YN（2 人で話をしている。）	・全員で話す意識がなく 2 人で話している。	グループが勝つために友達の思いを聞いたり，次々にそのためのアイデアを話したりする。
	5GT6K（3 人一緒にいたが，6YN を見て近付く。）	・同じグループの仲間が離れた所で話していることを問題に思っている。	
	6K「何で 2 人で喋ってるん？」	・グループの全員で話すべきで，2 人で話していることがおかしいと思っている。	
	6YN（しばらく黙る。）	・何と返したらよいか考えている。	
	6Y「だってさあ来ない間暇じゃんか。」	・時間があったから話していただけだと思った。	
	6K（黙っている。）	・返す言葉が浮かんでこないでいる。	
	教師「皆揃ってから話してほしいってことかな？」	◎同じグループの仲間全員で進めようとしている思いを仲間に伝えられるように，「皆」や「揃って」という言葉を使って読み取った思いを言葉にして尋ねた。	
	6K（頷く。）	・皆揃ってから話してほしかったと思っている。	
	5G（集まっている所から歩いて離れる。）	・気持ちが今の話に向いておらず，無意識に場を離れた。	
	教師「おんなじ仲間だもんね，5G ちゃん。」	◎仲間で話している意識をもてるように，同じ仲間であることを言葉にした。 ◎自分事として話を聞きにくいため，名前を言った。	
	5G（歩いて輪に戻ってくる。）	・自分も集まった方がよいと思い，すぐに戻ってきた。	
	教師「1 人でも減ったらねぇ。」	◎全員揃ってこそ同じグループの仲間であることを意識できるように，1 人でも減ると全員ではなくなる思いを言葉にした。	
	6Y「あのさぁ」（腕を広げて輪になった隣にいる 6K5G の肩を抱く。）	・同じグループの仲間全員で話をしようとしている。	
	6KN5GT（半歩前に出て隣の友達と肩を組む。顔を寄せ合い微笑む。）	・6Y の動き，思いに引き寄せられ，グループの皆で話をしようと身を寄せた。	
	6Y「すぐにタッチできるように，後ろからタッチしに行くってのはどう？」	・同じグループの仲間と顔を寄せ合うことを嬉しく思っている。	
	5T（微笑んで）「それは簡単です。」	・友達の話を聞いて，それは簡単にできるという自分の思いを話している。	
	6K「赤のチームいるやろ？・・・」	・次々にグループが勝つためのアイデアを話そうとしている。	

⑨牢屋や安全地帯，仲間，敵との距離や位置関係を感じ，置く場所や走る向き，立ち位置などを考えようとする。〔空間を数理的にとらえる〕〔豊かに発想し，追求の手立てを構想する〕

月日	事実	解釈	カリキュラムへの知見
6/5	イヌグループが牢屋から 3m 程離れた所にアジトのロープを置く。	・グループ全員でアジトの場所を牢屋の近くに決めている。	牢屋から離れすぎず，これまでより近い位置にすることで，逃げやすく助けやすいよさがあると考える。
	教師（イヌグループの全員に視線を送りながら）「どうしてここなの？　考えた作戦をこっそり教えて。」	◎グループ全員でどのような考えで位置を決めたのかを振り返って再認できるように，グループ全員に視線を送りながら位置の理由を尋ねた。	
	6H「捕まりそうになってもここに入ればいいから。それに，（牢屋とアジトを交互に指差しながら）ここと近いから捕まっている人をすぐにタッチできる。」	・牢屋から離れすぎず，これまでより近い位置にすることで，逃げやすく助けやすいよさがあると考えている。	
	教師「すぐに逃げやすいし，自分も助かるし？」	◎考えた位置のよさを改めて感じられるように，二つのよさを端的に整理して言葉にした。	
	6M「うん！」	・その通りだと思った。	
	教師「なるほど～」	◎皆で考えたことをよかったと思えるように，感心した。	

めのシステムとして位置づけば，幼児期の教育と児童期の教育は接続され，子どもの発達や特性に応じた教育の実現が可能になるであろう。一方で，教師自身が幼児期から児童期へとつながる教育の専門家としての資質を向上させていかなければならない。

教師が，子どもの発達や特性に応じた教育を実現するためには，教育課程や指導計画を子どもの発達や特性に応じたものとすることに加えて，幼小の教師がともにお互いを高め合い，教師の資質向上を絶え間なく続けていくことを忘れてはならないのである。

7節　家庭との連携計画とその評価

子どもの生活は，保育園・所と家庭の生活の相互作用のなかで成り立っている。それとともに，子どもは保育者と保護者の関係を敏感に感じ取っている。それらを考え合わせると，子どもが豊かに育っていくためには，保育園・所の保育が充実しているとともに，保育者と保護者が互いに信頼し合い，情報交換できる対等な関係が確立されている必要がある。しかし現代の家庭状況は，経済の両極化や価値観の多様化などにより連携困難なことが多く，保育者側に連携における専門性が求められることが多くなっている。この節では，その専門性を中心に「家庭との連携計画」を考えてみたい。

1 ――家庭の状況をアセスメント（情報収集，情報分析）する

(1) 情報収集

的確な「家庭との連携計画」をたてるためには，まず対象となる家庭の多面的な情報を集めることが必要である。情報には，保護者，子どものように当事者から発信されている情報と，その家庭に関わるさまざまな立場の人たちから得られる情報がある。当事者からの情報は，子どもを観察したり，機会をとらえて保護者から話を聴かせてもらうことなどで集められる。その家族に関わる周囲からの情報は，ケースカンファレンスを行なうなどによって得ることが多い。

(2) 情報分析

集まった情報を整理し直してみると，日々の関わりでは気づかなかった家庭

表 9-10　家族状況分析表

家　族　状　況　分　析　表					
対象児：○○A 子		生年月日　平成 30 年 6 月 15 日生		所属：ことりクラス	
記入年月日：令和 2 年 10 月 18 日				記入者　：　○○B子	
年月日	本児	母	父	兄	姉
R2・4・6	ことばをあまりしゃべらない。	いつもおどおどしている。			言葉が少ない。
R2・6・14	左ほほに青あざを作ってくる。「パパした」という。	家の階段から落ちたという。		お父さんが叩いたという。	ケガについて何もいわない。
R2・7・1	腿にあざができていた。	迎えのときに主任が呼び止めて，相談室で話を聞く。			ケガについて何もいわない。
		父親がしつけのために体罰をしているとのこと。			
R2・7・6		主任が朝出会った時に声をかけると「がんばっています」という。			
R2・8・5					最近，表情がよくなってきた。
R2・9・15		お迎えの時に担任に自分から声をかけてくる。父親は運動会に行かないと言っているとのこと。母親も勧めてはいるが，難しいと感じているとのこと。			
R2・9・23	運動会参加	運動会で，とてもはりきって走る。	運動会不参加	運動会に活き活きと参加	運動会に楽しそうに参加
R2・10・18	落ち着いて遊び，言葉の数が増えている。				

主任と話ができたことで，お母さんの元気が出てきたのかもしれない

お母さんの状態がよくなったので，お姉ちゃんもおだやかになってきたのかもしれない

お母さんから声をかけられるようになった事はすごい

なかなかお父さんには会えないし，関われないが，子どものケガなどがなくなってきた

お母さんがお父さんに勧められる力がついている事がすごい

今のところ子どもの調子がいいので，このままの関係で様子を見てみよう

のようすや家庭内の関係性がみえてくる。

①ファミリーマップ，エコマップ

家庭は個々の家族メンバーの問題だけではなく，その家庭を構成している家族メンバー間の関係性の問題からうまく機能していないことがある。そしてその関係性の問題を一番受けやすいのが，家庭のなかの弱者である子どもであることが多い。その関係性は複雑に絡まり合っているが，ファミリーマップで家族内の関係性を図式化することにより，なかなか気づきにくい「どの関係性が

表 9-11　家庭との連携のためのアセスメントシート

<table>
<tr><th colspan="3">家庭との連携のためのアセスメントシート</th></tr>
<tr><td>対象児：〇〇A子　　生年月日　平成 30 年 6 月 15 日生</td><td>所属：ことりクラス</td><td>記入年月日：令和 2 年 9 月 8 日</td></tr>
<tr><td>ねらい：なぜアセスメントするのか？</td><td>・本児の家庭での身体的虐待を防ぎ，安心して生活できるようにするため</td><td>記　入　者：〇〇B子</td></tr>
<tr><td colspan="2">【家庭の状況】
1．マップ（ファミリーマップ，エコマップ）
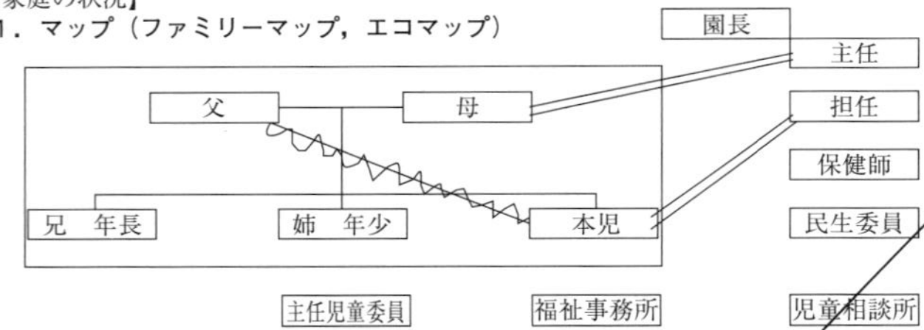

2．状況（健康的な部分には☆印をつける）
・本児が時々，頬などに青あざを作ってくる。
☆兄，姉は特に身体的な問題はない。
☆母はおとなしい人だが，時々，本児がとても我が強く，てこずらせることを相談してくる。
・父親はしつけに厳しく，言う事をきかない本児に対して手が出る。
・本児に青あざについて訊くと，「パパやった」という。

【捉え方】（プラスの思いには○，マイナスの思いには✓をつける）
1．ケースカンファレンスで印象的だったこと
✓　姉はとてもおとなしく，いつも周りの様子を見ているということ
○　お母さんが保育所を信頼しているといわれていたとのこと
✓　お父さんも小さい時に体罰を受けていたということ
○　お母さんは，相談の中で父親の体罰をなんとかしたいと思っているとのこと

2．このケースに対する私の思い
✓　お父さんがどうしてA子ちゃんに対して，あんなにひどいことをするのだろう。
○　お母さんが保育所のことを信頼してくれているのがうれしい。
✓　お父さんに話がしたいが，保育所に来られないので，話をするのもむずかしいし……。
✓　もしものことがあったらどうしようか。不安</td><td>【方向性】今，私ができること
1．子どもに対して
・できるだけ抱くなどのスキンシップをしよう。
・話を聞ける関係を大切にしていこう。
・傷などの様子を気をつけてみておき，記録もしていく。

2．保護者に対して
・お母さんは毎日保育所に来られるので，あいさつなどを丁寧にして，関係を保とう。
・お母さんの表情など，変化に気づけるようによく見ておこう。

3．連携（他の人にお願いすること）
・姉，兄の担任と家庭状況を確認しあい，園長，主任に常に報告して，情報を集めておく。
・お母さんは主任の先生を特に信頼されているので，主任の先生にもお母さんに声をかけてもらう。
・市の福祉事務所に相談し，児童相談所，保健師，民生委員や主任児童委員とのケース会議を開催してもらう。

【評価】やってみて
・市のケース会議をしたことで，すぐに連携がとれる関係ができたので，安心できた。
・最近，お母さんの表情が明るい。あざができるなどの大きな状況がほとんど起きていない。
・本児は相変わらず我を出しているが，特に問題があるほどではない。
・今のまま様子を見てみようと思う。</td></tr>
</table>

健全か」「どの関係性が家庭との連携に使えるか」などが明確になることがある。またエコマップにより，その家庭が地域とどのような関係にあるのか，地域にその家庭を支える社会資源がどれほどあるのかなどに気づくことができる。

②情報を時系列に並べてみる

情報収集するとき，情報は乱雑に入ってくる。それらを時系列で整理しながら並べてみると，そのときの「必然性」に気づくことがある。たとえば「家族状況分析表」（表9-10）のように，家族メンバーそれぞれのできごとを時系列に並べ，できごとの内容によって「プラスのできごとは赤，マイナスのできごとは青」というように色分けをすることで，家族メンバーのそれぞれの役割，その家庭のキーパーソンが分かり，連携の方向性が把握できる。それとともに，保育者自身が表にすることで，その家庭の状況を冷静に受け止められるようになる。

③保育者自身の感情をふり返る

家庭の状況をとらえていく過程で，保育者の感情によってとらえ方が左右されることがある。できるだけ客観的に情報を分析するためには，関わっている保育者自身の感情もふり返ってみる必要がある。とくに連携困難な家庭と連携していく場合，保育者自身が「困った家庭」と感じたり，「連携するのが怖い」と感じるなど，マイナスの感情が湧き出してくる。保育者も人間なので，そのような感情をもつことは悪いことではない。しかし，より正確な情報分析を行なうためには，「家庭との連携のためのアセスメントシート」（表9-11）の【捉え方】の2にあるように，自分の思いも書き出し，そのような感情をもった状態で情報を分析しているのだということを自覚することがたいせつなのである。

2――家庭との連携の目標を明確にする

(1)「保育の専門性」を意識する

アセスメントの結果から目標をたてていくが，「保育の専門家として何をしていくのか？」という観点から，目標を選択していく必要がある。保育者は，子どもの育ちを支える専門家である。そのため，子どもの育ちの見取，育ちを支えるための環境構成，援助に関する知識，技術を持っている。それと共に，園・所に通っている子どもは，日々，共に一緒にいるという日常性も備わっている。

家庭との連携の目標をたてるとき，それらの専門性を生かすことができないかを意識しながら目標をたてる。たとえば，その子どもは，今，どのような力が育っているのか，その力を育てるためには，どのような環境構成や援助をすればいいのかを見極め，それらのことを保育のなかで取り入れながら，保護者にその見取や関わりを分かりやすく伝えていくことも家庭連携には有効である。保護者は，日々自分の子どもの姿を見取っている専門家から，自分の子どもが育っていく姿やそれに関する方法を聞くことで，力を得る。

保護者自身が精神的障害や疾病を持っている場合等は，心理職や福祉職など他の専門性を持つ専門家や専門機関につなげていくための目標をたてる。

(2)「健康的な部分」に注目する

家庭との連携の目標をたてるとき，「その家庭のなかにある健康的な部分」に目を向ける必要がある。たとえば，表9-11の事例のように「父親はしつけと思って本児に体罰をする」というマイナスの状況のなかで，「そのことについて母親は間違っていると思い，保育者に相談をしている」という健康的な部分がある。その母親の健康的な部分に注目し，「常に母親に声をかけ，気持ちを支えたり，いつでも相談ができる体制を作る」などの目標をたてる。表9-11ではこの【捉え方】と【方向性】の関係性を矢印で示している。矢印を使うことで，家庭との連携の方向性を確認していくこともたいせつである。

ただ，困難家庭との連携時には「健康的な部分」というものがみえにくい。そのため，ほかの職員とのケースカンファレンスや経験豊かなスーパーバイザーとの面談などを通じて探っていく。それらによって自分自身が受けとめた見方を表9-11の【捉え方】1「ケースカンファレンスで印象的だったこと」などに書き込み，意識していくことも有効である。

(3) 具体的，現実的な目標をあげる

家庭との連携の目標を考える場合，できるだけ具体的でちょっとした工夫をすることで実行可能な目標をあげる。その目標を探り出すために，ふだんはなかなかうまくいかないが，偶然に成功した場面がないかどうか，またその偶然に起きた場面のなかで参考になることはないかなど，想像力豊かに柔軟な発想をもって考えていく。

3 ――家庭との連携の評価

家庭との連携計画をもとに実際にはたらきかけ，その結果をふり返り，再び分析，計画，実践という作業をくり返しながら，少しずつ家庭と連携していく。連携困難な家庭ほどそのくり返しの回数が多くなるが，けっしてあきらめることなく，小さな変化に目を向けていく。

(1) 目に見えにくいことに目を向ける

家庭との連携は，ほとんどが小さな変化の積み重ねである。そのため「小さな変化」に気づき，柔軟にアセスメントしていく必要がある。「小さな変化」は目に見えにくく，気付きにくいことが多いので，常にほかの保育者の協力を仰ぎながら，多様な観点で評価していく必要がある。

(2) 子育ての主体は保護者であることを認識する

連携をするということは，お互いが対等であるということである。保育者と保護者の関係を対等に保つためには，「保護者が子育ての主体であり，保育者の意見は提案の１つであって，選択するのは保護者である」ということを認識しながら家庭との連携計画を評価していくことがたいせつである。

8節 食育計画とその評価

1 ――食育の必要性と園での食育のねらい

(1) 食育の必要性

高度経済社会において子どもたちの身のまわりには，おいしそうな，そしてからだにもよさそうで簡単に口にすることのできる商品が出回っている。そのようななか，食事のバランスを崩す人や疾病全体に占める生活習慣病の割合がふえ，しかも患者の若年化が進んでいるといわれている。また，消費者から生産者の顔がみえにくくなり，食べものがどのように育てられ，テーブルに運ばれてくるのかがわからなくなってきたようにも思われる。子どもたちの食生活を考えてみた場合，手軽で好きなものに偏りがちになっていることや，大人の時間にあわせて子どもの生活時間も夜型になり朝食を食べないで登園してくる子どもがふえてきた。そのような状況から考えてみると，園での生活はとても重要であると考えられる。忙しい社会のなかで，家族がそろって食事をすることも少なくなり，さらには子どもたちの孤食もふえているといわれている。それだからこそ，園では，みんなで楽しく食事をしたり，コミュニケーションしたりして，食事への「楽しみ」や「喜び」をしっかりと感じることのできる環境を整えていく必要がある。

園における食育は，人生の根幹をほぼ作り上げるといわれる乳幼児期の子どもたちに，現在そして将来の健康を形づくるものである。そのために「食育基本法」でいわれる「自ら食を選ぶ能力を含めた食の自己管理能力」を育て,「ひとりひとりが自分の健康を守り」,「健全で豊かな食生活を送る力」を育てていく必要がある。また同時に食物への感謝の気持ち，旬の食べものから季節を感じる心，おいしいと感じる感覚など五感のはたらきをとおして「心」をはぐくんでいく必要があると考える。

(2) 園における食育の体制

園の子どもたちの食生活を実践するために留意すべき点は，子どもの現状を把握し，栄養士と保育者とがそれぞれの専門性を生かすことができるように大いに対話し連携を図ることであると考える。好ききらい・野菜ぎらい・食べ残し・食べもので遊ぶなどの子どもの姿が見られるなかで，生まれたときからほぼ備わっている「味覚」と食体験の積み重ねで決まる「嗜好」と食習慣について栄養士と保育者とで話し合いを重ねていくことがたいせつである。また子どもたちの生活リズムもさまざまななか，保護者へ生活リズムのたいせつさを伝えていくと同時に，空腹感を感じるまでに体を十分に動かし遊び込むことや活動をしたあとの一人ひとりの欲求にあわせた食事の提供などについて保護者とともに考えていかなければならないと考える。

(3) 食育の拠点としての園の役割

食育の拠点として園は多様にその役割を果たすことが可能である。実際に食育の基礎として園で実施できることについて，以下列挙してみよう。

・食材や調味料などを吟味し食材そのものの味を重視し薄味の徹底ができる。
・外部搬入ではなく，園のなかの給食室で職員が調理することで，調理する姿を子どもたちが，直接見ることができると同時に,「匂い」や「包丁の音」

などを聞くことにより，子どもたちに五感をとおして「食」への意欲を深めることができる。

・購入先，調理者を明確にすることで安全・安心の食事が提供できる。

・家庭では，とかく食事が好きなものに偏りがちになるが，保育園の給食は，いろいろな食材を使用して，栄養のバランスを考えたメニューを提供できる（離乳食も含む)。

・保育者や友だちといっしょに楽しく食事ができる（コミュニケーション)。

・園で食事マナーを学ぶうえで，友だちどうしでお互いに刺激し合うことにより，マナーに対する意識を高めることができる。

2 ――指導計画の実際

(1) 食育の長期計画

表9-12は食育の長期計画である。栄養指導や衛生面に関する年次計画である（A保育園における実践事例)。マナーの内容に関しても，子どもの姿を見ながら，年間をとおして育てたい項目を加えている（例：三角食べ・姿勢・食べものを口に入れたままお話をしない・ご飯茶碗に，ご飯粒を残さない・茶碗の持ち方・肘をつかない・足を机の下に入れるなど)。旬の食材についても，四季をとおして重視したいため，1年を4期に区分し計画をたてている。

長期計画立案にあたり配慮すべきことは，前年度の食育計画実践に対する評価を，栄養士・保育者それぞれで行ない，課題を次年度につなげることである。たとえばA保育園においては，以下の事例があげられる。

①前年度は，クッキングを計画していたが，あまり実行に移すことができなかった。

②栄養士と保育者との連携がとれていなかった。

③今年度は，計画の段階より話し合いを行ない，実施している。

④クッキングの計画にあたっては，各クラス（3，4，5歳児）とも，年間3回は組み入れ，年齢に応じて回を重ねることで，経験を生かした内容が提供されている。

3歳児の場合の事例を以下にあげよう。1回目のメニューは「味噌汁」。牛乳パックで作った包丁で，豆腐を切って入れる。2回目のメニューは「フルー

表 9-12　食育の長期計画（A保育園実践事例）　　　　　　年間指導計画（平成 22 年度）

<table>
<tr><td></td><td colspan="2">1期（4月～6月）</td><td>2期（7月～9月）</td></tr>
<tr><td>年間目標</td><td colspan="3">・郷土料理，旬のものを取り入れた献立を提案する。
・年齢に応じたクッキングを保育士と連携を持ち，積極的に行なう。
・毎月，給食・保健会議を実施する。
・安心で安全な給食を提供する。
・一緒に食事をしたり，園内放送
・保護者・地域の方へアンケート</td></tr>
<tr><td>ねらい</td><td colspan="3">・給食，おやつを通して食への関心を持ち，毎日の給食を楽しみに出来る子を育む。
＊ つきぐみが毎日の献立を園内放送することにより，食への興味・関心を持ち，知識を深める。また，子どもた</td></tr>
<tr><td>工夫</td><td colspan="2">・旬の食材を取り入れ，食べやすいものから多く取り入れていく。
・食中毒に注意した献立づくりをする。（6～10月）
・手作り紙芝居を通して，衛生面での大切さを伝える。</td><td>・暑さのため食欲が低下するので，喉ごしのよい献立や，香味野菜を使用することで，食欲を増進させる工夫をする。</td></tr>
<tr><td>離乳食</td><td colspan="3">≪ねらい≫　・お腹がすき，乳を吸い，離乳食を喜んで食べ，心地よい生活を味わう。　・色んな食べ物を</td></tr>
<tr><td rowspan="3">給食・おやつ</td><td colspan="3">≪目標≫　・旬のものを取り入れていく。　・大豆，大豆製品や乳製品を積極的に取り入れていく。
・新しいおやつを取り入れていく。（毎月１種類以上）</td></tr>
<tr><td colspan="3">＊ 郷土料理：毎月２つ以上の種類の郷土料理を取り入れる。</td></tr>
<tr><td colspan="3">≪ねらい≫　＊ 色々な種類の食べ物や料理を味わう。　＊ 健康，安全など食生活に必要な基本的な習慣や態度</td></tr>
<tr><td>夕食</td><td colspan="3">・旬の食材を取り入れ，季節感のある献立にする。　・集団給食では難しい手のこんだもの</td></tr>
<tr><td rowspan="4">栄養指導内容</td><td>＊放　送＊</td><td colspan="2">・食べ物と身体の関係，旬の食材，食事のときの姿勢・マナー，咀嚼の大切さ，三角食べ 。</td></tr>
<tr><td>＊お便り＊</td><td>・春の野菜・マナー・夏に負けない体作り</td><td>・夏野菜・朝ご飯の大切さ・秋野菜</td></tr>
<tr><td rowspan="2">＊食　育＊</td><td colspan="2">≪ねらい≫　・自然の食材にふれる。　・食文化にふれる。　・身近な食材をつかって，調理</td></tr>
<tr><td>・野菜の皮むき　・エプロンシアター
・紙芝居「手洗い」　・クッキング（クッキー）</td><td>・野菜の皮むき・切り込み・絵本の読み聞かせ
・クッキング（五平もち，いきなり団子，ホットケーキ）</td></tr>
<tr><td rowspan="2">行事食</td><td colspan="2">・月一回誕生会食
・入園ランチ（４月）◎かえるの合唱ランチ（６月）
◎ちゅうりっぷランチ（４月）　・祖父母招待（６月）
◎こいのぼりランチ（５月）</td><td>・月一回誕生会食
・つきぐみキャンプ（７月）◎ももたろうランチ（９月）
◎たなばたさまランチ（７月）・お月見コンサート（９月）
◎とんでったバナナランチ（８月）</td></tr>
<tr><td colspan="2">給食→４月：鰆の塩焼き，あさりの清汁，赤飯・５月：そら豆ご飯・６月：竹の子ご飯，そうめん
おやつ→４月：よもぎ団子，お花見団子，さくら餅・５月：八朔・６月：甘夏，かえるパン</td><td>給食→７月：枝豆ご飯，おきゅうと，冷麺・８月：冷やしうどん，ところてん，ゴーヤチャンプル・９月：栗ご飯，秋刀魚の塩焼き
おやつ→７月：焼きとうもろこし・８月：ゼリー，フルーツポンチ，すいか・９月：お彼岸（おはぎ），お月見団子</td></tr>
<tr><td>旬の食べ物</td><td colspan="2">竹の子，菜の花，アスパラ，キャベツ，ふき，ピース，スナップエンドウ，じゃが芋，そら豆，ニラ，レタス，胡瓜，トマト，うど，木の芽，山菜，絹さや，玉葱，さやえんどう，人参，ごぼう，ピーマン，枝豆，小松菜，わかめ，いちご，八朔，甘夏，メロン，あさり貝，鰆，鰯，きびなご，えび，鯵，イカ</td><td>南瓜，胡瓜，トマト，ピーマン，茄子，オクラ，ゴーヤ，とうもろこし，枝豆，冬瓜，いんげん，大葉，蓮根，ズッキーニ，山芋，ごぼう，じゃが芋，オクラ，ニラ，アスパラ，青しそ，モロヘイヤ，ブロッコリー，すいか，メロン，巨峰，梨，キウイ，栗，鯵，鰯，秋刀魚，鯖，鮭，ところてん，おきゅうと</td></tr>
<tr><td>衛生面</td><td colspan="3">（１年を通じて）
・手指の洗浄，消毒
・給食をつくるときマスクの着用
・汚染区域と非汚染区域の徹底
・強酸性水による台，冷蔵庫内・トレイなどの消毒
・強酸性水による生野菜，果物などの消毒
・エアコン，扇風機の掃除（週一回）
・下水層の掃除（週一回）
・防水エプロン（洗い物の場合使用）</td></tr>
</table>

※つきぐみとは年長児クラス

※◎のマーク…地域支援事業（おひさまランチ）毎月１回（定員 10 組）要予約，毎月おひさまだより（地域支援）を配布。

給食（担任：　　　　　　　　　　　　　　　　　　　）

	3期（10月～12月）	4期（1月～3月）
	によりマナーなどを伝えていく。 を実施する。	
	・食材や食事を整えてくれた人への感謝の気持ちを持つ。 ちが園内放送を聞くことにより旬の食材・働きなどを知り，正しいマナーを身につける。	
	・食欲が増すため，秋の味覚をたくさん味わう。 ・牛乳の摂取量が減るため，ホットミルクなど摂取量を上げる工夫をする。（12月～1月） ・手作り紙芝居を通して，風邪予防を伝える。	・冬野菜を取り入れ，身体の暖まる献立に工夫する。（1月） ・旬の食材を使い，見た目の楽しめる献立にする。 ・つきぐみのリクエストメニューを入れる。
	見る，触る，味わう経験を通して自分で進んで食べようとする。	
	・新しいメニューを取り入れていく。	
	を身につける。　＊食事にふさわしい環境を考えて，ゆとりある落ち着いた雰囲気で食事をする。	
	も取り入れていく。　・家庭の雰囲気を味わえる献立にする。	
	（全期を通して伝える）	
	・食べ合わせ・冬野菜・風邪予防・クリスマス	・つきぐみリクエストメニュー
	を楽しむ。　・人との関わりを楽しむ。	
	・紙芝居「手洗い」→風邪予防　・マグネットシアター ・クッキング（スイートポテト，南瓜パイ，もちもちどら焼き）	・クッキング（クッキー，お好み焼き） ・プリン作り（異年齢クッキング）
	・月一回誕生会食 ◎どんぐりころころランチ（10月） ◎森のくまさんランチ（11月） ◎ジングルベルランチ（12月）（バイキング形式）	・月一回誕生会食　・鍋パーティー（2月） ◎たこのうたランチ（1月）◎ひなまつりランチ（3月） ・おでん屋さん（1月）　・卒園ランチ（3月） ◎まめまきランチ（2月）
	給食→10月：かぶの甘酢漬け，味噌煮込みうどん・11月：かしわ飯，さつま汁・12月：年越しうどん おやつ→10月：スイートポテト・11月：ふかし芋・12月:冬至の南瓜料理，クリスマスケーキ，スノークッキー	給食→1月：黒豆，白玉雑煮，豚丼，おでん・2月：つきぐみリクエストメニュー，鍋・3月：つきぐみリクエストメニュー おやつ→1月：七草がゆ，鏡開きぜんざい・2月：バレンタインデーのココアケーキ・3月：ホワイトデーのココアクッキー，お彼岸（ぼたもち）
	茄子，南瓜，しめじ，なめこ，えのき，ピーマン，トマト，ごぼう，じゃが芋，さつま芋，蓮根，里芋，ほうれん草，小松菜，かぶ，大豆，大根，白菜，春菊，水菜，白葱，人参，ブロッコリー，キャベツ，青梗菜，深葱，巨峰，梨，栗，りんご，みかん，柿，キウイ，秋刀魚，鯖，鮭，ぶり	里芋，人参，大根，白菜，春菊，ほうれん草，小松菜，かぶ，水菜，ブロッコリー，カリフラワー，菜の花，じゃが芋，絹さや，キャベツ，蓮根，りんご，みかん，ぽんかん，キウイ，いよかん，八朔，いちご，わかめ，ひじき，鮭，鯖，ぶり，ふぐ，あさり貝
	・強酸性水による壁，棚の拭き掃除（週一回） ・床面の掃除 ・まな板，包丁など器具の使い分け（魚，肉，野菜，果物など）	

ツ白玉」。バナナ・パイン（缶詰）・桃（缶詰）を，牛乳パックで作った包丁で切る。だんごをまるめ，沸騰したお湯のなかに入れる作業を行なう。3回目のメニューは「いきなりだんご」。芋は職員が切る。①芋にあんこをのせ，白玉粉入りの小麦粉でつくった皮に①を包む作業を行なう。このように，子どもの経験や発達に応じて，計画をたて実際に実践している。

また，食育において園が家庭・地域と連携を図ることは，食材がつくられる現場への関心を高め，また人への感謝や人とのつながりを学ぶ機会になる。以下，長期計画に基づき実施している連携の工夫の具体例を紹介しよう。年長児では，給食で使用している米を購入している地域の農家の方々の協力を得て，田植え（もち米）をし，秋に稲刈りを行なう。年末に収穫したもち米を使用し「もちつき」を行なう。その他「梅干しづくり」も行なう。そして梅干しおにぎりを自分たちでつくり，山登りの際に持参している。年中児では，地域の方の畑を借り，芋苗を植え，水かけ・草取りを行ない，秋に収穫し，「焼き芋パーティー」を行なう。年少児では，地域の方から指導をしていただき，「味噌作り」を行なう。年1回の「祖父母招待の日」に味噌汁を提供している。また，園の職員どうしの話し合いも実施している。保育者と栄養士は，地域，家族，子どもがどのようにつながることができるかを考え，たとえば，芋掘りをしてきたら，子どもたちのできるお手伝いは，どのようなことか，また，どのような料理にするのか，また，子どもたちが作った味噌を祖父母招待の際に提供するためにはどのような献立にするのがよいかなど，栄養士と保育者などで話し合う。

(2) 食育の短期計画

長期計画をふまえて，日々の食育について，より短期的な計画を行ない実践していくその積み重ねによって，子どもたちに食物についての正しい知識と好ましい食生活習慣が身につくものと考えられる。たとえば，給食について毎日順番でメニューを読み上げるといった実践があげられる。

天気のよい日や季節の花（桜など）の開花に応じたピクニックスタイルのランチの計画があげられる。天気や自然の移り変わりに応じた計画は短期的にしかたてられないが，豊かで移り変わる日本の自然に応じながら，自然と食とのつながりを考える機会を計画することがたいせつであると考える。

その他にも，ともに食を考える機会として，卒園前にリクエストランチを実施している。子どもたちの声をメニューに盛り込み，園で友だちといっしょに給食を食べた楽しい思い出をいつまでも記憶にとどめてほしいと思っている。

短期の計画においては，子どもたちの日々の状態を配慮することに加えて，日本古来の伝統行事をたいせつにしつつ，季節感や旬の食材の提供の可能性を吟味しながら，その時どきの計画をたてる必要がある。

3 ――評価

(1) 保護者の声，子どもの声

食育における評価をするときには，保護者への給食アンケートを行ない，子どもたちが食事をしている姿を写真に撮り保護者に見てもらう。また献立放送についてのインタビューなどによって，食と関わる子どもや保護者の声をひろい上げることが望まれる。以下は，子どもたちによる献立放送に関する保護者アンケートの結果である。「自分の放送したメモを見て，家でも言ってくれました。晩ご飯のときも，『これは，何の栄養があると？』と聞いてきて，きらいなものもがまんして食べていました。」『給食の献立，今日は何？』と毎朝聞いてきます。最初は知らない献立，食材などがたくさんでしたが，いまでは献立を読んでいても，『それ知ってる』とか『そのメニュー大好き！』など，聞くだけでどういう食材なのかわかるようになったようです。」「慎重なため，初めて口にするものには，口に入れるまで時間がかかっていたのですが，『これは栄養があるとよ』『これはビタミンCがいっぱいやけん，お顔がツルツルになるよ』とあまり食べなかったものも食べるようになりました。自分が放送したときのメモを家の冷蔵庫にいつも貼っていますよ。」

(2) 多職種連携による評価の実際

食育のよりよい実践のためには，園の食に関わる多職種が連携し，実践の評価を行ない，改善をともに考え，工夫することがたいせつである。たとえば，毎月１回，給食・保健会議（メンバーは，給食室全員・各クラス代表・看護師）を行ない，意見交換・確認・報告などを行なうことが望まれる。

栄養士と保育者の連携による実践も重要である。栄養士自身が直接給食時に各クラスを回り，子どもの嗜好や残食の状態などを把握する必要がある。未満児クラスでは，食べやすさなど食事行為実態を把握することがたいせつであろう。A保育園では，栄養士は，各クラスの年齢に応じた，「エプロンシアター」「マグネットシアター」「紙芝居」などを行ない，栄養素や食材やマナーなどを伝えている。クラス（2，3，4，5歳児）に応じて，食材の断面図を見せながらその特徴を伝えたり，野菜の生産地を伝えたり，三大栄養素についてわかりやすく説明している。独自で作成した紙芝居を用いて，誕生会の催しなどで食についての関心と理解を深める努力もしている。

栄養士や調理師そして保育者や看護師が連携し，食育年間指導計画に基づき，ふり返りを行なう。さらにクラス間の話し合いの場をもち，課題を明確にし，次へとつなげていく。たとえば，月1回，給食・保健会議を実施。毎日，朝礼時に栄養士より，その日の献立の内容の確認や，除去食と除去者の確認を行なう。日々の子どもの体調にあわせて，献立の対応をする（例：病後の子どもには，おかゆにしたり油を控えめにしたりする。口の中にけががある場合や歯の矯正をしている場合は，食材の調理〈大きさ・柔らかさ〉を考慮する）など，調理と保育と健康の部門で連携をとりながら進めていくことは，欠かせない。

(3) PDCA サイクルをめざして

保育実践の後のふり返り，それに基づく次の工夫を相談し改善し，さらなる計画を行なうことは，より豊かな食育の実践につながる。短期計画の内容に関しては，実施後そのつどふり返ることが望まれる。地域支援活動や行事などについては，事後必ずアンケートなどを行ない，次回に生かす必要がある。

短期の計画のふり返りが蓄積されてこそ，長期の計画のふり返りと，さらなる改善が可能となる。年度末には総合的なふり返りにより，毎年長期の計画も少しずつ工夫改善し，食育の試みを次年度につなげていくことが望まれる。

保育所での食育の実際や，実施後のアンケートの結果は，保護者や地域に公表し，さらには，公表した内容に関するさまざまな反応について検討を加え，よりよい食育の実施に向けた改善を続けていくことがたいせつである。子どもの食生活の改善向上のためには，保育所と保護者と地域の人々との問題意識の共有と相互協力が不可欠である。

9節 保育所以外の児童福祉施設の計画と評価

1 ――児童の自立支援をめざして

近年，児童福祉の原理において，時系列的な広がりと場・空間的広がりがもたらされた。かつては，養育の必要な個々の子どものニーズに応じて支援を行なうという現在のニーズへの応答という視点が強かった。しかし，現在では，施設が変わったり，施設を巣立ったりしたあとの子どもの福祉をめざす現在から続く未来の子どもの，「自立して生きる力」を培うという，先を見通した児童のニーズへのまなざしが向けられるようになった。また，時系列的広がりに加え，場・空間的な広がりももたらされた。つまり，児童福祉施設における子どもの背景，つまり，保護者や保護者と子どもの関係も含めて，総合的に子どもの自立を支援するようになった。個々の子どもの支援を，その保護者や親子関係を含む，より包括的なものとして，行なっていくのである。

児童福祉施設には，「児童福祉施設の設備及び運営に関する基準」第45条の2において，児童支援計画の策定が義務づけられている。

> 第四十五条の二　児童養護施設の長は，第四十四条の目的を達成するため，入所中の個々の児童について，児童やその家庭の状況等を勘案して，その自立を支援するための計画を策定しなければならない。

児童福祉施設では，時系列的にも，場・空間的にも，子どもの福祉を実現するために，連携を継続し，家庭・施設・学校・地域が，連携した児童の自立支援が図られるのである。

2 ――児童福祉施設の計画と評価の実際

(1) 児童自立支援のプロセス―児童相談所と児童福祉施設の協同

児童の自立支援に向けて，まず支援の必要な子どもの状況は，児童相談所で把握される。①受付面談，②調査，③分析・診断がなされる。③分析・診断には，社会診断，心理診断，医学診断，行動診断，その他の診断がある。この診断の結果に基づき児童相談所で，援助方針に関わる会議が設けられ，子どもの処遇を検討する。一般的には，援助指針表（児童記録票，心理診断書，一時保護行動観察記録，指導指針票，問診票など）が作成され送付される。

乳児院，児童養護施設，児童自立支援施設などでは，送付された資料に基づき，子どもの入所を受け入れ，初期観察（入所後2，3か月）の結果を加味しながら，児童の自立支援計画を策定する。児童福祉施設は，子ども・保護者・親子関係の課題を整理し，適切な支援計画を策定する。ここでは同時に，児童相談所の役割や担当のケースワーカーなどを明確にし，児童養護施設と児童相談所が連携して子どもの支援をスタートさせる。

児童福祉施設における実践では，常日頃から子どもの行動観察記録や児童と保護者の面接記録など，実践記録をつける。これらの記録を参考に，児童相談所と児童福祉施設は，定期的（たとえば一学期に一度）に連絡会議を開き，より子どもの実情に応じた支援が可能となるように，自立支援計画票を次年度へと改訂していく。

児童の自立支援は，具体的な対応と子どもや保護者そしてその親子関係に関する状況の変化について，児童相談所と児童福祉施設が情報を共有し，評価と課題の整理をともに行なう。つまり，専門職が協同して，児童そして保護者や親子関係に関わる課題の総合的な支援をめざす。

(2) 児童自立支援計画と評価の実際

児童自立支援の計画・支援・評価は，子どもとその家族などの総合的な支援に関わる経過と評価を基に，実施する。児童福祉施設入所後の，子ども，保護者，親子関係の課題や目標に関連する支援の目標，経過，評価を記録し，それを基にさらに計画と評価をくり返しながら支援の改善を図る。

表9-13は，児童自立支援計画票である。課題を明確にし，本人，保護者，地域の意向が記録され，児童相談所との協議内容をもとに，支援の方針が策定される。計画（目標と支援の方法）と，支援後の評価に関する記録は，子ども本人，家庭（養育者・家族），地域（保育所・学校など）それぞれについて，長期・短期目標（支援上の課題，目標，内容・方法）とその評価がなされる。

記載内容について若干の説明を加える。子どもの意向とは，子ども自身の問題に対する気持ち，家庭引き取りなどへの思い，入所後の子どもの意向と変化，施設生活への認識などである。保護者の意向とは，子どもに対する思いや施設

表9-13　自立支援計画票

施設名　　　　　　　　　　　　　　　　　　　　　　　　　　作成者名

<table>
<tr><td colspan="2">ふりがな</td><td rowspan="2">性別</td><td rowspan="2">男・女</td><td rowspan="2">生年月日</td><td rowspan="2">平成　　年　　月　　日</td></tr>
<tr><td>子どもの氏名</td><td></td></tr>
<tr><td>保護者の氏名</td><td></td><td>続柄</td><td></td><td>学年年齢</td><td>幼・保・小・中・高
年（　　歳）</td></tr>
<tr><td colspan="6">入所事由</td></tr>
<tr><td colspan="6">本人の意向</td></tr>
<tr><td colspan="6">保護者の意向</td></tr>
<tr><td colspan="6">市町村・学校・保育所・職場等の意向</td></tr>
<tr><td colspan="6">児童相談所との協議内容</td></tr>
<tr><td colspan="6">支援方針</td></tr>
<tr><td colspan="4">第　　回　支援計画の策定及び評価</td><td colspan="2">次期検討時期：　　　年　　　月</td></tr>
</table>

<table>
<tr><td colspan="5">子ども本人</td></tr>
<tr><td>長期目標</td><td>支援上の課題</td><td>支援目標</td><td>支援内容・方法</td><td>評価（内容・期日）</td></tr>
<tr><td rowspan="3">短期目標（優先・重点課題）</td><td></td><td></td><td></td><td></td></tr>
<tr><td></td><td></td><td></td><td></td></tr>
<tr><td></td><td></td><td></td><td></td></tr>
<tr><td colspan="5">家庭（養育者・家族）</td></tr>
<tr><td>長期目標</td><td colspan="4"></td></tr>
<tr><td>長期目標</td><td>支援上の課題</td><td>支援目標</td><td>支援内容・方法</td><td>評価（内容・期日）</td></tr>
<tr><td rowspan="2">短期目標（優先・重点課題）</td><td></td><td></td><td></td><td></td></tr>
<tr><td></td><td></td><td></td><td></td></tr>
<tr><td colspan="5">地域（保育所・学校等）</td></tr>
<tr><td>長期目標</td><td colspan="4"></td></tr>
<tr><td rowspan="3">短期目標（優先・重点課題）</td><td>支援上の課題</td><td>支援目標</td><td>支援内容・方法</td><td>評価（内容・期日）</td></tr>
<tr><td></td><td></td><td></td><td></td></tr>
<tr><td></td><td></td><td></td><td></td></tr>
<tr><td colspan="5">総合</td></tr>
<tr><td>長期目標</td><td colspan="4"></td></tr>
<tr><td rowspan="3">短期目標（優先・重点課題）</td><td>支援上の課題</td><td>支援目標</td><td>支援内容・方法</td><td>評価（内容・期日）</td></tr>
<tr><td></td><td></td><td></td><td></td></tr>
<tr><td></td><td></td><td></td><td></td></tr>
<tr><td colspan="5">特記事項</td></tr>
</table>

施設長

入所への見通しや意向などである。

子どもの課題は，行動特徴や能力を把握し，肯定的な側面を伸ばすという視点とともに抽出する。目標は，子どもの自立や家庭復帰といった長期的目標を見通しながら，実情に沿った達成可能な目標を短期的に設定する。

保護者の課題や目標は，生活（住居・経済・就労），世代間葛藤，家族関係，地域の人間関係をふまえ，現状の達成状況と可能な目標を小刻みに設定する。

親子関係については，たとえば家庭引き取りに向けて，実際に定期的な面会が可能かどうか，段階的な条件設定に基づく親子関係の機械を検討する。子どもと保護者の関係性の変化を，複雑な両者の立場を勘案して，自身と自立につながるような達成感を考慮して計画し実践する。

地域（保育所・学校など）に関しては，子どもの居場所が形成されるように，定期的な支援ネットワークの形成がめざされる。地域の人々や保育所・学校の先生との関係性の維持や強化，サークルや保育所・学校行事への参加などが短期の目標として設定され，定期的通信や面会，行事による交流などが具体的な内容・方法として含まれる。

児童の自立支援は，児童の居場所が，乳児院，児童養護施設，里親，家庭引き取りといった状況に変化しても，子どもの成長の過程をとおして一貫した支援であるべきである。支援の連続性を図るためには，記録はたいせつな役割を果たす。その意味で，子どもの自立支援を，子どもを取り巻く文脈，保護者，親子関係，地域といったより広い視点から総合的に計画と実践，評価をくり返すことが必要である。

10節　保育の計画と保育評価につながる記録

近年，保育における子どもの学びの可視化とその記録の方法については，各園，保育所で，ポートフォリオ，ドキュメンテーション，ラーニング・ストーリー等さまざまに工夫され取り組まれている。主に海外の保育を参考として導入されたこれらの方法には，それぞれの国，都市の保育の基本原理や文化・社会的な背景がある。それらを理解しながら，日本における保育の基本原理をふまえ，保育の指針，要領に示される子どもをとらえる視点をもって記録の方法を工夫する必要がある。

1 ――レッジョ・エミリアの保育と記録

(1) レッジョ・エミリアの保育

レッジョ・エミリアの保育は，第２次世界大戦が終結した1945年，イタリアのレッジョ・エミリア市で始まった。労働者や農民，女性団体が，公正な世界の創造を求めて子どもたちのために幼児学校をつくったのである。その背景には，レッジョ・エミリア市が在るエミリア・ロマーニャ地方の，農業や食品加工，組合，危機管理など，多分野にわたって継続されてきた協力事業の歴史と伝統があり，その伝統が，人々が団結して幼児学校を始め，保育者と親がともに幼児学校を運営する土壌となった。社会構成主義の協働の哲学原理が，レッジョ・エミリアの保育の基礎にある。

レッジョ・エミリアアプローチを方向づけたのは教育者ローリス・マラグッツィ（L. Malaguzzi）であるが，彼は学校という空間を公共的で，子ども・教師・親がともに差異を認めながら市民として互いに関わりをもって育つ空間として意味づけている。そのような空間で，ローリス・マラグッツィと保育者たちは，ジョン・デューイ（J. Dewey），ジャン・ピアジェ（J. Piajet），レフ・ヴィゴツキー（L. Vygotsky）らの研究を理論的背景として，子どもを観察し，発見し，子どもの潜在能力をとらえていったのである。

レッジョ・エミリアアプローチにおいては，日々の保育のカリキュラムは，あらかじめ設定されたものではない。保育者の大まかな設定の下で観察された子どもたちの活動から保育者の協議を経て，また子どもたちとの対話から，カリキュラムが出現するのである。そして，子どもたちの具体的な探求や学びはプロジェクトとして立案される。プロジェクトに，同世代の仲間たちと小グループで，互いに影響し合いながら取り組むことが，より多くの学びとなると考えられている。

(2) レッジョ・エミリアアプローチにおける記録―ドキュメンテーション

ドキュメンテーションとは，プロジェクトに取り組む子どもたちの意見や討論の内容の記録，活動を撮った写真，子どもの思考，学びの具体的表現物（作品）等を，子どもの学びが見えるように構成し，まとめた記録であり，それらは展示（ディスプレイ）されることにより，保護者とも共有される。たとえば，子どもの作品を掲示するのみではなく，その作品を作成している子どもの様子を写真に撮ったものや，作成をしながら子どもが発した言葉や友だちと交わした会話を書き取ったもの，また保育者が観察したことや解釈等も含めて保育者によってレイアウトされ，展示されるのである。

ここで大切なのは，ドキュメンテーションの作成は，展示としてとして記録を残し，可視化することが目的ではないということである。子どもたちの意見や討論の記録や作品を作成している子どもの様子を写真に撮ったものは，保育者たちが討論を深めるツールとなるとともに，子どもたちをより深く理解し，子どもたちの活動をどのように計画し，進めるかを知り，保育の準備をするためのツールとなる。

またドキュメンテーションは，保護者が子どもの学びの過程を理解するだけでなく，保育者の子ども理解の方法や学びをとらえる視点を理解し，子どもが市民として成長することを共に支える協働をつくるツールでもあることを理解しなければならない。

2 ――ニュージーランドの保育と記録

(1) ニュージーランドの保育

ニュージーランドは，マオリ語と英語の２つの公用語をもつ多文化が共生した国である。また，世界で初めて就学前教育統一カリキュラムを実践した国でもある。ニュージーランドにおける就学前教育統一カリキュラムは，多文化共生の文化を背景として，長い時間をかけて検討され，1996年，幼保統合型カリキュラム「Te Whāriki（テファリキ）」としてまとめられた。

テファリキは，多文化を背景とするすべての乳幼児教育施設に適用することを前提に作成されたため，斬新な構造をもつ。テファリキは，幼児教育者を中心に，広く多様な就学前教育関係者からの意見を取り入れ，多様性をもつそれぞれの施設が取り入れることが可能となるよう努力がなされた結果，政府からのトップダウンの形式としてではなく，実践の場からのボトムアップの形でまとめられた点に特徴がある。テファリキにおいて示されたのは，４つの原理と５つの要素であり，４つの原理と５つの要素が織物の縦糸と横糸のように織り合わさってテファリキとして成立することから，マオリの文化を代表する敷物の名前にちなみ，テファリキと称された。

テファリキの４つの原理とは，次の４つである。

1．エンパワメント（Empowerment）―カリキュラムは子ども自ら学び，成長するための力となる。

2．全人格的発達（Holistic Development）―カリキュラムは子どもが学び，成長する全人格的方法を考慮する。

3．家族と地域（Family & Community）―家庭や地域はカリキュラムに不可欠でたいせつな一部分である。

4．関係（Relationships）―子どもたちは人や場所，モノとの応答的で相互的な関係を通し学ぶ。

また５つの要素とは，次の５つである。

1．幸福（Well―Being）―子どもの健康と幸福が守られ育まれる。

2．所属感（Belonging）―子どもたちとその家族はいずれかの一員としての所属感を実感する。

3．貢献（Contribution）―子どもたちは公平な学びの機会があり，一人ひとりの貢献が尊重される。

4．コミュニケーション（Communication）―自身の文化，他の文化が培ってきた言語やシンボルが守られ，尊重される。

5．探究（Exploration）―子どもは主体的に環境を探究することを通して学ぶ。

このようにテファリキにおいては保育の基本的な原理が示される一方，その構造は多様な保育施設の価値観を尊重し，それぞれの施設においてが独自の保育方法や実践が可能となるよう，細かい保育内容や保育方法については示されていないこともテファリキの特徴である。

(2) テファリキにおける評価の記録―ラーニング・ストーリー

ニュージーランドにおいても，かつては就学に必要な能力を獲得しているか否かを判断するための，標準化されたチェックリストなどによる均一な評価が行われていた。しかし，テファリキの検討とともに，より個別的，具体的で，子ども一人ひとりの可能性に焦点を当てた評価の視点の構築を目的とし，つくられたのが，“Learning Story”（ラーニング・ストーリー）とされる保育記録による評価方法である。

具体的には，子どもの作品の写真や，その作品を作成しているときの子どもの表情をとらえた写真，子どもの言葉を書きとったものの記述，保育者がとらえた子ども理解や成長についての文章をスケッチブックやファイルにまとめ，綴じたものである。一人ひとりの写真と名前などを表紙に配して絵本のように作成され，表紙が見えるように保育室内に並べられたり，本棚に並べられる。

ラーニング・ストーリーは保育者と保護者の双方向で作成され，子どももいつでも見ることができる。筆者がニュージーランドの保育施設を訪れた際，複数の園で子どもが筆者の手を取り本棚に連れて行き，自分のラーニング・ストーリーを広げ，説明してくれるという場面があり，ラーニング・ストーリーが単に子どもの育ちや学びの評価なのではなく，子どもが自身の経験を再体験し，学びを確認するツールとなっていることを実感した。また，保育者が，テファリキの原理を視点とし，ラーニング・ストーリーの作成を通して子どもの理解を深めることはもちろん，保護者にとっても，それらを共有するツールとなり，子どもの学びをとらえる視点もまた共有されることにその意義が見いだされる。

3 ――保育の記録の工夫

以上，レッジョ・エミリア，ニュージーランドの保育における保育の評価と記録について見てきたが，これらの背景には少人数のグループで保育が行われている中で取り組まれている方法である。日本のより人数が多いクラス集団の中で，方法だけを取り入れることが困難な場面も考えられる。一方で，タブレット端末など保育に活用できるツールも増えている。

集団の関わりの中で育まれる日本の保育・教育文化を背景とした子どもの育ちや学びを記録する方法が工夫されることも求められる。

研究課題

1．本章で紹介されている計画・評価の表を読み比べて，類似点，差異（特徴）を箇条書きにしてみよう。
2．本章であげた保育の計画・評価以外の，たとえば，病児保育，特別保育，一時保育，子育て支援などの，保育の計画や評価の具体例を探してみよう。
3．保育を観察し（保育ビデオ視聴でもよい），事実（会話・行動）とその解釈に分けた記録を作成してみよう。

推薦図書

- **『新保育所保育指針サポートブック―保育課程から指導計画作成まで』** 保育総合研究会（監修） 世界文化社
- **『教育課程・保育課程論』** 河邉貴子 東京書籍
- **『教育課程総論』** 小田豊・神長美津子 北大路書房

Column 9

保育の科学化（10 視点カリキュラムから資質・能力カリキュラム）

園や学校というハコモノが変わっても，子どもの生活は連続している。保育所・幼稚園・小学校・中学校・高等学校・大学それぞれの接続期について，連携を図る試みがなされている。その先駆的試みとして，K大学附属幼稚園・小学校・中学校の試みを紹介しよう。2000（平成 12）年から 3 つの附属学校では，3 歳から 14 歳の幼児･児童･生徒に，12 年間で育てたい力の一覧表（学びの一覧表）を作成し，10 の視点を抽出した。抽出作業では，学校園生活の中で見取った事実，解釈と共に子どもの学びを記した約 6, 000 枚のカードを，3 附属学校の教員が共同で KJ 法により分類した。これはまさしく実践から構築された系統的カリキュラムであるといえよう。

2010（平成 22）年「幼児期の教育と小学校教育の円滑な接続の在り方に関する調査研究協力者会議」では，「幼児期の終わりまでに育ってほしい幼児の具体的な姿」をあげている。さらに，平成 29 年 3 月に告示された幼稚園教育要領第 1 章総則の第 2 に幼稚園教育において育みたい資質・能力及び「幼児期の終わりまでに育ってほしい姿」が示された。

幼児期・児童期に育てたい子どもの姿を，まずは，子どもの日々の姿つまり子どもの事実から，そして教育的意図を基に，検討することが長期の計画につながっていく。よって，保育所・幼稚園・小学校いずれもが子どもの事実と育てたい子どもの姿を共同して検討し，方法が異なっても教育の全体像を共有していくことが大切であると考える。

K大学附属幼稚園では 2010（平成 22）年度より，学びの一覧表の 10 視点を切口に，12 年間の系統的なカリキュラムのなかで，とくに幼児期の教育と小学校教育の接続期のカリキュラムの作成に着手し，2012（平成 24）年度には 10 視点カリキュラムを提案している。さらに，2013（平成 25）年度より，実践を通して 10 視点カリキュラムの検証を継続しつつ，資質・能力の観点から見直した資質・能力カリキュラムを 2019（令和元）年度に提案し（表），現在もその検証が継続されている。及川平治の伝統を受け継ぎ，主体性を尊重しつつ，見通しをもち，教育的意図のあるダイナミック（動的）な遊び中心の保育，その科学化への試みが続いている。

表　K 大学附属幼稚園・小学校　資質・能力の定義（令和元年 12 月現在）

資質・能力の大きなまとまり 定義	【資質・能力のまとまり】 定義	資質・能力	資質・能力の定義
社会的 資質・能力 人格形成の基礎となる資質・能力	【自分の生き方】 様々なかかわり合いの中で，自分を見つめ，したいことやすべきことを自分で決め，よりよい生き方を目指そうとする	自ら決める・選ぶ	興味・関心をもったり，目的や目標を定めたりして，その実現に向けて見通しをもち，やり遂げようとする
		自分に満足する	自分の成長を自覚し，自らの価値に気付く
		気持ちをコントロールする	よりよい方向に向けて，自分の気持ちに折り合いをつけようとする
		よりよい自分に向かう	よりよい方向に向けて，した方がよいと思うことをしようとする
	【人とのつながり】 人とかかわることを通して，他者の思いや考えに気付き，よりよい関係をつくろうとする	他者といる喜びを感じる	他者とかかわる心地よさや嬉しさ，よさを感じてつながりを大切にしようとする
		他者のことを知る	他者に関心をもち，思いや考え，個性を認めようとする
		自分のことを伝える	相手にわかるように，自分の思いや考えを行動や言葉で伝えようとする
		他者のことを考えて行動する	他者に寄り添い，相手にとってよいと思うことをしようとする
		他者を称賛する	他者のよさや頑張りに気付き，ほめ讃えようとする
		人と協力・共同する	人と共通の目的や目標に向かって，自分にできることをしようとする
		人とものごとをすすめる	人と共通の目的や目標に向かって，見通しをもち，必要なことを決めたり，互いの役割を意識しながら責任を果たそうとしたりする
固有的 資質・能力 知性につながる資質・能力	【心身の健康を保つ】 心身の成長や変化，周囲の状況に気付き，安心で健康な生活をつくる	心の健康を保つ	自分の心の居場所を探り，安心しようとする
		体の健康を保つ	健康の保持・増進に関心を持ち，必要なことを考え，自分ができることをしようとする
		身を守る	自分の状態や周囲の状況に気付き，安全について考え行動しようとする
		身体を操作する	運動の特性に応じた身体の使い方をしようとする
	【人と自然とのあり方をみつめる】 豊かな自然体験を通して，その美しさや不思議さに触れる中で，自然や生命に対する理解を深め，望ましい自然観・生命観を養う	自然環境をみつめる	空や雲，土，天体など，自然環境の美しさや不思議さに触れる中で，自然に対する理解を深める
		生き物・いのちをみつめる	生き物の美しさや不思議さに触れる中で，生命に対する理解を深める
	【事象を科学的にとらえる】 ものがもつ性質やものやこと同士の関係のなかで起こる現象に対して，科学的に分析・思考しながら法則を見いだす	事物を科学的にとらえる	科学的に分析・思考しながら，性質や特徴を見いだす
		現象を科学的にとらえる	科学的に分析・思考しながら，ものやこと同士の関係性をとらえる
	【感動を表現する】 思いや世界観が表現されているもののよさを感じたり，イメージをふくらませ自分らしく表現することを楽しんだりしながら，豊かな感性を養う	造形に表す	色や形，素材の生かされ方のよさを感じたり，それらを使って表現しようとしたりする
		音楽に表す	音の響き，リズム，テンポやメロディーのよさを感じたり，それらを使って表現しようとしたりする
		文芸に表す	話の展開や内容，言葉のよさを感じたり，それらを使って表現しようとしたりする
		身体の動きに表す	動作や表情，声の調子などのよさを感じたり，それらを使って表現しようとしたりする
		演出に表す	配役や場のとり方，プログラムの順序などのよさを感じたり，それらを使って表現しようとしたりする

	【言語を適切に活用する】 文字言語や音声言語を獲得し，思いや考えを適切に伝えようとする	語彙・語句を適切に活用する	語彙・語句を豊富に獲得し，活用しようとする
		文章の構成を整える	文章の構成を考えて，整えようとする
		文字を適切に書く	文字を正しくとらえ，書こうとする
		言葉を適切に使い分ける	言葉の使い方を考えて，使い分けようとする
	【事象を数理的にとらえる】 数・量や図形，場を対象とした思考を通して，身の回りの事象を分析的に判断しようとする	形を数理的にとらえる	図形を対象とした思考を通して，身の回りの事象を分析的に判断しようとする
		数・量を数理的にとらえる	数・量を対象とした思考を通して，身の回りの事象を分析的に判断しようとする
		空間を数理的にとらえる	場を対象とした思考を通して，身の回りの事象を分析的に判断しようとする
	【くらしをつくる】 くらしを豊かにするための要素や方法について考え，取り組もうとする	食をみつめる	食べることの楽しさを感じたり，様々な食文化について知り，取り入れたりする
		衣類を整える	衣類の役割や衣文化について知り，心地よく整えたり，場や状況に合った着用をしたりする
		道具をあやつる	目的に合った物を選び，適切に使おうとする
		住空間を整える	快適で心地よい生活空間を知り，整える
		財を活用する	売買の仕組みやサービスについて知り，お金を適切に扱う
		多様な文化を尊重する	自国の文化や他国の文化のよさや互いの文化の違いを知り，認めようとする
	【社会とのつながりを築く】 自分たちの生活を支える人・もの・ことについて知り，持続可能な社会の実現を目指そうとする	施設や働く人とつながりをもつ	施設や働く人の役割を知り，自分のかかわり方を考える
		資源の活用をみつめる	限りあるものの適切な使い方や使う量を考え，大切に扱おうとする
		過去とのつながりをとらえる	社会や文化の発展を歴史の流れとのかかわりでとらえる
		土地の特色をとらえる	日本や世界の地域の諸事象を位置や空間的な広がりとのかかわりでとらえる
		平和を求める	争いや差別の原因を探り，人とのかかわり方を考える
		メディアを活用する	情報媒体を用いて，思考・判断に必要な情報を収集し，記録・発信するために使おうとする
汎用的資質・能力 思考力	【論理的思考力】 ものごとを整理し，順序よく考える力	比較する	対象と視点を明確にしながら，差異点や共通点を見つけ出す
		関連付ける	対象と視点を明確にしながら，その間にあるつながりを見つけ出す
		総合する	比較したり関連付けたりしたことをもとに，考えをまとめる
		再構成する	自分の知識や考えを，より妥当性の高いものに更新する
		推論する	比較・関連付けして得られた明確な根拠をもとに，何らかの考えにいたる
		論点を抽出する	話の中心になるところを探り，目的に応じて絞り込み，確定する
		批判的に考える	思考・判断に必要な情報の確かさを疑う
	【メタ認知力】	自分を客観的に把握する	自分のことについて自分自身が気付く
	【問題解決力】 問題を見出し，解決方法を導き出し，実行する力	問題を認識する	ある目的を達成するための問いを生む
		豊かに発想し，追求の手立てを構想する	ある目的を達成するための方法を直感的・論理的に考え，最適な考えを選ぶ
		実行し，その結果をもとに判断をくだす	実行をもとに，目的が達成されたかどうかその過程が適切であったかどうかを評価する

第10章

これからの全体的な計画と指導計画：保育の専門職化をめざして

専門職としての保育者は，専門知識と技術そしてそれらを活用して，乳幼児の生涯にわたる人格形成の基礎と，子どもが現在を最もよく生き，望ましい未来を作り出す力の基礎を培う。保育はだれにでもできる仕事ではなく，規定の養成教育（実習を含めた）により最低限の専門的知識と技術とその活用力を得て，子どもの前に出て保育にたずさわる資格を得る。そして現場で子どもと対峙しながら，省察的に経験を積み重ねることにより，保育者としての力量の向上を図る，一生をかけて行なう専門職である。省察的経験の積み重ねには，記録が不可欠である。事実と解釈に分けた記録があってこそ事実について共通に認識し，解釈に対する議論を交わし，意見交換できるからである。本章の学習を通じて，保育専門職の独自性とその専門性の向上を図るための基礎を培ってほしい。

1節 これからの次世代育成―個別最適化教育をめざして

国際化や，情報化，人工知能化が益々進む，これからの時代を生きぬく力とは，知識や技術を細切れで習得するだけではなく，既存の知識や技術をそれが必要とされる文脈を理解したうえで活用し，他者と共同で臨機応変に発展させつつ，応用していく力量であろう。実際，与えられた内容を記憶することや，決まったものを精巧に作る技術，プログラミングされた手順通りの内容に沿うことは，ロボットや人工知能に任せる時代が到来しつつある。

これからの社会に求められる資質・能力である「21世紀型能力」（国立教育政策研究所，2013）とは，グローバル化社会の多様な価値観有する他者と対話し協働する「実践力」を含む力であり，主体的に自ら考え，自らが判断し（選択し），行動する力であり，コミュニケーションの力，協働性，主体的に参画する力などをさす。また，OECD（経済協力開発機構）（OECD，2019）は2030年を目標に，「生徒エージェンシー」という言葉を活用しながら，自らが社会に参画し，人々，事象，および状況をよりよい方向へ進めようとするうえでもつ責任を担うことや，型にはめ込まれるというよりも自ら型をつくったり，他人の判断や選択に左右されるというよりも責任をもった判断や選択を行ったりする力を次世代に育成することがめざされている。つまり，現在，個々の子どもの個性を大切にその発揮につながる個別最適化教育がめざされているのである。

21世紀を生き抜く力を乳幼児期から育むうえで，社会情動的（非認知的）な力の育成の大切さも指摘されている。実際これまでも，指針や要領では，心情・意欲・態度をはぐくむことを大切にしてきた。

認知的な力とは，人やものなどの対象を知覚する力のことであり，知覚に加えて，推論したり，判断したり，決定したり，記憶したり，言語を理解するなどの要素を包括して認知する力をさす。語彙など記憶を問うテストや，計算テスト，文章題などから推論する力を問うテスト，学習課題テストなどで認知的能力は測定される。一方で，自尊心や，意欲，好奇心，粘り強さ，協調性，思いやり，自制心等が社会情動的（非認知的）な力である。両者は絡み合いながら育まれる能力ではあるが，乳幼児期は，誕生からの期間が短く，個人差が大きく，自己中心性が高い時期であるので，覚えたか，できたかといったことに重きを置きすぎないこと，他者に与えられた経験ではなく主体性を大切にすること等，特に，個別最適化を図る必要がある。

2節 保育専門職の独自性

1——保育実践の独自性

保育実践の特徴とは何であろうか。保育実践においては，保育所保育指針や幼稚園教育要領では，乳幼児期には，「生涯にわたる人格形成の基礎を培うこと」，「子どもが現在を最も良く生き，望ましい未来を作り出す力の基礎を培うこと」，がたいせつにされている。つまり，「いまを良く生き」ながら，かつ，生きていくために必要な力の「基礎を培う」ことがめざされている。

小学校以降の教育でも同様に，「生きる力」をはぐくむことがたいせつにされているが，乳幼児の保育とはその方法が異なる。小学校以降の教育は，この知識，この技術，というように具体的な到達状況を重視しており，目的達成型である。よって，より細分化した教科枠があり，また時間割が設定されていて，かつ，大きな集団で教育が実施されている。

一方，保育現場では，「生きる力」のきわめて基礎的な部分がたいせつにされているといえる。つまり，子どもの主体的な体験や経験を重視し，そのなかで，五感を大いに発揮しながら「味わう」「楽しむ」「気づく」「関心をもつ」といったあとにつながる活動が重視されている。生活や遊びの体験や経験が中心であり，教科に分断されていない。時間の枠も比較的臨機応変に子どもの状況に応じて編成し，小集団による個々の子どもの主体的な好きな遊びの時間が主で，大きな集団の活動ばかりではない。

小学校のクラスに見学に行くと授業の初めに，教師が「めあて」を提示する場合が多い。この45分の授業で何を学ぶのかを，あらかじめ教師が子どもと共有し，子どもたちは自覚的に学ぶ。一方保育の現場では，どうであろうか。好きな遊びの場面で子どもたちは，一人ひとりの主体性が尊重され，それぞれの子どもが選んだ活動に没頭している。その活動一つひとつを追いかけてみると，実に多くのことを子どもは学んでおり，遊びが学びの宝庫であることがわかる。新しいことができるようになったり，できるようになったことを何度もくり返しより確かな力としている。友だちと教え合い，先生に多くの疑問を投げかける。試したり，比べたり，調べたり，聴いたりしながら，多くを学んでいる。

筆者が63日分の好きな遊び場面を自然観察法により調査し，子どもの会話を分析した結果，小学校学習指導要領と重なる内容が含まれていたエピソードはのべ124科目分あった。また注目児を対象にデータを解析すると，嗜好性や個人差による偏りも大きくないことがわかった。幼児期の遊び中心の学びは，小学校教育で習う内容と関わる幅広い経験があることがわかった（北野，2010）。

よって保育の実践では，全員が同じ内容をいっせいに学ぶわけではないが，主体的な遊びの体験のなかに，多くの学びが埋め込まれていることを意識すべきである。その教育方法は一斉教授ではなく，児童中心主義的で独特ではあるが，保育者には，小学校以降の教育内容について熟知していること，あるいは熟知しようという姿勢があること，つまり，子どもの探求を支える能力と学びへの意欲，そしてそれを向上させる力量が必要であると考える。子どもに接する教育保育専門職の重要性は子どもの年齢の高低に関わらないことを再確認したい。

2――保育実践における相互作用と偶発性

保育現場では，子どもたち自身が，遊びを通じて何を学ぶのかを，あらかじめ意識している場合は少ない。つまり活動の「めあて」をあらかじめ提示され，確認し，これから学び身につける内容を共有してから，遊ぶということは少ない。このような特徴があるからこそ，保育実践においては，その環境構成や援助にあたり，子どもどうしの相互作用そして，子どもどうしの相互作用に保育者がどう関わっていくのかが重要となる。つまり，保育実践は生活や遊びに埋め込まれている子どもの興味や関心を起点とする。よって，保育の内容は，相互作用のなかで，編み出されてくるものである。生活や遊びは，子どもの社会文化的な文脈や発達の過程の特徴といったものから想像できる面がある一方で，多くの偶然が重なり合って起こるできごとの影響を受けるのである。

日本の新教育運動の代表的人物で，プラグマティズムの影響を多大に受けたとされる及川平治は，分団式動的教育法講義において「教材の心理化」の重要性を提示し，実践は体系的ものから随伴的にそして新たなる体系へ，という過程を経てなされるべきだとしている（大東，2008）。及川のこの主張は以下のように説明できる。つまり，保育実践は，論理的に考え計画をたてて実践するが，実践にあたってその内容は，子どものニーズや興味と関連づけ，子どもの発達を支える手段とし，子どもの直接経験に置き換えるという作業をへる。つまり，これまでの蓄積に基づく体系的な実践計画から，子どもとの相互作用をたいせつにした随伴的な実践と実践の工夫（実践研究）がなされる。そして，さらに保育実践の方法は，実践の省察を通じて，児童中心主義に基づく論理的な新たな体系へと構造化される。

同じく，プラグマティズムの影響のあるプロジェクト・メソッドの系譜の各保育方法（interest-based curriculum, horizontal planning, emergent curriculum など）も，子どもとの相互作用のなかで，子どもの興味や好奇心を大いに反映させ，子どもとともに動的にカリキュラムをつくる点で，共通の特徴がある。

保育実践は，相互作用と偶発性の宝庫である。これを，子どもとの相互作用のなかでつくること，そしてその意味を整理し，顕在化すること，このことが保育実践のダイナミズムを生かした独特な実践の発展につながる。

3――子どもの「無自覚の学び」を支える保育者の「学びへの自覚的援助」

幼児期の学びは，子どもの興味関心を起点とし，相互作用のなかで展開する生活や遊びのなかにある。無藤（2010）は，幼児は小学校以上の「自覚的な学びの活動に向けて，芽ばえとなる活動を行い，しだいにそこでの自覚を高めていきます。より正確には保育者がそういった活動が可能となる環境を用意し，活動を誘導するのです」と指摘している。この環境構成や活動への誘導は，保育者が子どもの遊びを洞察し，遊びのなかの学びを抽出し，子どもの「無自覚の学び」を保育者が「自覚」することによってこそ可能となると考える。

好きな遊び場面における保育者の援助に関わる専門性を考えた場合，子どもの生活や遊びの意味を見いだす力量がたいせつであると思われる。ここで大きく２つの視点に分けて考えたい。本章の冒頭であげたように，保育がたいせつにしていることとは，「生涯にわたる人格形成の基礎を培うこと」，「子どもが現在を最も良く生き，望ましい未来を作り出す力の基礎を培うこと」である。後者は，「芽ばえ」をたいせつにする，つまり後の教育とのつながりのある乳幼児期の保育の体験をたいせつにすることである。しかし，忘れてはいけないもう1つの視点は，同時に「いま」をたいせつに豊かな保育が実践されることをたいせつにすることである。

ここで留意されるべき保育者の意識としては，「芽ばえ」を意識し，後の発達を見通し，その後の教育的な要素を十分に自覚することであろう。これとともに，さらにたいせつにしたいことは，「いま」の子どもの遊びのなかに，多くの学びが存在しているということである。「いま」の子どもの遊びの意義を保育者は自覚すべきである。そしてそれを言語化し，保護者を含めた社会に伝えることは，保育現場における遊びの援助がけっしてけがの回避やいざこざの解決に終始しているわけではないということへの理解を深めることにつながる。これは，幼児期の遊びを中心とした保育の伝統を子どものために守るためにも（各国では幼児教育への小学校教育の前倒しの弊害がプッシュ・ダウン・カリキュラムといわれ危惧されている），必要なことであると考える。

3節 保育内容の充実と質の向上を図る計画と評価

1——子どもの主体性を尊重した実践をつくるためのPDCAサイクル

(1)「主体性の尊重」「受容」の落とし穴

保育実践は子どもの主体性を尊重した実践である。「主体性を尊重する」ということは，「言うは易し，行なうは難し」である。「尊重」という名の「無関心」や「放任」の危険を意識する必要がわれわれにはあると考える。これは，多文化理解に関わるレヴィ・ストロース（Lévi-Strauss, C.）の警告（レヴィ・ストロース，2008）にも重なる。つまり，一方で無限にある文化の差異を十分に認めるようにみせかけつつ，その差異をないものにしようという危険があることを，保育実践における主体性の尊重や受容性においても意識せねばならない。応答的で受容的な見守りを中心とする保育をたいせつにする場合においても，現象学的な記述と解釈のみにとどまらず，そのさきには，無関心を超える理解があり，関わりへの意識すなわち，理解に基づく実践の改善，改善を具象化する計画が不可欠だと考える。

(2) サイクルに注目することの重要性

保育者は子どもの主体性を能動的に受容する存在である。このようにいまを生き，このように育ってほしいという希望や見通しがあり，そのための計画と方法があらかじめ考えられ，その計画と実際が子どもとの相互作用を通じて吟味なされ，課題と改善が施される。このサイクルが続くなかにおいてこそ，無関心を超えた保育，解釈にとどまらない，先の手だてがある保育が，可能となる。

サイクルに注目することは，保育の計画のなかの環境構成でも重要である。なぜならば，保育環境は保育者が（時に子どもとともに）意図的に構成するものでありかつ，同時に環境も保育者や子どもに情報を発信したり，行為の可能性を与えたりして，影響を与える。よって，環境構成も普遍的ではなく，計画→構成実施→省察→改善→計画……というサイクルを必要とする。保育における環境構成は，その環境の教育的要素や意味，価値を，私たち保育の場にいる人とその経験によって高度に分化したり，個々の状況に応じたりして，知覚されていくことによりなされる。よりよい環境の構成は，環境の中に埋め込まれている無数の価値を，経験と省察のくり返し（サイクル）のなかで，ひろい上げることによってなされる。PDCAサイクルは，不確定要素が多い人と人との相互作用に満ちた保育実践において，その過去－現在－未来をサイクルで結びつけ，保育をつくる手続きとしてみなされると考える。

2——専門職の責務としての保育実践の計画と評価

園は保育者の職場である。保育者は子どもと同様に保育現場における当事者であり，主体である。保育者がみずからの実践を省察しその実際を解釈することは，保育現場において起こっている現象を，第三者が解釈するのとは異なる。第一人者としての解釈にはその後の行為がともなわれる。保育者は専門職として保育を実践する主体であり，専門職としてその発展を図る責務があるからである。保育者には，現場で起こっている事実を言語化し，その重要性を顕在化し，他者に説明する責任もある。保育の質が子どものいまの幸せと後の幸せを左右するということが多くの研究成果より自明である。しかし，それが十分に広く社会一般に伝播されているとは思われない。日本は，保育への公的支出がOECD各国で最低レベルである。国内においても，義務教育段階と比べて5歳児1人あたりの公的支出は6分の1である。保護者のライフスタイルや住む地域によって保育所の利用が制限され（待機児童問題），過疎地域でアクセスがたいへん不便な状況にあり，機会の均等が保障されていない。

保育における各現象の価値を他者に説明することはたいへんむずかしい。とくに子どもの主体性を尊重し，あらかじめ「ねらい」が限定されておらず，その達成結果がねらいと対応して個別で提示しにくい保育実践においては，あるいは遊びのなかに埋め込まれた子どもに自覚なき多くの学びを見取り，後の力量形成につながる「芽ばえ」を培う保育実践においては，その可視化はむずかしい。PDCAサイクルに関わる作業は，保育実践を可視化しその社会的認知を高めること，保育実践に関わる情報や見解を共有し，広く発信し，保育実践の方法と技術の発展に寄与すること，保育の結果と成果を評価に基づき広く社会に浸透させ，支援をすること，そして実際にいかに保育実践の質の向上を図っているかを顕在化することにつながるのである。

子どもの最善の利益を確保し，次世代育成に希望をはせるために，保育の重要性を広く社会に伝播する必要性，説明責任が保育関係者にはあると考える。その方法として，筆者は，根拠に基づいた保育実践を語るアプローチ（Evidence Based Narrative Approach）を強く提唱している。その手続きの1つとしてPDCAサイクルが活かされると考える。

保育のカリキュラム・マネジメントにあたり有効な方法でもあるPDCAサイクルによる実践の質の維持・向上にあたっては，記録が大切となってくる。特に，実践を省察し，構造的にとらえたり，キーワードを添えて整理したり，考えをめぐらすうえで，記録することが望まれる。一般に「ドキュメント」とは「記録」をさし，「ドキュメンテーション」とは「記録をとること」を意味する。実践はライブで展開し，現象であるので，記録せねば消えていく。多くの保育者が工夫をほどこし，「記録すること」によって，実践の可視化を図り，遊びや生活の中での育ちや学びの姿の可視化を図り，その意義づけ，実践において育ちの軌跡をいかにふまえ，どのような見通しがもたれているのか等を，あきらかにしている。

特にイタリアのレッジョ・エミリア市では，子どもの興味関心を基軸とした遊びや生活の姿，子どもたちが試行錯誤したり，探求を深めたり，創意工夫等する遊びや生活の姿を，保護者に伝えるために可視化し，「記録すること」（ドキュメンテーション）」が進められてきた。今日では，子どもの育ちや学びの姿を可視化し発信することと，その記録そのものが「ドキュメンテーション」や，「教育的ドキュメンテーション」と呼ばれ世界中で浸透しつつある。スウェーデンでは個々の子どもの教育的ドキュメンテーションが保育者の業務記録として位置づけられており，日本でも10年以上前から各地でドキュメンテーション研修等が進められ，多くのドキュメンテーション等の記録が発信されている（北野，2020）。乳幼児期の独自性をふまえて，個別最適化を志向する次世代育成の質の鍵は保育専門職こそが握ると考える。

研究課題

1．日本の新教育運動について調べてみよう。
2．プロジェクト・メソッドについて調べてみよう。
3．専門職にはさまざまな記録の様式がある。保育現場の記録様式を調べてみよう。

推薦図書

- **『学校と社会』**　デューイ．J.／宮原誠一（訳）　岩波書店
- **『よい教師をすべての教室へ』**　ハモンド，L. D.・スノーデン，J. B.／秋田喜代美・藤田慶子（訳）　新曜社
- **『幼児教育の原則―保育内容を徹底的に考える』**　無藤隆　ミネルヴァ書房

Column 10

プラグマティズムと保育実践

プラグマティズムとは，20世紀初頭にアメリカで主流となった思潮である。その理論家としてパース（Peirce, C. S.），ジェームズ（James, W.），デューイ（Dewey, J.），ミード（Mead, G. H.）などが著名であり，発展的継承者や影響を受けた人物としては，ローティ（Rorty, R.）（ネオプラグマティズム），クワイン（Quine, W. von O.）（確証の全体論），ギブソン（Gibson, J. J.）（アフォーダンス論）などがあげられる。プラグマティズムでは，反省や思考が行為と結びつかねばならないことを強調している。

保育については，児童中心主義の提唱者の１人である，デューイはシカゴの実験学校に幼稚園クラスを創設している。その教え子であるキルパトリック（Kilpatrick, W. H.）はプロジェクト・メソッドの著者であり，その発展はさらにはカッツ（Katz, L. G.）などに受け継がれ保育分野でも大きく花開いている。問題解決型の実践は，レッジョ・エミリアにおいても提唱されており，わが国では及川平治と彼が主事（園長）を務めた現神戸大学附属幼稚園にも，その伝統が受け継がれている。

４章と10章で紹介したエマージェント・カリキュラムもこの系譜にある。経験主義的でかつ構成主義的であり，デューイ，キルパトリックに加えて，ピアジェ（Piaget, J.），ヴィゴツキー（Vygotsky, L. S.）の影響があるといわれる。

エマージェント・カリキュラムでは，あるトピックを保育者が選定し，これについて学ぶ目的や内容を保育者が想定する。つまり保育において計画性がある。しかし，実際の方法や加味される内容は，子どもの好奇心に応じて，保育者と子どもの相互作用のなかで，修正や変更がなされていく。そのプロセスでは，観察，ドキュメンテーション，クリエーティブ・ブレインストーミングといった昨今話題の手法が用いられる。実践についての省察がなされ，子どもとの相互作用によって，子どもの判断・選択，感情を盛り込みながら，方法や内容を改変していきながら保育実践がつくられる。

これらには，いずれも，不確定要素が高く，臨機応変に対応する保育のライブ性のなかにも，その意図や意義を明示化して，保育の科学化を図る試みであるともいえる。児童中心主義とプラグマティズムの伝統を発展的に継承しつつ，科学的根拠に基づいた保育実践，反省や思考が行為と結びつく保育実践への試行錯誤の試みは，現在も続いている。

引用(参考)文献

1章

天野正輝　1999　総合的学習のカリキュラム創造―教育課程研究入門―　ミネルヴァ書房
加藤幸次(編)　2010　教育課程編成論　玉川大学出版部
佐藤学　1996　教育方法学　岩波書店

●Column 1

中留武昭　2005　カリキュラム･マネジメントによる学校改善　田中統治(編)　確かな学力を育てるカリキュラム･マネジメント　教育開発研究所　p.53.

2章

Clark, A., Kjørholt, A. T., Moss, P. (Eds.)　2005　*Beyond Listening; Chilren's perspectives on early childhood services*. University of Bristol.
エドワーズ，C.・ガンディーニ，L.・フォアマン，G.(編)　佐藤学・森眞理・塚田美紀(訳)　2001　子どもたちの100の言葉―レッジョ・エミリアの幼児教育―　世織書房　p.136.
加藤繁美　2007　対話的保育カリキュラム(上)　ひとなる書房
文部科学省　2016　幼児教育部会における審議の取りまとめ
https://www.mext.go.jp/b_menu/shingi/chukyo/chukyo3/057/sonota/__icsFiles/afieldfile/2016/09/12/1377007_01_4.pdf (2020年11月4日閲覧)
村山貞雄　1975　保育要領の刊行　日本保育学会　日本幼児保育史第六巻　フレーベル館　p.271.
小川正通　1949　「保育要領」批判　日本幼稚園協会　幼児の教育　第48巻第2・3号　フレーベル館
植山つる・浦辺史・岡田正章　1976　戦後保育所の歴史　全社協

●Column 2

汐見稔幸　1996　幼児教育産業と子育て　岩波書店

3章

千葉武夫・那須信樹(編)　2020　教育・保育カリキュラム論　中央法規
磯辺裕子　2008　教育課程の理論―保育におけるカリキュラム・デザイン―　萌文書林
岩崎純子・及川留美・粕谷亘正　2018　教育課程・保育の計画と評価―書いて学べる指導計画―　萌文書林
河邉貴子(編)　2008　教育課程・保育課程論　東京書籍
北野幸子(編)　2010　シードブック乳幼児の教育保育課程論　建帛社
柴崎正行・戸田雅美・増田真由美　2010　最新保育講座⑤保育課程・教育課程総論　ミネルヴァ書房

4章

阿部和子・前原寛(編著)　2009　保育課程の研究　萌文書林
上月智晴　2004　3歳児クラスの保育計画　保育計画研究会(編)　実践に学ぶ保育計画のつくり方・いかし方　ひとなる書房　Pp.146-167.
加藤繁美　2007　対話的保育カリキュラム(上)　ひとなる書房
カッツ, L. G.・チャード, S. C.　小田豊(監修)　奥野正義(訳)　2004　子どもの心といきいきとかかわりあう―プロジェクト・アプローチ―　光生館
川喜田二郎　1976　発想法―創造性開発のために―　中公新書
神戸大学　2017　平成28年度文部科学省委託　幼児期に育みたい資質・能力を支える指導方法と評価に関する研究―幼児期の終わりまでに育ってほしい姿の観点から
神戸大学発達科学部附属幼稚園　2007　幼稚園研究紀要35　子どもの学びからはじまるカリキュラム―学びの連続性を見通して―
神戸大学発達科学部付属幼稚園　2012　幼稚園研究紀要36　幼小をつなぐ幼児期のカリキュラム『神戸大学付属幼稚園プラン』の創造―10の方向・40の美以筋で幼児教育を可視化する―
神戸大学発達科学部付属幼稚園・小学校　2019　幼稚園研究紀要38　「幼小接続」から「幼小一体」へ―9年間を一体としてとらえた「初等教育要領」の充実をめざして―
大方美香　2003　長期指導計画の必要性と意義　大阪城南女子短期大学研究紀要, 37, 59-72.

宍戸健夫・村山祐一(編著) 1982 保育計画の考え方・作り方 あゆみ出版 Pp.29-34.
Stacey, S. 2009 *Emergent Curriculum in Early Childhood Setting*. Redleaf Press.

■5章
Ainsworth, M., Blehar, M., Waters, E., & Wall, S. 1978 *Patterns of attachment: A psychological study of strange situation*. Hillsdale, NJ: Erlbaum.
井下千以子 2008 大学における書く力考える力—認知心理学の知見をもとに— 東信堂 p.3.
北野幸子 2010 保育者にとっての教育保育課程 北野幸子(編) 乳幼児の教育保育課程論 建帛社 Pp.20-22.
小西七重・池田秀之 2010 図解書類・手帳・ノートの整理術 サンクチュアリ出版 Pp.156-161.
Meltzoff, A. N., & Moore, M. K. 1983 Newborn infants imitate adult facial gestures. *Child Development*, **54**, 702-709.
Repacholi, B. M., & Gopnik, A. 1997 Early reasoning about desires: Evidence from 14- and 18- month-olds. *Developmental Psychology*, **33**, 12-21.
鈴木宏昭・杉谷祐美子 2009 学び合いが生み出す書く力—大学におけるレポートライティング教育の試み— 丸善プラネット Pp. 7-9.
田中浩司 2005 幼児の鬼ごっこ場面における仲間意識の発達 発達心理学研究, **16**, 185-192.
谷川裕稔(編) 2006 保育者のための文章作成ワークブック 明治図書出版 Pp.8-59.

■6章
厚生労働省 2020 保育所における自己評価ガイドライン(2020年改訂版)
文部科学省 2011 幼稚園における学校評価ガイドライン(平成23年改訂)

●Column 6
レナード, D.・スワップ, W. 池村千秋(訳) 2005 「経験知」を伝える技術—ディープスマートの本質— ランダムハウス講談社

■7章
厚生労働省 2018 保育所児童保育要録の見直し等について(検討の整理) 保育所児童保育要録の見直し検討会
森上史朗 幼児教育への招待 ミネルヴァ書房
文部科学省初等中等教育局 2018 幼稚園及び特別支援学校幼稚部における指導要録の改善について(通知)
文部科学省・厚生労働省 2009 保育所や幼稚園等と小学校における連携事例集
文部科学省初等中等教育局幼児教育課・厚生労働省雇用均等・児童家庭局保育課 2009 認定こども園こども要録について(通知)

●Column 7
鯨岡峻・鯨岡和子 2007 保育のためのエピソード記述入門 ミネルヴァ書房
鯨岡峻・鯨岡和子 2009 エピソード記述で保育を描く ミネルヴァ書房

■8章
秋田喜代美・箕輪潤子・高櫻綾子 2007 保育の質研究の展望と課題 東京大学大学院教育学研究科紀要, **47**, 289-305.
厚生労働省 2017 保育所保育指針
厚生労働省 2020 保育所における自己評価ガイドライン(2020年改訂版)
増田まゆみ 2009 保育所保育の質に関する調査研究 財団法人こども未来財団平成20年度児童関連サービス調査研究等事業報告書
文部科学省 2017 幼稚園教育要領
内閣府 2017 幼保連携型認定こども園 教育・保育要領
大宮勇雄 2006 保育の質を高める ひとなる書房
埋橋玲子 2004 イギリスにおける「保育の質」の保証—保育環境評価スケール(ECRES-R)の位置づけに注目して— 保育学研究, **42**(2), 92-100.

■9章

Goossens, F. A. & Van IJzendoorn, M. H. 1990 Quality of infants'attachments to professional caregivers: Relation to infant-parent attachment and day-care characteristics. *Child Development*, **61** (3), 832-837.
グループこんぺいと（編著） 2006 おいしい 楽しい うれしい 保育・教育現場のための食育 学習研究社
Howes, C., Hamilton, C. E. & Philipsen, L. C. 1998 Stability and continuity of child-caregiver and child-peer relationships. *ChildDevelopmen*, **69**, 418-426.
片山義弘・季木明徳（編） 2009 社会福祉援助技術 新保育ライブラリ 北大路書房
神戸大学 2017 平成28年度文部科学省委託 幼児期に育みたい資質・能力を支える指導方法と評価に関する研究―幼児期の終わりまでに育ってほしい姿の観点から―
神戸大学発達科学部附属幼稚園 2007 子どもの学びからはじまるカリキュラム―学びの連続性を見通して― 幼稚園研究紀要35
神戸大学発達科学部付属幼稚園 2012 幼稚園研究紀要36 幼小をつなぐ幼児期のカリキュラム『神戸大学付属幼稚園プラン』の創造―10の方向・40の美以筋で幼児教育を可視化する―
神戸大学発達科学部付属幼稚園・小学校 2019 幼稚園研究紀要38 「幼小接続」から「幼小一体」へ―9年間を一体としてとらえた「初等教育要領」の充実をめざして―
厚生労働省 2008 保育所保育指針 第11章
厚生労働省 2017 保育所保育指針 第4章
鯨岡峻・鯨岡和子 2007 保育のためのエピソード記述入門 ミネルヴァ書房
鯨岡峻（編） 2009 最新保育講座15「障害児保育」 ミネルヴァ書房
廣瀬由美子・佐藤克敏（編著） 2008 通常の学級担任がつくる個別の指導計画・特別な支援が必要な子どもたちへ1 東洋館出版社
森俊夫 2001 "問題行動の意味"にこだわるより"解決志向"で行こう ほんの森出版
七木田敦（編著） 2007 実践事例に基づく障害児保育 ちょっと気になる子へのかかわり 保育出版社
小田豊・日浦直美・中橋美穂（編） 2009 家族援助論 新保育ライブラリ 北大路書房
OECD（編著） 2018 社会情動的スキル学びに向かう力 明石書店
社会福祉士養成講座編集委員（編） 2006 社会福祉援助技術論 Ⅰ 社会福祉士養成講座（8） 新版第3版 中央法規
幼児期の教育と小学校教育の円滑な接続の在り方に関する調査協力者会議 2010 幼児期の教育と小学校教育の円滑な接続の在り方について（報告）

■10章

秋田喜代美・安彦忠彦・太田環・岸学・木村優・小村俊平・坂本篤史・下郡啓夫・下島泰子・柄本健・時任隼平・奈須正裕・長谷川友香・花井渉・松尾直博・三河内彰子・無藤隆・文部科学省初等中等教育局 2020 OECD Student Agency for 2030 仮訳 2030年に向けた生徒エージェンシー http://www.oecd.org/education/2030-project/teaching-and-learning/learning/student-agency/OECD_STUDENT_AGENCY_FOR_2030_Concept_note_Japanese.pdf?fbclid=IwAR1unUVkIn7Qzqi-lJK3KWcx1pGHFAGPXnOj3cDoFwXzH9TQ_hSP5GaKHa0（2020年12月28日閲覧）
Jones, E. & Nimmo, J. 1994 Emergent Curriculum. Washington DC: NAEYC.
Jones, E. & Rencken, K. S. 2001 The lively kindergarten: Emargent Curriculum in Action. Washington DC: NAECY
北野幸子 2010 遊び場面における子どもの学びと保育者の援助に関する一考察 日本乳幼児教育学会 第20回大会 発表要旨集
北野幸子（監修） 2020 子どもと保育者でつくる 育ちの記録 あそびの中の育ちを可視化する 日本標準
国立教育政策研究所 2013 社会の変化に対応する資質や能力を育成する教育課程編成の基本原理（教育課程編成に関する基礎的研究 報告書5） 国立教育政策研究所
OECD 2019 OECD Future of Education and Skills 2030 http://www.oecd.org/education/2030 project/teaching and learning/learning/studentagency/Student_Agency_for_2030_concept_note.pdf（2020年12月28日閲覧）
無藤隆 2010 発達心理学を学ぶ意味 発達心理学 ミネルヴァ書房 p.7.
大東義徹（編） 2008 分團式動的教育法講義要項：及川平治講演集成 明石動的教育研究会
レヴィ・ストロース, C. 荒川幾男（訳） 2008 人種と歴史（新装版） みすず書房

索　引

●ら

●り

●れ

●ろ

執筆者一覧

■編集委員――民秋　言（白梅学園大学名誉教授）
小田　豊（聖徳大学）
杤尾　勲
無藤　隆（白梅学園大学名誉教授）
矢藤誠慈郎（和洋女子大学）

■編　　者――北野幸子

【執筆者（執筆順）】

赤沢　早人（奈良教育大学）	第1章，Column 1
塩崎　美穂（東洋英和女学院大学）	第2章，Column 2
和田　明人（東北福祉大学）	第3章1・2節，Column 3
岡花祈一郎（琉球大学）	第4章1節
武内　裕明（弘前大学）	第4章2節
田中　孝尚（神戸大学附属幼稚園）	第4章3節，第9章6節，Column 4・9
松本　法尊（神戸大学附属幼稚園）	第4章3節，第9章6節，Column 4・9
西山　隆子（神戸大学附属幼稚園）	第4章3節，第9章6節，Column 4・9
西岡美和子（神戸大学附属幼稚園）	第4章3節，第9章6節，Column 4・9
吉田　紘子（神戸大学附属幼稚園）	第4章3節，第9章6節，Column 4・9
川東　佳歩（神戸大学附属幼稚園）	第4章3節，第9章6節，Column 4・9
谷川　裕稔（四国大学短期大学部）	第5章1節
湯澤　美紀（ノートルダム清心女子大学）	第5章2節
小山　優子（島根県立大学）	第5章3節
矢藤誠慈郎（和洋女子大学）	第6章，Column 6
石井　章仁（大妻女子大学）	第7章，Column 7
高辻　千恵（厚生労働省）	第8章，Column 8
長谷　範子（花園大学）	第9章1・2・10節
小方　信二（第二赤間保育園）	第9章3節
平野　理江（いるべ保育園）	第9章4節
津川　典子（広島大学大学院）	第9章5・7節
小方　圭子（赤間保育園）	第9章8節，Column 5
北野　幸子（編者）	第3章3節，第9章9節，第10章，Column 4・5・9・10

編者紹介

北野幸子（きたの・さちこ）

1998年　広島大学大学院教育学研究科幼児学専攻博士課程後期単位修得満期退学

現　在　神戸大学大学院人間発達環境学研究科准教授（教育学博士）

〈主　著〉育ちあう乳幼児教育保育（共著）　有斐閣　2004年

子育て支援のすすめ：施設，家庭，地域を結ぶ（共編著）　ミネルヴァ書房　2006年

幼児教育のフロンティア（共編著）　晃洋書房　2009年

乳幼児教育における遊び―研究動向と実践への提言（共訳）　培風館　2008年

遊び・生活・学びを培う教育保育の方法と技術（共編著）　北大路書房　2009年

増補改訂新版　認定こども園の時代（共著）　ひかりのくに　2015年

手がるに園内研修メイキング みんなでつくる保育の力（共著）　わかば社　2016年

気がるに園内研修スタートアップ みんなが活きる研修テーマの選び方（共著）　わかば社　2020年

子どもと保育者でつくる育ちの記録 あそびの中の育ちを可視化する（共著）　日本標準　2020年

新 保育ライブラリ　保育の内容・方法を知る

保育の計画と評価

2021年３月15日　初版第１刷印刷

2021年３月31日　初版第１刷発行

定価はカバーに表示してあります。

編著者　北野幸子

発行所　㈱北大路書房

〒603-8303　京都市北区紫野十二坊町12-8

電　話　(075) 431-0361㈹

FAX　(075) 431-9393

振　替　01050-4-2083

印刷・製本／亜細亜印刷㈱

検印省略　落丁・乱丁本はお取り替えいたします。

ISBN978-4-7628-3154-6　Printed in Japan